U0690494

公共经济与公共政策 **齐鲁文库**

国家社科基金项目"基本公共服务均等化：
基本理论与实证研究"研究成果

石绍宾 著

城乡 基础教育 均等化供给研究

On the Equalizational Provision of Urban-Rural Primary Education

经济科学出版社
Economic Science Press

责任编辑：吕　萍　周秀霞
责任校对：杨晓莹
版式设计：代小卫
技术编辑：邱　天

图书在版编目（CIP）数据

城乡基础教育均等化供给研究／石绍宾著. —北京：经
济科学出版社，2008.6
（公共经济与公共政策齐鲁文库）
ISBN 978 - 7 - 5058 - 7246 - 2

Ⅰ. 城…　Ⅱ. 石…　Ⅲ.①城市教育：基础教育 - 研究 -
中国②乡村教育：基础教育 - 研究 - 中国　Ⅳ. G639.2

中国版本图书馆 CIP 数据核字（2008）第 078458 号

城乡基础教育均等化供给研究

石绍宾　著

经济科学出版社出版、发行　新华书店经销

社址：北京市海淀区阜成路甲 28 号　邮编：100036

总编室电话：88191217　发行部电话：88191540

网址：www. esp. com. cn

电子邮件：esp@ esp. com. cn

北京天宇星印刷厂印刷

永胜装订厂装订

787×1092　16 开　14.75 印张　200000 字

2008 年 6 月第 1 版　2008 年 6 月第 1 次印刷

ISBN 978 - 7 - 5058 - 7246 - 2/F · 6497　定价：23.00 元

（图书出现印装问题，本社负责调换）

（版权所有　翻印必究）

公共经济与公共政策齐鲁文库

编 委 会

顾 问：何盛明　安体富　高培勇

主 任：樊丽明

副主任：刘尚希　李齐云

委 员：(以姓氏笔画为序)

白景明　李士雪　李铁岗　李 文　孟庆跃

赵梦涵　高鉴国　曹现强　楚成亚

总　序

2007年金秋时节，经山东省委宣传部、山东省哲学社会科学研究规划领导小组批准，山东省公共经济与公共政策研究基地正式成立。该基地挂靠山东大学，依托山东大学多学科、综合性的研究优势，设立公共经济与政策、公共管理与公民自治、社会福利政策、公共卫生政策、生态环境政策、公共政策效应计量等六个研究中心。研究基地主要承担三项职能：第一，开展学术研究与咨询，针对学科前沿和重大理论与实践问题，组织高水平科研项目，产出创新性成果；第二，搭建交流平台，组织学术交流；第三，培养和造就高素质的学术带头人和中青年学术骨干，培养博士、硕士等高级专门人才，壮大社会科学研究队伍。

我们确立的基地建设目标是，通过5~8年的努力，力争把公共经济与公共政策研究基地建设成为省内首位、国内有重要地位、国际有一定影响的重点研究和咨询基地，活跃开放的学术交流基地，高水平的公共经济与政策高层次人才培养基地。为了实现上述目标，我们将主要采取如下建设措施：第一，凝练方向，培养和形成研究优势与特色；第二，整合力量，组织承接国家和地方重大研究项目；第三，潜心研究，形成《中国公共经济与公共政策研究报告》；第四，扶持新人，遴选出版"公共经济与公共政策齐鲁文库"；第五，营造氛围，办好双周公共经济与公共政策讨论班。

研究基地成立以来，紧密结合我国经济发展和社会进步的实际，以科学发展观为指导，我们凝聚一支结构合理、素质良好、勤奋敬业的研究队伍，在公共经济与公共政策的几个关键领域开展了比较深入系统的研究，迄今已初见成效，形成了系列研究报告和专著。经基地学术委员会委员投票表决、认真甄选，现已确定《新农村建设中的公共品供需均衡研究》入选《中国公共经济与公共政策研究报告》，《城乡基础教育均等化供给研究》、《公众节能行为的经济分析及政策引导研究》、《我国农村公共品的供给效率研究——基于制度比较和行为分析的视角》、《公共品供给中的政府经济行为分析——一个理论分析框架及在中国的应用》等四本专著入选"公共经济与公共政策齐鲁文库"第一批专著。

仰赖经济科学出版社和中国财政经济出版社的鼎力支持，承蒙经济科学出版社吕萍副总编和中国财政经济出版社赖伟文副总编、赵力女士的精心谋划，《中国公共经济与公共政策研究报告》（第一辑）和"公共经济与公共政策齐鲁文库"第一批专著即将面世。在此，衷心感谢他们的真诚关心和辛勤劳动！

期待读者们的积极回应和热心指教。

樊丽明

2008 年立夏于山东大学

摘　要

　　随着人类社会的不断进步与文明程度的不断提高，基础教育对社会经济发展的重要性也日益显现。向全体居民提供免费、平等和统一的基础教育，以保证任何居民不论其经济状况与政治地位如何，都有机会接受免费的、全国统一的基础教育，不仅有助于改善社会的公平状况，而且对于提高整个社会人力资本的质量和水平，促进经济发展和社会进步，都具有十分重要的意义，因而，均等化供给基础教育不仅是公共财政和民主财政的内在要求，也是现代民主国家的一个重要责任。

　　但在 2006 年 9 月 1 日新的《中华人民共和国义务教育法》（以下简称《义务教育法》）颁布实施之前，我国的基础教育却走了一条不免费、不平等以及不统一的道路。由于户口登记制度将社会人为割裂成农村与城市两部分，且各自实行不同的基础教育管理制度，从而很长一段时间以来城乡之间的基础教育差异悬殊，主要表现在：首先，城市中"普九"的任务早已完成，"普及十二年"甚至"普及十五年"教育的口号也时常在城市中提及，而与之相反，农村地区"普九"的任务目前依然尚未完全实现，部分地区完成"普九"的标准很低，且相当脆弱；其次，从融资角度来看，城市地区的基础教育完全由财政负担，而农村地区的基础教育却要由农民承担很大一部分责任，"农村教育农民办"；第三，从办学条件看，城乡间存在巨大差异，许多农村贫困地区的学校甚至无法保障最基本的办学条件；最后，流动人口，特别是进城务工就业的农民工子女入学得不到有效保障，由于难以就近进入公办学校接受教育，大部分农民工子女只能选择条件较差的打工子弟学校读书，或者回家成为留守儿童，再或者选择在城市随父母流浪成为新的文盲。

正是这些令人触目惊心的差异促使笔者对我国城乡基础教育发展进行研究，笔者希望通过本书的研究一方面能够厘清城乡基础教育差异的现状、差异的程度，造成差异的原因，以及因差异所带来的不良影响；另一方面更为重要的是希望在厘清差异的基础上，以基本公共服务均等化理论为指导，探讨促进城乡基础教育均等化发展的制度创新之路。因此，本书的研究不仅对于解决我国城乡基础教育均等化发展有一定的指导意义，而且对于丰富和发展相关的基本公共服务均等化基础理论也有十分重要的理论意义。

本书采用规范分析与实证分析相结合的研究方法。基本思路是先分析基本公共服务均等化的基础理论，再进行我国城乡基础教育差异的实证分析，最后提出促进我国城乡基础教育均等化供给的政策建议。

依此思路，全书共分7章，组织结构如下。

第1章"引言"主要介绍本书的选题来源、主要概念界定、结构框架以及创新与不足等内容。第2章"文献综述"主要是对目前国内外有关公共服务差异性、基本公共服务均等化、我国城乡基础教育差异以及完善我国城乡基础教育发展的相关研究文献进行梳理、总结和评价。第3～7章是本书的主体部分。其中，第3章"基本公共服务均等化的基本理论分析"是本书研究的理论基础，本章从公共服务与公共品的分析切入，对基本公共服务及其均等化的内涵界定、实现途径进行了详细分析。第4章"城乡基础教育差异状况的实证分析"分别从融资制度、可及性和办学条件三大方面对我国城乡基础教育的差异现状进行了系统的描述和分析。第5章"城乡基础教育差异的制度性根源"从户口登记制度和基础教育管理体制等制度根源探讨了城乡基础教育差异的原因，并对这种"城市偏向"的制度安排提出了一种政治经济学解释。第6章"城乡基础教育差异的效应分析"主要从人力资本存量效应、收入分配效应与社会流动效应等三个方面分析了城乡基础教育差异对我国社会经济所造成的影响和后果。第7章"城乡基础教育均等化供给的制度创新"提出了我国城乡基础教育均等化发展的基本原则，并在分析"以县为主"管理体制弊端和缺陷的基础上，设计并测算了"以中央为主"的新的基础教育管理体制，最后还就相关制度的改革提出了建议。

本书的创新之处主要体现在以下几个方面。

1. 基本公共服务及其均等化。基本公共服务是根据当时的社会共同价值信念，全体居民共同需要的最基本层次公共服务，具有最基本层次性、同质性和动态性三个方面的特征。基本公共服务均等化源于差异性，但不是实际消费的均等化，而是重在保证消费机会的均等化；而且，也绝不等于平均化，而是允许在全国均等基础上存在地区差异；再者，基本公共服务均等化内容和标准往往随人们对公平的认识理解和客观条件的变化而变化。

2. 基本公共服务均等化的途径。基本公共服务均等化的途径主要有三：其一是收入途径，指在不改变基本公共服务提供模式的前提下，通过转移支付等手段实现供给主体财力的均等化；其二是支出途径，指改变公共服务的提供模式，将供给责任上移，由更高级政府或中央政府直接供给；其三是政治途径，指通过谋求地方政府的合并来实现更大区域内基本公共服务的均等化。

3. 城乡基础教育差异的制度根源。城乡基础教育差异的根源在于城市偏向的制度安排。户口登记制度将城市与农村人为割裂开来，造成了中国社会发展的二元结构，与户口登记制度相伴随的教育福利政策造成了城乡居民在基础教育起点上的不公平。地方负责、分级管理的基础教育管理体制忽视了基础教育的基本公共服务属性及外溢性强的特征，固化了"谁办学谁掏钱"的原则，城乡基础教育发展不可避免地带有城乡经济发展程度差异与财力水平差异的痕迹。

4. 城乡基础教育差异的效应。其一是人力资本存量效应，分析表明城乡基础教育生均经费的差异确实对城乡初中毕业升高中率的差异有显著性影响；而且由于不同地区经济发展水平和财政收入能力存在差异，城乡人力资本存量的差异还带有地区色彩。其二是收入分配效应，回归分析表明城乡基础教育差距对城乡居民收入差距有显著性正的影响。其三是社会流动效应，城乡基础教育的差异使得能够进入初级劳动力市场的正式通道越发狭窄，大部分农民只能由非正式通道进入次级劳动力市场谋求工作。

5. 城乡基础教育发展的均等化原则。主要有三个方面，即免费受教育的机会均等，全国范围内保证相同的最基本的办学条件，并且允许存在一定的地区差距。

6. "以中央为主"的基础教育管理体制。中国基础教育发展应既要发挥中央政府的平衡均等能力和财力充足优势，又要发挥地方政府在信息、效率方面的优势，从城乡基础教育均等化发展的角度出发进行制度创新，笔者构建了一个"供给与生产主体分离、分级互补，投入以中央为主、分项分级共担，宏观管理以省为主、具体管理以县为主"的新的基础教育管理体制。根据该体制，不同级次政府承担基础教育的责任呈现出明显的"倒金字塔"状，即中央、省与县级财政的负担比例逐级降低，中央财政负担比例最高，这种趋势可以基本与财政收入的分配格局相对应。

关键词 城乡 基础教育 均等化 基本公共服务

ABSTRACT

As the human society and civilization continue to make progress, the primary education gradually shows its great importance to the social and economic development. Providing the free, equal and unified primary education to the citizens so as to guarantee everyone's opportunity to enjoy the free and unified primary education no matter what his economic and political condition, will be crucially important not only to better the society's equal condition, but also to improve the whole society's human capital and increase the economic development. So the primary education equalization is the inherent requirement of the public finance and democratic finance, as well as the important duty of modern nations.

But Chinese primary education has experienced an unfree, unequal and un-unified road before the new Law of Forced Education was brought into effect on September 1st 2006. As the household registration institution separated the society into country and city, and each has a different primary education administration institution, so the urban-rural difference in the primary education has been very large since a long time. Firstly, the nine-year forced education task has already been implemented in the cities, and now many cities even put forward the twelve-year or the fifteen-year education, but the nine-year task is still not fully achieved in the country. Even if some country areas have already got the nine-year goal, the criterion is very low and the outcome is very frangible. Secondly, from the point of finance, the primary education in the cities is fully born by the public finance, while in the country areas the peasants will have to take on some responsibility, which is called the peasants running the rural education. Thirdly, the rural education's conditions are much worse than the city, and some poor schools in the rural areas even don't have the least conditions of running school. Lastly, the children of the shifting population, especially the migrant workers don't have the guaranteed chance to go to school. Since these children can hard go to the nearby public schools, they have to go to the schools for the migrant workers' children with bad conditions, or go home to become the left behind children, or wander with their parents in the city to become the new illiteracy.

It is these shocking differences that urge the author to investigate Chinese urban and rural primary education development. Through this study, the author hopes to make clear the urban-rural difference condition, the degree, the causes and the effects, and also to find the urban-rural equalization in the primary education under the guideline of basic public service equalization theory on the base of these differences. So this study will do good not only to guide Chinese urban-rural equalization in the primary education, but also to enrich and develop the related basic public service equalization theory.

This book combines the normal analysis and empirical analysis. The basic idea is as follows: the author first analyzes the basic public service equalization theory, then the Chinese urban-rural primary education difference, and put forward the equalization suggestions in the end.

Under the above idea, this book has 7 chapters, which are organized as follows.

Chapter 1 is the "introduction", which mainly introduces this subject's source, the main definitions, the organization and the main innovative points and shortcomings. Chapter 2 is the "literature reviews", which includes the literatures on the public service difference, public service equalization, Chinese urban-rural difference and the perfecting suggestions of primary education. Chapter 3 – 7 is the main body of this article. Chapter 3 "the theoretic analysis on basic public service equalization" is the basis of this study, which analyzes the definition and means of basic public service equalization on the base of the definitions of public goods and public service. Chapter 4 "the empirical analysis of urban-rural differences in primary education" systematically investigates the current difference from the point of finance institution, the availability and the running conditions. Chapter 5 "the institutional source of the urban-rural differences" studies the household registration institution and primary education administration institution, and then introduces a political economy interpretation of these urban bias phenomena. Chapter 6 "the effects of urban-rural differences" mainly analyzes the human capital stock effect, income distribution effect and the social floating effect. Chapter 7 "the institutional innovation of urban-rural equalization" puts forwards the basic principles of equalization, designs and computes the new "central government role" primary education administration institution on the base of criticizing the shortcoming of the "county governments role", and suggests the related institutional reforms in the end.

The main innovative points are as follows.

1. The basic public service and its equalization. Basic public services is the most basic level of public services of all the residents that based on the common social value beliefs, and it has three characteristics as most basic level, homogeneous and dynamics. Equalization is the necessary choice to solve the difference and guarantee the equality. The equalization doesn't mean the equal consumption, but the equal consumption opportunity; also it isn't the average distribution, but permits

the regional difference beyond the national level; and the content and the criterion of the equalization will change as the people's attitude to the equity and the circumstance change.

2. The ways of basic public service equalization. There are three ways. One is the revenue way, which mainly refers to the intergovernmental grants so as to make the fiscal revenue equalized with no change of the provision mode. Another is the expenditure way, which changes the provision mode and put the public service responsibility to the higher governments or the central government. The third is the political way, which means merging the local governments in order to equalize the basic public service in a larger area.

3. The institutional sources of the urban-rural difference in primary education. The difference stems from the urban bias institutions. The household registration institution separates the city from the country, resulting into the dualistic structure in Chinese society, and the concomitant education welfare policy leads to the unfair jumping-off point between the urban and rural people. The primary education administration institution of local responsibility and hierarchical administration omits the public service attribute and the large externality, and solidifies the principle of "whoever runs school should finance", so the urban-rural differences of economy development and fiscal revenue will inevitably reflect in the primary education development.

4. The effects of urban-rural difference in primary education. First is the human capital stock effect. The analysis shows that the urban-rural difference of outlay per student does have significant effect on the enrollment ratios, and also this human capital stock difference has some regional character since the different region has different economic development and fiscal revenue ability. The second is the income distribution effect. The regression analysis shows that the urban-rural difference in primary education does have significant positive effect on the urban-rural

income gap. The third is the social floating effect. The primary education difference makes the formal channel to the primary labor market becoming narrower, and most peasants have to go to the second labor markets.

5. The principles of urban-rural equalization in primary education. There are three points: the opportunity of getting the free primary education is equal; the basic school conditions are the same all across the country; and the regional differences beyond the national level are permitted.

6. The "central government role" primary education administration institution. From the view of the equalization, Chinese primary education should reform the institution, using both the central government's advantage of equalizing ability and abundant fiscal revenue, and the local governments' advantage of information and efficiency. The author designs a new administration institution, that is "separated provision and production; input mainly from central government; macro-administration responsibility in provincial governments, and micro-administration in county governments". Under the "central government role" institution, the different governments' responsibilities in primary education present the converse pyramid structure, that is, the central, provincial and county governments' ratios reduce level by level, which is corresponding to the fiscal revenue structure between different governments.

Key Words *urban-rural primary education equalization basic public service*

目　录

CONTENTS

第 1 章

引 言

1.1 问题的提出

随着社会不断进步与人类文明程度的提高,基础教育在社会经济发展中的重要性日益显现,世界上大多数国家都将提供免费、平等和统一的基础教育作为政府的主要职责之一,受教育权也被作为人的基本权利之一写入宪法,并为《世界人权公约》所明确加以保护。但在 2006 年 9 月 1 日我国正式颁布实施新的《义务教育法》之前,我国基础教育走的却是一条"不免费"、"不平等"和"不统一"的道路,因户口不同而被人为割裂开的城乡之间的基础教育差异悬殊:

1. 城市中基础教育的普及任务早已完成,许多城市地区已着手普及非义务阶段教育;但农村地区"普及九年义务教育"的任务目前依然尚未完全实现,部分地区完成"普九"的标准很低,且相当脆弱。2000 年,国家宣布如期实现《中国教育改革和发展纲要》所提出的"基本普及九年义务教育"和"基本扫除青壮年文盲"的"双基"任务,"双基"地区覆盖人口比例已从 20 世纪 90 年代初的 40% 左右提高到 85%,2005 年该比例提高到 95% 以上。我们在为我国基础教育发展取得重大成就欢欣鼓舞的同时，应该清醒地看到，这只是实现了基础教育的"基本普及"，还有占全国5%、约6 000多万的人口，约200多个县（市、区）尚未在九年义务教育的普及范围之中，而这些未实现"普九"的地区，几乎无一例外地都属于老、少、边、穷、牧的农村地区；另外，在已经实行"普九"的农村地区，普及的标准很低，且不易巩固，根据最新的调查显示，近几年，农村地区学生的辍学率、流失率偏高，且有呈上升的趋势，有的地方农村辍学率甚至高达10%以上，如此之高的学生流失率，已经严重影响了"普九"任务的巩固和提高，不能不引起我们的重视。

2. 城市地区的基础教育完全由财政负担，"城市教育财政办"；而农村地区的基础教育却要由农民承担部分责任，"农村教育农民办"。"分级办学"的体制作为中国基础教育发展的一大制度创新，确实激发了地方政府办学的积极性，但不可避免地要受地方财力水平的限制，在财力不足的情况下，地方政府为要"负责"，向居民转嫁责任就成为其必然的选择。在城市，由于财力充裕，适龄儿童可以接受免费的基础教育，其父母不必为基础教育的发展承担直接的融资责任；而在农村，由于财力不足，为完成基础教育的"普九"任务，地方基层政府只好向农民伸手要钱，除法律正式规定的农村教育费附加外，各种名目繁多的教育集资、教育摊派和教育收费层出不穷。根据统计，仅农村教育费附加一项，1998年就征收了165亿元，占当年农村基础教育经费的20%，如再考虑到农民的教育捐资和教育集资，以及向农村学生征收的杂费，农村税费改革前由农民直接负担的教育融资比例就达到30%以上，最高时曾达到44.4%，"人民教育人民办"变成了"农村教育农民办"。沉重的教育负担使得农民苦不堪言，中央和地方各级政府虽出台多项"减负"政策，期望能控制住"三乱"行为，但由于未能从根本体制上进行改革，各项政策的收效甚微。直到2000年以后在全国范围内推行的农村税费改革，取消了农村教育费附加及各种教育集资、摊派和收费行为，农村的基础教育全部纳入财政管理，由农民直接承担教育融资的情况才开始有所改观。

3. 城乡基础教育的办学条件存在巨大差异。分级办学的体制使得城乡之间的财力差异必然在基础教育的发展中得到体现，其中最主要的就体现在办学条件的差异上。从生均经费上看，财政对城市学校的支持力度要远远大于农村，2001 年城市小学和初中的生均预算内经费均是农村的 1.7 倍，生均预算内公用经费则分别是农村的 3.4 倍和 3.2 倍。正是由于农村学校教育经费的不足，为保证"普九"考核任务的完成，许多农村学校只好负债运行，由此造成农村基础教育负债规模的急剧膨胀。① 从师资条件上看，城市学校集中了全国大部分的优质教师资源，农村地区中小学教师尽管数量众多，但多是由原民办教师转制而来，整体的学历水平与教学能力都较城市教师略差。另外，由于财力限制，农村教师的工资水平普遍较低，而且发放很不及时，拖欠现象时有发生，② 由于待遇差，许多优秀的农村教师，在取得一定成绩后也往往千方百计地调动到城市的学校中工作，因为难以留住优秀的教师资源，许多农村中小学不得不聘请大量的代课教师。而从物质条件上看，农村学校根本无法与城市学校相提并论，城市学校中高标准的教学楼、办公楼等基本条件已经接近或达到发达国家水平，图书馆、实验室、微机室、语音室等一应俱全，互联网教学、多媒体课件等现代化的教学手段也开始在城市中推广和普及；与城市相比，农村地区中小学的硬件条件要寒酸得多，危房仍大面积存在③，许多学校至今仍保持着"一个教师、一支粉笔、一块黑板"的原始教学状态，有些学校的办学条件甚至差得可怜，学校中"缺少课桌凳、粉笔按支发、有电

---

① 根据国家审计署 2004 年公布的对 17 个省（区、市）50 个县的基础教育经费审计调查结果显示，50 个县 2001 年底基础教育负债为 23.84 亿元，2002 年底上升为 31 亿元，增长 30%；到 2003 年 6 月底，仅半年时间又增长了 25.7%，达 38.98 亿元，负债增长速度大大高于同期教育经费投入增长速度，负债总额相当于这些地方一年财政收入的 80%。

② 截止到 2004 年，累计拖欠教师工资已达 100 多亿元。

③ 截止到 2000 年底，除北京、天津、上海、江苏、浙江、广东 6 省（直辖市）及大连等 5 个计划单列市之外的 25 个省、自治区、直辖市及新疆生产建设兵团，共有农村中小学各类危、破房舍 8 400 万平方米，占农村中小学校舍总面积的 9.6%；其中，D 级危房（指房屋整体出现险情，不能继续使用）5 700 万平方米，占全部危房面积的 67.86%。

不敢开灯"等现象①也绝不在少数，由此造成了"城市中的学校像欧洲，而农村的学校像非洲"的悬殊差异局面。

4. 流动人口，特别是进城务工就业的农民工子女入学得不到有效保障。随着城市化进程的加快，地区间、城乡间的人口流动越来越频繁，特别是从农村向城市转移的农村劳动力逐渐增多。根据2006年4月国务院发布的《中国农民工调查》报告显示，中国的农民工目前大约有2亿人。如此规模庞大的农民工群体，在城市却一直生活在现代文明的边缘。由于户口限制，其子女要进入公立学校接受教育必须缴纳高昂的借读费或赞助费，因此，能够成为"借读儿童"的比例很少，大部分农民工子女或者返回家乡成为"留守儿童"，或者在城市跟随父母成为"失学儿童"。尽管打工子弟学校在一定程度上解决了农民工子女的入学问题，但由于经费短缺，大部分的打工子弟学校办学条件不达标，难以取得合法的办学执照，只能以"非法办学"的名义，冒着随时被取缔的风险地下运行。尽管2003年国务院在转发的《关于进一步做好进城务工就业农民子女义务教育工作的意见》中明确提出了以"流入地政府为主"和"以公办学校为主"的"双为主"政策，但过于繁琐的"五证"手续使得"两为主"政策的执行效果大打折扣。

如此种种城乡基础教育的差异，在使笔者深感震撼的同时，也吸引笔者进行深入的思考，这正成为本书研究的起点。笔者期望通过本书的研究，能够回答以下几个方面的问题：（1）城乡基础教育的差异体现在哪些方面？状况到底怎样？（2）城乡基础教育差异的原因何在？（3）城乡基础教育差异对我国的社会经济发展产生了哪些不利的影响和后果？（4）解决中国城乡基础教育差异，实现城乡基础教育均等发展的思路是什么？

---

① 石岩、肖毅灵、钱芙蓉：《中国教育的公平之痒》，载《南方周末》，2005年3月10日。

1.2 主要概念界定

由于本书涉及大量的实证研究，为保证口径的统一，笔者对下列主要概念进行界定。

1. 基础教育。在国外，有时也被称为初等和中等教育。根据教育学的理论，基础教育的本质属性是基础性，其主要内容包括基本知识、基本技能、基本观点、基本行为规范、基本学习生活能力等方面的教育，是为人的生存与发展奠定基础的教育。从大的统计口径来看，基础教育主要包括学前教育、小学教育和中学教育三个阶段。但由于各国具体经济发展水平与社会文化存在诸多差异，在本书中，笔者所使用的是适合中国目前情况的小口径的基础教育概念，即与九年义务教育的阶段相一致，仅包括小学和初中阶段。

2. 城乡。国外有关城乡的划分通常是以地理区位为标准进行，城市居民与农村居民的区别仅仅是居住位置不同，而且城乡之间的公共服务供给并不存在巨大差异。但由于我国长期以来一直实行严格的户口登记制度，户口除可以反映居民的居住情况外，还可以反映公共服务的消费情况。因此，本书有关城乡的对比主要是基于户口的相关统计资料，但由于种种原因，实际中城市与农村、城镇与农村的对比时常出现在各种统计资料中，考虑到数据的可获得性，笔者在具体行文中采取了相机的城乡分类标准，即如果能确切分离城市与县镇的数据，就采用城市、县镇与农村的对比数据；如不能分离，则采用城镇与农村的对比数据。

3. 可及性。所谓公共服务的"可及性"，主要衡量的是消费者寻求且实际获得该公共服务消费的难易程度。可及性差异主要是指消费者在是否确实能方便、及时和实际地获得负担得起的和可接受的公共服务方面享有的差异。影响可及性差异的因素很多，如地理、服务费用、服务对象的属性等。本书所分析的基础教育可及性差异主要涉及经济和制度方面的差异。

4. 基本公共服务及基础教育均等化。笔者认为，基本公共服务的均等化主要是指政府要为社会公众提供基本的、在不同阶段具有不同标准的、最终大致均等的公共服务。基本公共服务的均等化不同于平均化。具体到基础教育方面，笔者将其均等化定义为三个方面：即免费的受教育机会均等，保证全国最基本办学条件均等，允许在基本条件之上存在地区差异。

5. 比较框架。在户口登记制度将中国社会人为分割为城乡二元、城乡分治以后，城乡的基础教育制度也逐渐演变成二元的局面，因此可以说，城乡基础教育的差异不单单体现在某一个方面，而是整个基础教育制度的差异。为全面衡量城乡的差异状况，笔者将其总结为三大类，即融资制度、可及性和办学条件等三项一级指标，每一项一级指标又可以分解为不同的二级指标和相应的三级指标。关于不同的指标设计，参见表 1-1。

表 1-1 城乡基础教育差异比较框架

一级指标	二级指标	三级指标
融资制度		农民直接负担教育融资比例
可及性		入学率、文盲率
办学条件	教育经费	生均教育经费、生均预算内经费
	物质条件	生均校舍面积、生均危房面积、生均计算机台数 生均图书藏量、生均固定资产价值
	师资条件	师生比、学历合格率、教师缺科分布、教师待遇

1.3 结构及主要创新点

1.3.1 结构

本书正文共分 7 章，第 1 章为引言，第 2 章是对国内外相关研究文献的综述，第 3~7 章是本书的主体部分，其中，第 3 章是对基本公共服务均等化的基本理论分析，而第4~7章则分别从城乡基础教育的差异现状、原因、效应与均等化制度创新四个角度进行了实证分析。具体来说，第3~7章的主要内容安排如下：

第3章是本书研究的理论基础。本章从公共服务与公共品的界定切入进行分析，并由此推导出基本公共服务的内涵与外延。基本公共服务的均等化不等于平均化，主要目标在于保证基本公共服务平等消费权利的实现。本章最后还以基础教育为例，对基本公共服务均等化的三条途径进行了详细分析。

第4章是对城乡基础教育差异现状的描述和分析。根据笔者所设计的比较框架，将城乡基础教育差异的比较分为融资制度、可及性和办学条件等三个一级指标，农民直接负担教育融资比例、生均教育经费、师生比等十四个三级指标进行对比分析。

第5章是对城乡基础教育差异原因的分析与探讨。本章主要从户口登记制度和基础教育管理体制等制度根源探讨了城乡基础教育差异的原因，并对这种"城市偏向"的制度安排提出了一种政治经济学解释。

第6章是对城乡基础教育差异的效应分析。本章主要从人力资本存量效应、收入分配效应与社会流动效应等三个方面分析了城乡基础教育差异对我国社会经济所造成的影响和后果。

第7章是对城乡基础教育均等化发展的制度创新建议。针对城乡基础教育巨大差异的现实，本章首先提出了基础教育均等化发展的基本原则，并在分析"以县为主"管理体制弊端和缺陷的基础上，设计并测算了"以中央为主"的新的基础教育管理体制，最后还对户口登记制度、政府层级制度和财政管理体制的相关制度改革提出了建议。

1.3.2 创新与不足

本书的创新之处主要体现在以下几个方面。

1. 基本公共服务及其均等化。基本公共服务是根据当时的社会共同价值信念，全体居民共同需要的最基本层次公共服务，具有最基本层次性、同质性和动态性三个方面的特征。

基本公共服务的均等化源于差异性，但不是实际消费的均等化，而是重在保证消费机会的均等化；而且，也绝不等于平均化，而是允许在全国均等基础上存在地区差异；再者，基本公共服务均等化内容和标准往往随人们对公平的认识理解和客观条件的变化而变化。

2. 基本公共服务均等化的途径。具体来说，基本公共服务均等化的途径主要有三：其一是收入途径，指在不改变基本公共服务提供模式的前提下，通过转移支付等手段实现供给主体财力的均等化；其二是支出途径，指改变基本公共服务的提供模式，将基本公共服务的供给责任上移，由更高级政府或中央政府直接供给；其三是政治途径，指通过谋求地方政府的合并来实现更大区域内基本公共服务的均等化。

3. 城乡基础教育差异的制度根源。笔者认为，城乡基础教育差异的根源在于城市偏向的制度安排。其中，户口登记制度是最为基础的制度，正是由于户口登记制度将城市与农村人为割裂开来，才造成了中国社会发展的二元结构；与户口登记制度相伴随的教育福利政策造成了城乡居民在基础教育起点上的不公平。另外，地方负责、分级管理的基础教育管理体制简单地将基础教育的发展责任下放给地方政府，忽视了基础教育的基本公共服务属性及外溢性强的特征；分级管理固化了"谁办学谁掏钱"的原则，相对于城市，基层政府基础教育事权与财力之间的矛盾十分突出，因此，城乡的基础教育发展不可避免地带有城乡经济发展程度差异与财力水平差异的痕迹。

4. 城乡基础教育差异的效应。城乡基础教育供给差异的效应主要表现为三个方面。

其一是人力资本存量效应，通过对全国 30 个省区横截面数据的回归分析表明，城乡基础教育生均经费的差异确实对城乡初中毕业升高中率的差异有显著性影响；另外，由于不同的地区经济发展水平和财政收入能力存在差异，因而城乡人力资本存量的差异还带有地区色彩，具体来说就是"一片"和"二片"地区与城乡居民平均受教育年限负相关，而"三片"地区则与之正相关。

其二是收入分配效应，通过对 2004 年全国 31 个省区横截面数据的回归分析可以得出如下四个结论：第一，城乡基础教育差距对城乡居民收入差距有显著性的影响，二者呈明显正相关关系；第二，城乡收入差距与城乡劳动力的数量对比呈负相关关系，说明城市化确实可以缩小城乡差距；第三，城乡居民收入差距与第三产业比重呈正相关，第三产业比重越高，城乡居民的收入差距越大，这可以从一个侧面验证了库兹涅茨倒 U 型的存在。

其三是社会流动效应，根据二元劳动力市场理论，城市中的劳动力市场可以分为初级劳动市场与次级劳动市场，处于不同劳动力市场的就业人员，享有不同的工资水平、福利待遇与晋升机会。与目前中国城乡分治、公私有别的二元社会经济结构相匹配，城乡基础教育的差异使得能够进入初级劳动力市场的正式通道越发狭窄，大部分的农民只能由非正式通道进入次级劳动力市场谋求工作。

5. 城乡基础教育发展的均等化原则。城乡基础教育差异问题的解决不应仅仅着眼于改善农村基础教育的发展，而是应跳出农村，从城乡统筹发展的角度，对城乡的基础教育实行均等化供给，以保证人们社会福利水平的提高，从而促进社会公平的实现。关于城乡基础教育均等化的内容，笔者认为，至少应包括以下三个方面的内容，即免费受教育的机会均等，全国范围内保证相同的最基本的办学条件，并且允许存在一定的地区差距。

6. "以中央为主"的基础教育管理体制。基础教育的事权应包括供给与生产两方面，其中，前者主要涉及资金的筹集问题，而后者则主要涉及资金的具体运用和管理。一般来说，高层次政府具有财力优势，而基层政府具有信息优势，因此，基础教育的供给主体（或资金来源主体）应主要由高层次政府承担，而生产的主体则主要由基层政府承担。

相对于县级政府而言，中央政府无论是在财力水平，还是在平衡城乡发展的能力等方面都要更强，但考虑到中国人口众多、地区复杂、各地差异悬殊的特殊国情，省政府和县级政府在有关基础教育的信息掌握方面要更为客观、真实与迅捷，部分基础教育事宜由省级政府和县级政府来承担要较之完全由中央政府更有效率。同时，考虑到新的《义务教育法》关于"将义务教育全面纳入财政保障范围"、"义务教育经费投入实行国务院和地方各级人民政府根据职责共同负担"的法律精神，并借鉴世界大多数国家有关基础教育发展中"投资主体上收，管理重心下移"的经验，笔者认为，中国基础教育的发展应既要发挥中央政府的平衡均等能力和财力充足优势，又要发挥地方政府在信息、效率方面的优势，从城乡基础教育均等化发展的角度出发进行制度创新，构建一个"供给与生产主体分离、分级互补，投入以中央为主、分项分级共担，宏观管理以省为主、具体管理以县为主"的新的基础教育管理体制。根据笔者所设计的"以中央为主"的体制，不同级次政府承担基础教育的责任呈现出明显的"倒金字塔"状，即中央、省与县级财政的负担比例逐级降低，中央财政负担比例最高，这种趋势可以基本与财政收入的分配格局相对应。

本书的不足之处主要表现在，由于中国相关教育统计数据的缺乏，笔者无法对中国城乡基础教育差异的情况进行相关时序方面的分析，更多的实证分析只能以横截面或面板数据的形式进行。另外，由于数据及技术方面的原因，笔者难以准确地分离出城乡收入差距中基础教育差异的影响，因此，在分析城乡基础教育差异的收入分配效应时，笔者使用了城乡居民的平均受教育年限差异来代替城乡基础教育的差异。

第 2 章

文 献 综 述

2.1　公共服务差异性

关于公共服务差异性的研究，理论界和实际工作部门关注更多的是供给方面的差异性，特别是发展中国家普遍存在的城乡之间公共服务的供给差异。在许多发展中国家，尽管城市居民只构成了全部人口的一个小部分，但公共资源（公共品和公共服务）却经常向城市部门倾斜，从而造成城乡间公共服务供给的巨大差异。迈克尔·利普顿（Michael Lipton，1968）在其关于印度发展计划的文章中首先分析了这种向城市倾斜的现象，提出了"城市偏好"的定义。他认为自 20 世纪 50 年代以来，许多发展中国家通过高估汇率、"剪刀差"等价格扭曲行为，向城市中的居民或组织分配过多的资源与公共服务，以至于不仅影响了经济运行的静态和动态效率，而且也产生了诸多不公平的现象，特别是加深了居民贫困的程度。此后，他在 1977 年的文章中又进一步指出，城市偏向主要表现为价格偏向和支出偏向，前者（又称价格扭曲）主要是指发展中国家通过补贴、高估汇率等价格政策，扭曲了正常的价格机制，造成了农产品低价与工业品高价的"剪刀差"现象；而后者（又称分配偏向）主要表现为教育、医疗、道路等公共服务的配置更多地向城市地区和居民倾斜。支出偏向已经被越来越多的学者的实证研究所证明，如鲁齐卡（Ruzicka，1982）的分析表明，20 世纪 60 年代以来，农村对城市的婴儿死亡率有所提高；世界银行（World Bank，1991）的分析也表明，投向农村的公共投资比例要比农业占GNP 的比例以及农业部门吸纳就业的比例下降得更快等。

关于这种公共服务供给城市偏向的原因，许多学者从不同角度进行了论述，主要可以归为以下三种观点。

1. "成本因素说"。该观点认为，从纯经济效率的角度看，公共服务供给偏向城市是有效率的，也就是说城乡公共服务供给的差异是部分有效的（至少对某些公共服务来说），这主要是因为提供城乡公共服务的成本存在差异。某些公共服务的提供，特别是教育、医疗和电力等，在农村地区要比在城市地区花费更多，成本更高（Arnott and Gersovitz，1986）。例如，根据 Turvey 和 Anderson（1997）的测算，向农村地区提供电力要比向城市地区提供的成本高 2.5 ~ 4 倍。

2. "权力因素说"。迈克尔·利普顿（1977）试图通过权力结构中城市与农村群体的相对权重来解释这种公共服务偏向城市的现象。他指出，农村地区之所以在经济上处于贫困境地，根本在于他们在政治上没有权力。如果农村地区拥有更强大的权力，则他们就可以缴纳更少的税收，得到更多的公共服务。迈克尔·利普顿进一步指出，世界上贫穷国家中最重要的阶级冲突不在资本与劳动之间，也不在外国利益与本国利益之间，而是在农村阶级与城市阶级之间。与农村地区相比，城市地区掌握和控制着大部分的说客和政治组织，拥有更为强大的权力，因此，城市阶级总是能赢得与农村阶级斗争的大部分回合，更多的公共资源被浪费在城市的公路投资上，而不是投向更为急需的农田水利设施，从而导致发展中国家发展过程的缓慢和不公平程度的进一步加深。当然，迈克尔·利普顿的分析也存在一些缺陷，主要表现在以下几个方面。第一，尽管迈克尔·利普顿将政治权力看做影响工业化的主要因素，但是他并没有考虑不同群体的权力在长期内的变化情况；第二，迈克尔·利普顿只是集中于分析农村的经济成果，并推断出这种不利的经济成果根源于农村的无权力；第三，在迈克尔·利普顿的分析中，因变量和自变量有时被混在一起。对因变量的（经济结果的城市偏好现象）分析十分详细，但自变量（权力结构的城市偏好）只是被假设存在而没有给出证明。而且迈克尔·利普顿也没有解释原因是否独立于结果，以及如何认定经济结果的城市偏好是源于权力结构的城市偏好，而且他也没有考虑权力结构内部的复杂情形（Ashutnosh Varshney，1993）。

　　至于为什么农村地区缺少政治组织的原因，罗伯特·贝茨（Robert Bates，1981）利用集体行动行为理论进行了解释。罗伯特·贝茨对亚洲国家政策的分析表明，一方面，农村地区容易受到城市的分化影响，通过实施分化政策（其中主要是有选择地分配一些补贴和项目），亚洲国家政府对统一的农业部门进行了有效的分割，从中受益的农民也就成为了政策的支持者，从而增加了城市的谈判砝码。另一方面，即使不受分化政策的影响，农民也很难组织起来进行集体行动。这是因为，第一，农业部门非常大而每个农民的产量只占非常小的份额，相对于集体行动的巨大成本，单个农民的收益十分有限，"免费搭车"的现象就不可避免；第二，农民往往居住分散，相互之间的沟通比较困难，组织成本较高，再加上农村居民整体文化素质不高，难以形成有效的压力，因此，农村地区出现"数量悖论"就不足为奇。而相对于农村地区，工业部门虽在数量上不占优势，但都集中于城市中，而且市场上每个生产者的份额较大，这就使得生产者组织起来非常有利，从而在与农村地区的政治权力对比中处于优势地位。

　　穆尔（1993）继承了迈克尔·利普顿和罗伯特·贝茨的思想，他认为，至少城乡公共服务的差异部分来源于城市精英的影响与游说的力量。在他看来，更有力的城市游说可以导致资源配置与城市精英偏好相一致，从而产生无效配置的局面。

　　3. "信息因素说"。与"权力因素说"的分析思路不同，Su-

mon Majunmdar、Anandi Mani、Sharun Mukan（2004）建立了一个包含信息因素的分析框架。他们认为，信息可以使居民能够充分地了解公共服务产出以及政府提供公共服务的能力，因而在解释城乡公共服务差异方面可以发挥重要的作用。因此，他们建立了一个独特的机制，其中所有城市与农村的参与者都有平等的话语权，但是他们的信息集却不相同。城市居民由于有更高的平均财富水平、更好的教育水平、更容易地与媒体联系以及媒体更多地关注城市，因而与农村居民相比，其在获取信息方面具有明显的优势。通过作者建立的模型分析表明，即使城市居民只是少数的城市投票者，谋求连任的竞选压力使得政府将这种城市地区的信息优势较容易地转化成资源配置方面的倾斜。而且作者的分析还表明，这种倾斜或偏向在政府刚成立或政治上尚未成熟时更为强烈。但是，这种信息优势并不总是给城市居民带来更多的公共服务。在面临有利冲击时，这种城市偏向现象会减轻，甚至会发生逆转，出现农村偏向现象；而在出现不利冲击时，由于城市居民的信息优势，这种城市偏向的现象会更加强烈。最后，作者将其对公共服务差异的分析应用到解释个人的迁移决策上。他们认为，从农村到城市的迁移并不仅仅是由于就业机会的差异（Harris and Todaro，1970），公共服务提供方面的倾斜或偏好同样也是重要的决定因素。另外，作者还预测了在经济处于不利情况下，由于城市倾斜现象的加强，迁移率和城市化水平都会得到提高。这些预测已经为许多发展中国家在近 10 年来所观察到的"无增长的城市化"现象所证实（World Bank，2000；Fay and Opal，1999）。

国内学者尽管观察到了城乡之间存在的巨大差距，但从城市偏向角度进行研究的并不多。蔡昉、杨涛（2000）通过对改革前后中国城乡不平等的考察，分析了造成这种不平等的制度和政策，并利用中国的经验对现存两种城市偏向形成假说的解释力作出评价，他们认为，中国城乡之间差距巨大，在 1978 年以前，利益集团压力和选民的声音在中国基本上是不存在的，与重工业优先发展战略相关的一整套干预政策导致了稳定的城市偏向，在改革开放以后，城乡差距的周期性变化则主要导源于城市利益集团的压力以及传统经济体制遗留的制度障碍。楚成亚、刘祥军（2002）借鉴了蔡昉和杨涛（2000）的分析范式，对当代中国现代化进程中的城市偏向政策提出了自己的解释，他们认为，当代中国城市偏向政策的形成有特殊的政治原因，在改革前的"全能主义决策模型"中，统治精英阶层对农民的意识形态偏见，促成了阻止农民影响国家政治决策的制度安排，为城市偏向政策的顺利实施提供了政治保障，改革开放以来的"分裂式权威主义模型"中，中国城市偏向政策延续的动力主要不是来自普通市民对国家政治系统的压力，而是来自行政管理者阶层，中国的城市偏向政策将在城市——官僚主导的改革进程中，随着普通市民社会福利水平的相对下降而逐渐消失。

2.2 基本公共服务均等化

近年来，随着对不平等问题关注程度的逐渐提高，特别是在十六届六中全会提出要"逐步实现基本公共服务均等化"的任务和要求以后，基本公共服务均等化的相关研究开始涌现。关于基本公共服务均等化的定义，国内学者虽说法各异，但基本观点却大致相同。徐诗举（1997）将其定义为在保证实现国民福利最大化和资源配置效率最大化的原则下，全国范围内的居民都能享受到基本相同的公共服务。李华（2005）根据公共品需求的城乡差异，将公共品分为基础性公共品和差异性公共品，提出基础性公共品的均等化应按照公共品的数量和质量进行衡量，要求实现结果的均等；而差异性公共品均等化的判断标准应是效用的最大化。王磊（2006）则认为公共服务均等化是一个相对的概念和要求，一般是指各个地方政府能够按照全国的一般标准和居民的生存要求，提供基本的公共品和公共服务。江明融（2006）认为公共服务均等化是指政府及其公共财政要为不同利益集团、不同经济成分或不同社会阶层提供一视同仁的公共品与公共服务，具体包括财政投入、成本分担、收益分享等方面内容。

关于实现基本公共服务或公共品均等化的途径，国内学者更多地集中在收入途径的研究上，徐诗举（1997）、李华（2005）和王磊（2006）都主张应通过转移支付来实现财力的均等化从而保证公共服务的均等化。而江明融（2006）则认为，实现公共服务均等化的比较可行的办法是实行城乡统筹的公共服务供给制度，在遵循"帕累托改进法则"和保证城市居民现有效用水平不降低的前提下，将城市创造的一部分财富用于提供农村公共服务，从总体上提高农村公共服务的供给水平。

由于国外基本公共服务均等化的实践早已推行多年，而且再加上西方国家对市场机制的推崇，因此，国外学者的最初研究更多的是从公平与效率，特别是对资源配置效率影响的角度进行（Buchanan，1950、1952；Buchanan and Charles Goetz，1972）。近年来，学者们更多地开始转向基本公共服务均等化的效应方面，如Andrew Reschovsky（1994）着重分析了财政均等化对美国学校融资的影响；Bev Dahlby（2001）分析了财政均等化转移支付的激励效应，而Catherine Hull 和 Bob Searle（2004）则研究了澳大利亚的财政均等化政策对公共服务提供的影响。

2.3 城乡基础教育差异

2.3.1 差异表现

20 世纪 90 年代以来，我国教育不公平的现象逐渐引起人们的注意，初期学者们的研究主要集中于对整体教育的区域差异，特别是省际间的差异研究（沈百福、愈诗秋，1994；魏后凯、杨大利，1997），但是随着分税制财政体制的确立，对城乡之间的教育差异，特别是对农村基础教育的关注又逐渐成为理论界的热点，社会学、经济学、教育学、政治学等领域的学者纷纷对此展开研究，形成了数量相关当可观的研究文献。

关于城乡基础教育差异的表现，众多学者的研究尽管角度不一，但基本内容大致相同，都主要集中在可及性、办学条件和融资制度等三个方面。

大部分学者关于城乡基础教育的比较都涉及了可及性和办学条件方面。张素蓉（1997）指出，当前我国基础教育在学生方面、学校提供的学习条件方面以及学生入学方便状况等三个方面存在着比较明显的城乡差异。沈百福、王红（2003）集中研究了农村基础教育的可及性方面，他们发现，虽然我国义务教育的普及率和巩固水平进一步提高，但九年义务教育的完成率仍然偏低，义务教育完成率低的地区主要集中在中西部。王德文（2003）也从农村儿童上学困难、辍学，投入不足和农村教育质量差等方面分析了农村义务教育的困境（王蓉，2003、2004；鲍传友，2005；张秀英，2005；民盟杭州市委课题组，2005；江文涛，2006；蔡拔平、左晓荣，2006等）。

焦建国（2005）和王焕清（2006）则从融资制度方面进行了研究，他认为，农村义务教育的公共品属性要求政府应该成为经费负担的实际主体。由于城乡二元社会经济结构的影响，农村义务教育经费负担的名义主体和实际主体是不一致的，名义负担主体是政府，而实际负担主体则是农民，从而造成城市是财政出钱，农村是农民自己买单的不合理情况。

另外，随着城乡间人口流动的频繁，流动人口子女的教育问题也逐渐成为人们关注的焦点。由于没有全国的统计资料，以韩嘉玲（2001）博士为开端，越来越多的学者开始深入实地调研进行分析。他们的调查都发现了一个普遍的现象，即流动儿童的入学率比全国学龄儿童的平均入学率低，流动儿童中超龄现象严重而且普遍，许多流动儿童都有辍学或失学的经历，打工子弟学校办学条件差，教育质量低（吕绍青、张守礼，2001；邹泓、屈智勇、张秋凌，2004；段成荣、梁宏，2005；王放，2005）。

2.3.2　差异原因

关于城乡基础教育差异的原因，理论界进行了不同角度的探讨，归纳起来主要有以下三个方面。

1. 制度原因视角。关于农村基础教育发展落后的原因，大部分的学者都将矛头指向了不合理的制度安排。首先是分级办学的基础教育管理体制。吴开俊（1997）指出，分散型的义务教育体制不能适应我国城乡和地区间经济发展严重不平衡的基本国情，拉大了义务教育投入的地区差距和城乡差距，不利于保障贫困地区义务教育的发展；而且，在现行的政治经济环境下，分散型义务教育投资体制不适应我国地方政府行为不规范的现状，缺乏对地方政府行为的有效制约，从而不能保证地方政府对义务教育投资的合理运用，也不利于贯彻机会平等的义务教育原则（张素蓉，1997；张玉林，2003；王红，2003；高如峰，2004）。通过对中国农村义务教育财政体制的实证分析发现，自 2001 年开始实行的以县级政府作为投资筹措主体的财政体制，使政府投资主体的重心有所提升，中、西部地区获得了较之以前更多的中央财政转移支付资金。但是，由于县级政府大多缺乏足够的财政支撑能力，而县以上各级政府的财政支持力度还不能满足实际需要，因而农村义务教育经费仍然缺乏稳定的保障，经费供给总量依然严重不足，各级政府投资结构不合理，以及公共资源配置不公平的问题没有得到根本解决（张秀英，2005；何李方，2005；蒋中一、戴洪生，2005；李彦龙、孟凡峰，2005）。

其次是财政税收管理体制。王德文（2003）分析了财政税收体制对农村义务教育的影响。分税制财政体制改革，使得中央、省、市、县和乡的财政关系上表现为财政收入不断向上集中，导致乡镇财政成为最弱的一级财政，地方负责的基础教育管理体制使得省以上政府几乎对义务教育没有责任，而承担主要责任的县乡政府财力不足，从而农村义务教育出现困境就不可避免。王蓉（2003）在对我国义务教育资金分配的不公平性分析中，发现生均教育经费与财政能力水平有着密切的关系且其弹性指数显著异于零，这说明在我国义务教育资金分配中，财政中立性是不存在的，财政能力较高的地区教育投入水平也较高。陈永正、陈家泽（2004）则在考察我国乡级财政的演变过程中，总结分析了中国政府层级制度以及财政管理体制在乡镇级次的一些体制性缺陷对基础教育发展的影响。沈百福、李芙蓉（2004）则对我国义务教育政府投入的缺口情况进行了详细的测算。

第三是其他相关体制。除上述制度因素外，鲍传友（2005）还着重剖析了造成城乡基础教育差异的户籍制度、土地制度、税收制度、社会保障制度、重点校政策等制度根源。

2. 财政分权视角。乔宝云、范剑勇、冯兴元（2005）在西方主流的财政分权思想基础上，通过比较委任制下中国财政分权与西方财政分权思想的显著差别，以小学义务教育为例揭示出中国财政分权可能忽视了地方的社会福利。他们的研究证实，中国财政分权没有带来地方小学义务教育水平的提高，其具体机制如下：第一，为引进外来资本的地区间财政竞争使得地方公共资源转移到了与教育不直接相关，但却有利于改进投资环境的投资项目上，减少了教育的财政支出；第二，人口流动性障碍使得财政分权对地方政府提供社会服务的激励大为减弱，贫困地区的政府往往更加忽视当地居民对教育、卫生等方面的公共需求，这与西方关于财政分权可以提高社会福利这一论断成立的前提条件不相符合。

3. 现代化、市场化改革视角。张路雄（2006）回顾20多年以来现代化、市场化进程对中国教育体制的影响，他指出现代化对中国的教育体制基本上是正面影响。而市场化对教育体制基本上是负面影响。这种现象的形成原因可以归结为：在市场经济中教育属于公共品或准公共品，而公共品实质上是市场机制失灵的产物。所以在市场化改革的初期——政府的调节机制没有完全建立以前，这些问题的出现具有必然性。

另外，还有部分学者对城乡基础教育差异的原因进行了定量分析。易翠枝、刘峰（2006）通过对 1978～2004 年全国基础教育入学率、人均收入、教育收费以及《义务教育法》实施等因素进行回归分析，发现改革开放以来我国的基础教育入学率与收入存在明显的正相关关系，与教育价格存在明显的负相关关系，而与原有的《义务教育法》的实施在统计上没有明显关系。

2.3.3 差异后果

学者们对城乡基础教育差异的影响主要集中在两个方面。

其一是对收入分配的影响。白雪梅（2004）利用中国 1982～2000 年的数据对中国的经验研究表明，教育与收入不平等之间存在密切关系，而且这种关系比较稳定，教育的不平等会加剧收入的不平等，尽管不能拒绝平均受教育年限和收入不平等程度之间的倒 U 型关系，但现阶段中国正处于倒 U 型曲线顶点左侧，平均受教育年限的增加不是降低而是提高了收入的不平等程度，这个结果与中国劳动力市场两重属性下工资压缩效应表现弱有关。郭丛斌、侯华伟（2005）利用中国 29 个省份 2000 年的城镇居民入户调查的数据，研究结果表明中国教育规模的扩展对其收入分配具有较强的平等化效应，而教育机会分布的不公平对其收入分配则具有较强的不平等化效应。张海峰（2006）利用对 26 个省的混合截面数据的研究，发现城乡间受教育程度的差异对收入差距扩大有显著影响，并且随着市场化改革的深入，教育的作用越来越重要。因此，他认为，教育的不平等是我国当前收入差距扩大的一个重要原因，并且通过代际传递对今后的城乡收入差距持续地产生影响。但是，与郭丛斌、侯华伟（2005）和张海峰（2006）的结论不同，冉幕娟、吴永球、陈永丽（2006）利用我国各省 2001～2003 年的面板数据，对教育扩展与城乡收入差距之间的关系进行了实证研究，结果表明，虽然城乡教育差异是导致城乡收入差距的重要原因之一，城乡之间的教育不平等会加剧城乡收入的不平等，但在现阶段，教育扩展会缩小城乡居民的收入差距。

其二是对社会流动的影响。滕建华（2004）认为，农村人力资本已经成为制约农村劳动力流动和有效就业的关键因素。叶碧英（2006）也认为，转型时期弱势群体向上流动的最大障碍就是教育不公。程伟（2006）认为，落后的农村教育影响到了农村剩余劳动力转移的规模、层次和速度，也影响到了个体劳动力的择业范围、参与市场的程度以及净收益等方面。

2.4　城乡基础教育均等发展对策

在有关城乡基础教育均等发展，特别是有关农村基础教育发展的对策方面，几乎所有的学者都认为有必要对义务教育筹资体制进行"集中化"改革，主要内容无不涉及强化政府投资责任，进一步提高负担义务教育财政责任的政府级别、提高中央政府和省级政府的责任，立法中进一步明确政府对义务教育的财政责任，以及在义务教育阶段不宜提倡多渠道筹资等，将"人民教育人民办"、"农村教育农民办"转变为"义务教育政府办"（张素蓉，1997；蒋鸣和，2001；张玉林，2003；王红，2003；张秀英，2005；何李方，2005；蒋中一、戴洪生，2005；乔宝云、范剑勇、冯兴元，2005；李彦龙、孟凡峰，2005；叶碧英，2006；蔡拔平、左晓荣，2006；邵新顺，2006；王焕清，2006；程伟，2006 等）。

具体来说，关于城乡基础教育发展的对策与思路，可以归纳为以下五个方面。

其一，创新基础教育管理体制。在有关促进城乡基础教育发展的建议中，对基础教育管理体制的研究最多，不同学者提出了诸多不同的建议方案。

"多主体，多渠道"。针对安徽省农村税费改革中出现的基础教育经费不足问题，石金明（2003）提出，在新形势下，教育经费筹措必须要有新的思路，要进一步深化改革，采取多主体、多渠道筹措教育经费的办法，通过体制创新从机制上解决问题，构建适应教育改革与发展的经费筹措新体制，这种新体制应呈现"财（财政拨款）、税（教育税）、费（教育收费）、产（校办产业收入）、票（教育彩票）、债（教育国债）"等多渠道筹措教育经费的格局。

"以国（中央）为主"。周金玲（2005）在对义务教育筹资者进行理论和国外的实践考察中，看到义务教育是一种全国共享的基本公共服务，其受益范围是全国性的，因此，其筹资的政府一般都是高级次的政府，单一制国家主要由中央政府承担，联邦制国家大多由州政府承担，根据这一原则，考虑到我国正处于由建设型财政转向公共财政转型的时期，因此，她提出，我国的义务教育经费应该主要由中央政府承担，其主要政策含义是中央政府承担与经济发展水平相适应的全国性义务教育服务所应该达到的最低标准所需的财政资金（李爱良，2005；张德元，2003；张忠福，2004；曾维涛，2005；鲍传友，2005）。

在具体实施的形式上，汪柱旺（2004）和曾维涛（2005）建议由中央承担全国近700万农村义务教育阶段中小学教师的"国标工资"，农村中小学教师工资中的"省贴"部分由省级政府承担，农村中小学的正常运转、危房改造、校舍建设及维修、师资培训等经费，由省市县三级政府承担。除此之外，国家级贫困县的义务教育完全由中央包下来。高如峰（2004）则建议，应改变当前全国统一实行以县级政府作为主要投资统筹主体的财政体制，建立东部、中部、西部分地区分级负担的政府农村义务教育经费分担体制。具体来说，在东部地区的7省、直辖市，建议实行以县级和省级、直辖市级政府作为投资主体的农村义务教育财政体制，在中部地区的12省，建议实行以中央政府和省级政府作为投资主体的农村义务教育财政体制，在西部地区的12省、自治区，建议实施以中央政府作为投资主体的农村义务教育财政体制。之后，高如峰（2005）又在确定三类地区基本满足当前阶段农村义务教育正常需要的预算内最低保障经费，以及其中的教师工资经费、学校公用经费、基建经费和助学经费等四项经费支出的较为合理的比例关系的基础上，根据各级政府的财政能力，对中央和地方政府承担东部、中部和西部三类地区农村义务教育各项经费的财政责任分工提出了具体的建议方案。根据此建议方案，对三类地区各级政府分担农村义务教育预算内最低保障经费的数额及其比例关系做模拟测算，测算的结果实现了设计的基本原则，即较高层次的政府应当承担较大的财政责任。刘泽云（2005）建议应立足国情，在农村和城市实行不同的义务教育财政体制，普及免费义务教育从农村地区开始，实行单一渠道筹资和普通财政与教育税相结合的义务教育筹资体制，建立按照支出项目分担经费的义务教育经费分担机制，由中央独立承担农村义务教育教师工资，地市和县级政府分别承担基建经费和公用经费，建立省级政府对贫困地区的义务教育专项转移支付制度以及省级政府对农村贫困学生的资助制度。

"以省为主"。范先佐（2006）与张维平、徐兴旺（2006）都认为，2001 年以来所推行的"以县为主"的教育财政体制和管理体制并不能切实保证农村义务教育的实施，其原因主要在于中央和省级政府在基础教育中承担的财政责任较小，而县级政府的财力与其承担的基础教育责任又不相称。为了改变这种状况，根据我国的实际情况，借鉴其他国家的经验，他认为农村义务教育的财政责任不能由基层政府承担。除发达地区外，农村义务教育的财政责任应从"以县为主"转变为"以省为主"，省级政府应该成为农村义务教育最主要的教育财政责任承担者。同时，以省为主还要求中央政府加大对省级的一般转移支付力度。

"以中央和省为主"。焦建国（2005）认为，中国的二元经济社会结构主要是由制度和政策的力量"构筑"起来的"体制性二元结构"。教育的城乡差别是整个二元经济社会结构的一个组成部分，当前急需解决的问题是，在公共支出排序中教育投入应放在第一位，义务教育投资应该由中央和省级财政统筹解决，在义务教育、中等教育和大学教育三者之间首先保证义务教育投入，在城乡之间首先保证农村贫困地区的义务教育投入，要特别重视农村贫困地区女孩子的义务教育问题，要下大力气解决农村的师资"瓶颈"问题，切实解决农民工子女上学问题。

新的"以县为主"。吕旺实、贾康、石英华（2006）在提交给全国人大法制委员会研究局的材料中，对义务教育财政投入的不同建议进行了详细的总结和归纳。他们认为，应当维护地方政府负责、分级管理、以县为主的制度安排，县级政府是义务教育的投入者之一和主要管理者，省级政府应承担更大责任，而中央政府对省进行一般补助；在生均最低公用经费标准的制定上，他们不同意由国务院来制定实施义务教育学校的生均公用经费基本标准，而是坚持应由省级政府来制定，同时，他们也认为义务教育经费单列和固定比例增加的建议不可行，因此，他们提出了"县级为主、一般转移保底、专项转移解决特殊问题"的义务教育管理体制。

设立基础教育"低保"制度。张维平、徐兴旺（2006）在改革义务教育经费投入的建议中，虽建议首先应该确立义务教育经费投入基本标准，该标准主要包括义务教育教职工工资标准、义务教育学校基本建设标准、学生人均公用经费标准。周金玲（2006）也曾提到应确立义务教育服务的标准，并认为其包括经过科学测算配备的符合一定条件的师资人员、达到一定标准的教学设备、基本的课程及教材、经过充分的数据所反映的公用经费标准等。但张维平、徐兴旺（2006）和周金玲（2006）都没有对标准的具体计算办法提出操作性的建议。栗玉香（2006）从教育权是一种基本人权的角度出发，提出了建立义务教育财政"低保"制度的设想，她指出，义务教育财政"低保"的内涵应包括三个方面的内容，即维护学校教学运转的基本条件要求、完成国家义务教育目标的基本实现、为义务教育可持续发展奠定基础。为此，她提出了自己的义务教育财政"低保"思路：一是详细分解国家义务教育目标基础上折算出财政投入量；二是以相关的财政指标为依据，精确测算地方各级政府财政投入的承受能力；三是义务教育财政"低保"标准是分层次的，国家标准是在一个国家内义务教育达标所需条件的最低标准的财力保障，其达标应以中央财政支持为主。为此，她提出了"划分事权、交叉分担"的义务教育低保制度政府间分担方案，具体来说，校舍维护公共事务由地方完全负担，公用经费和教师工资根据不同地区的财力与实际需要采取中央和地方按比例分担的办法。

其二，改革政府层级制度。陈永正、陈家泽（2004）在对我国乡级财政体制的系统考察基础上提出，我国乡级财政体制存在的严重问题说明，它缺乏供给公共服务的义理基础。我国乡级财政中的多数是供养乡干部的"吃饭财政"，这表明，它满足地方公共需求的能力很弱。我国乡级财政严重负债以及财政支出恶性膨胀表明，它具有"自我满足"、"自我服务"的特性，这种特性使它在很大程度上单纯消耗财政收入而不提供公共服务，因而，它对于提供财政收入来源的农民来说，是一种额外负担。乡级财政的存在并不能够有效地为农村居民的社会公共需要提供服务，却反过来成为消耗农民收入，加重农民负担的"体制包袱"。因此，消除乡级财政危机的根本出路，既不是精简干部，也不是开辟财源，而是撤销乡级财政，并且从根本上改变乡级政府的组织和运行方式。

其三，解决流动子女儿童入学问题。邹泓、屈智勇、张秋凌（2004）和王放（2005）都认为，流动儿童受教育问题的解决需要在教育体制、教育立法、教育政策等方面进行综合改革，同时也需要各级政府和政府各职能部门的高度重视和密切合作。主要内容是改革现行的义务教育体制，用法规保障流动儿童的受教育权利，加强对打工子弟学校的监督和管理，改革义务教育经费的分配方式。

其四，引入市场力量。蒋中一、戴洪生（2005）认为要降低农村初中的辍学率，较为有效的政策是部分开放农村的教育市场，改变政府财政独家承担的投资体制，改革农村教育的管理模式，引入多方资金创办民办学校，在学校收费和办学质量上，与公办学校进行竞争，培育和发展公办学校和民办学校相结合的农村义务教育体制。巩真（2006）总结了美国和韩国的教育均等化政策，发现美国教育的普及和均等化政策主要是以公共资金的大规模投入来确保初等和中等教育的普及，逐步减少公共资金投入在高等教育中的比重，同时鼓励私人投入来支持高等教育；而韩国的做法主要是政府资金重点保证教育的均等化，私人资金重点保证教育的普及和效率，利用市场机制来保证资源的合理配置。因此，她认为，教育的不均等是导致收入不均等以及生产效率低下的一个重要因素，目前中国解决由教育不均等引起的收入不均等问题的关键并不是要不断提高公共教育开支占 GDP 的比重，而在于制定有效的调动私人资金进入教育领域的政策。

其五，提高效率。冯文全、夏茂林（2006）指出，目前广大农村教育资源极为匮乏的同时，却严重地存在着教育资源使用率低下的问题，如隐性教育资源闲置、规模不经济、管理涣散造成人财物资源的巨大耗损流失和教育质量低下等。要使农村教育走出资源短缺的困境，不能光靠增加投入，更应注重提高效率，使农村教育从粗放型走向集约化。为此，他们建议须从资源投入、配备、管理和教育质量等多方面综合考虑以寻求提高农村基础教育资源使用效率的基本思路。

第3章

基本公共服务均等化的
基本理论分析

近年来，随着中国经济的持续快速发展，经济总量不断攀升，国民财富迅速增加，人们生活水平得到明显改观，但同时不容忽视的是，经济社会发展中还尚有一些根本性问题没有解决，城乡割裂、地区差距悬殊的局面并没有从根本上消失，基础教育、公共卫生、社会保障、就业服务等领域的不公平、不平等现象依然存在，严重影响到了经济社会的稳定健康发展，为此，中国共产党第十六届六中全会通过的《中共中央关于构建社会主义和谐社会若干重大问题的决定》，明确提出要"完善公共财政制度，逐步实现基本公共服务均等化"，指明了我国公共财政建设目标和任务。此后，理论界和实际工作部门都对基本公共服务均等化进行了热烈的讨论，但是，关于什么是基本的公共服务，基本公共服务均等化的内涵和目标是什么，基本公共服务均等化的实现路径有哪些等问题，需要我们进一步深入讨论和研究。

本章的分析表明，公共服务并不是一个纯粹的经济学概念，而是一个社会概念，是根据一定的社会共同价值信念，出于公共利益考量，主要由政府（也有可能是非政府组织）向全体或部分居民提供的供其共同消费的服务。公共服务具有公共性、平等性和差异性的特征。所谓基本公共服务主要是指在社会共同价值信念指导下全体居民共同消费的最基本层次公共服务，它具有最基本层次性、同质性和动态性的特征。

基本公共服务均等化主要是指政府要为社会公众提供基本的、在不同阶段具有不同标准的、最终大致均等的基本公共服务。从其定义中可以看出基本公共服务的均等化主要是保证基本公共服务消费机会的均等，但不等于完全平均化，而是允许在保证全国基本一致的基础上存在地区差异，而且，基本公共服务的均等化还是一个动态概念，其内容与标准随对公平的认识和理解以及客观条件的变化而变化。基本公共服务均等化的实现主要有收入途径、支出途径和政治途径等三种途径。

3.1　公共服务及其特征

3.1.1　公共品

要解决基本公共服务的均等化问题，首先必须明确什么是基本公共服务，或者哪些属于基本公共服务的范畴，而在这一点上，笔者在阅读了大量国内学者专家的研究后发现，尽管理论界与实际工作部门的探讨十分热烈，但一旦涉及公共服务的界定问题，却大都语焉不详，或是简单一笔带过。于是笔者又回到公共服务（public service）的界定上，希望从起点上弄清基本公共服务的内涵是什么。而公共服务的界定，又与另一个概念——公共品（public goods）有着密不可分的关系。

人们对公共品的研究源于公共性问题的讨论。最早对这一问题做出贡献的经济学家是大卫·休谟（1739），在其《人性论》一书中，他以"草地排水"的案例说明了个人在自愿供给公共品过程中普遍存在的"免费搭车"心理以及由此造成的巨大交易费用，并指出政治社会，即政府可以弥补这一缺陷，因为政府是"在某种程度上免去了人类所有这些缺点的一个组织"。亚当·斯密（1776）在其鸿篇巨著《国富论》论述君主或国家的义务时，提出并分析了国防、司法制度及公共设施等公共品的供给问题。约翰·斯图亚特·穆勒（1848）也指出，保障人们生命财产安全、建设公共设施、举办初等教育等是政府的主要职责所在，他对灯塔的分析成为后期经济学家论述公共品时经常引用的经典案例之一。

而公共品理论作为一种系统理论，最初出现于19世纪80年代。意奥财政学者，如潘塔莱奥尼、马左拉、马尔科、萨克斯等将边际效用价值理论引入到公共品的研究中，初步建立起公共品的理论化框架。之后，瑞典学派，如威克塞尔和林达尔师徒二人，他们不仅进一步深化了公共品供给中的效率问题研究，同时将公平问题以及政治因素考虑进来，从而得出了著名的威克塞尔—林达尔模型（Wicksel-Lindahl Model）。

从上述公共品理论的历史演进中可以看出，尽管某些学者（如意奥财政学者）注意到了公共品与私人品在消费与分配上的不同特征，但在将边际效用理论运用到公共品中时却没有深加考虑这些区别，将公共品的供给生产简单地视同私人品的交换生产。同时，尽管有关公共品的基本理论框架已经形成，但学者对"公共品"这一概念的使用却是十分随意和不同的，理论界没有形成关于公共品的统一的定义，而关于公共品自身的基本特征研究也几乎没有涉及。这种现象出现的原因，首先是由于当时正处于自由资本主义的迅速发展时期，倡导自由竞争、减少政府干预是社会的主流思潮，私人经济是经济学界研究的主要内容，经济学家关注的焦点也都集中在如何保持私人经济体系的高效运转上，对公共部门经济的研究未引起多数学者的注意；其次，就当时公共经济研究的主题来说，收入研究要重于支出研究，大多数学者的研究主要集中于税收收入的基本理论及政策方面，侧重于研究政府的收入政策对私人活动的影响或效用，而对财政支出内容的研究则较少[①]；第三，从当时财政学

---

① 以庇古的《财政学研究》（A Study in Public Finance）为例，全书285页，其中有200页论及税收，仅有20页论及支出。

界对公共品的研究视角来看，供给角度研究者居多，多数学者基于公共品由私人供给必然无效的前提假设推出其必然由政府供给，从而研究主要集中于如何供给政府供给的有效性，忽略了从需求角度对公共品的研究，从而也就难以对公共品的基本特征进行分析。这种情况一直持续到20世纪50年代。

现代经济学对公共品理论的研究始于萨缪尔森1954年和1955年的两篇著名论文——《公共支出的纯理论》和《公共支出理论图解》。也正是从那时起，理论界才逐渐开始关注有关公共品的形式化定义及其基本特征。

在1954年的开创性论文中，萨缪尔森首次对公共品（他当时称为"集体消费品（collective consumption goods）"）给出了形式化的定义，以及公共品最优供给的条件。在该文中，萨缪尔森采用了严格的二分法，假定存在两种不同类型的物品——普通的私人消费品和集体消费品。他认为，集体消费品是所有人可以共同享用的物品，单个人的消费不会导致任何他人对其消费的减少，从而对每个消费者和每种集体消费品来说，满足 $X_i = X_j = \sum X$。不过，在次年（1955年）发表于同一杂志的《公共支出理论图解》一文中，萨缪尔森放弃了"公共品—私人品"的严格二分法，而建议将1954年论文中给出的定义作为极端情况来看待，在这篇文章中，萨缪尔森承认，许多公共品，如教育、防卫、警察与消防等，都存在某些受益上的可变因素，而反映这些可变因素的一个重要特征就是消费非竞争性的差异，也就是说存在一个介于完全竞争性和完全非竞争性之间的物品谱系。

马斯格瑞夫（1959）在其财政学扛鼎之作《公共财政分析》对公共品的分析中（当时马斯格瑞夫称之为"社会需要品（social needs）"），继承了萨缪尔森关于公共品非竞争性特征的分析，只不过书中他将其称之为"联合消费性"（joint consumption），同时他还首次将价格排他原则的非适用性（inapplicability of the exclusion principle）引入现代公共品定义，与联合消费性并列，作为界定公共品的两大标准。但是在这两个标准中，他认为联合消费性更重要，因为正是由于增加一个人消费的边际成本为零，才使得排他不必要。之后，马斯格瑞夫（1969）用"社会品（social goods）"来称谓公共品，用消费的非竞争性（non-rivalry in consumption）取代联合消费性，意指"存在受益消费的外部性（the existence of a beneficial consumption externality）"，并在后来的文章中将这两个词互换使用；同时，马斯格瑞夫还将消费的非排他性（non-excludability in consumption）取代了排他原则的非适用性。由此，经典财政学教科书中经常提及的公共品的两个基本特征正式形成，也同时标志着关于公共品的"萨缪尔森—马斯格瑞夫传统（Samuelson-Musgrave tradition）"的形成。

我们注意到，在马斯格瑞夫（1959、1969）的分析中，公共品消费的非排他性是在非竞争性的基础上引申而来的。正因为存在消费的非竞争性，消费者对公共品的消费不存在外部性，在不拥挤的前提下，如果排除他人消费，则对整体社会资源的配置会产生效率损失。这种效率损失与排他成本的大小无关，即使排他行为本身所需成本很小，也无必要实施排他。所以说，这种消费的非排他性是逻辑的、非现实的，与现实中是否实施了排他、为什么要排他，以及如何排他无涉。因此，逻辑上的非排他性除了用来说明集体行动的困难以外，别无意义（马珺，2005）。

实际上，自从公共品的两大特征提出以来，对其的批评与争议就一直不断①。争论或质疑的焦点在于非竞争性和非排他性是否能够界定或者完全界定公共品与私人品，诸多学者的研究都表明，现实生活中很难找到完全满足非竞争性和非排他性两个条件的纯公共品，而且用非竞争性和非排他性来界定公共品会不可避免地受到社

---

① 这一点，可以从其标题中看出，萨缪尔森 1954 年文章的标题是"公共支出的纯理论（the pure theory of public expenditure）"；而 1955 年的文章标题则是"公共支出理论图解（diagrammatic exposition of a theory of public expenditure）"。从字面意义上可以看出，萨缪尔森从分析"公共支出的纯理论"改为"公共支出理论"，隐约地表明作者不仅降低了其分析的限制条件，而且还有想在这两种极端之间进行调和的意图。而且在 1955 年的文章中，萨缪尔森也对标题中使用定冠词"the"感到遗憾，并改为使用不定冠词"a"，以说明公共支出的影响因素不仅在于其模型所强调的那些（如公共品的非竞争性），还包括诸如收入再分配、家长主义政府等因素。

会因素（如市场、技术条件等）的影响（Joe B. Stevens，1999；Richard Kimber，2003）。

为解决公共品定义的困境，学者们又进行了大量的探讨。总结起来可以归为两个方面：其一是希望能在两大特征之中或之外再挖掘出其他特征以更好地进行区分；其二是用连续性的物品谱系来代替离散性的物品组合。奥斯特罗姆夫妇（2000）就是前者的代表，他们在论述公共品的概念时，提出区分公共品与私人品的两个标志是排他性、使用或者消费的共同性，排他性和消费的共同性是独立的属性，它们只是程度上的差异，不存在绝对排他或者彻底共用的东西。按照这两个标准，他们将所有物品在逻辑上分为四类：私益物品、公益物品、收费物品和公共池塘资源。在后一种道路上进行探讨的有阿特金森与斯蒂格利茨（1992）、布坎南（1965）和巴泽尔（1997），他们所提出的连续性物品谱系或俱乐部产品链等比较有代表性①。

但是，总体来看，尽管学者们的探讨比较热烈，他们的研究大都仍只是停留在理论分析层面，并未解决或触及实际生活中判断某种物品究竟属于或不属于公共品的难题。

3.1.2 公共服务

相对于公共品而言，公共服务的概念更具有社会性，更多地受到整个社会因素的影响。因此，同公共品类似，西方学者也没有给出一个一致性的定义。但这种无法界定的现象并没有妨碍学者们对这一概念的使用。事实上，大多数学者在分析公共服务时基本将其等同于公共品，而且这里公共品的概念也并非严格按照萨缪尔森和马斯格瑞夫所定义的具有消费非竞争性和非排他性的物品，而是涉及范围更广，不仅包括类似于国防之类的纯公共品，还包括大量的准公共品，有时还甚至泛指政府的全部公共支出等。

伴随着公共财政理论的引入，公共品和公共服务的概念也随之

---

① 赵宝廷：《从公共品定义的视角看公共品供给效率问题》，载《求索》，2006 年第 6 期，第 67～68 页。

被介绍到国内，并迅速被理论界和实际工作部门所接受，"公共服务"或"公共品"这一新鲜名词也时常见诸报端，对政府的公共决策也产生了十分重要的影响。但是目前理论界和政府文件中并未对公共服务的内涵给出一个统一的、准确的定义。相反，不同的学者对公共服务给出了不同的理解。综合来看，关于公共服务的定义主要有五种观点。①

一是从政府的职能来理解。持这种观点的人认为，在市场经济下，政府是应市场失灵而产生的，因此政府的主要职能就是为市场服务。政府所干的所有事情都是公共服务。

二是从狭义公共品角度来定义。持这种观点的人认为，公共服务就是公共品，而公共品，则是具有非竞争性和非排他性的物品，因此，公共服务也具有非竞争性和非排他性。

三是从广义公共品的角度理解。认为广义的公共品就是政府提供的所有物品，因此，公共服务就是政府提供的一切服务。从这种意义上说，基本等同于第一种观点。

四是从有形与无形角度来定义。一般而言服务是无形的，产品是有形的，因此持这种观点的人认为政府为民众提供的那些无形的消费服务就叫公共服务，而有形的被称为公共品。

五是从公共风险的角度来理解。认为所谓的公共服务是指政府利用公共权力或公共资源，为促进居民基本消费的平等化，通过分担居民消费风险而进行的一系列公共行为（刘尚希，2007）。

笔者认为，之所以会出现在公共服务界定上的诸多不同观点，其根本在于公共品定义的困境，即如何认识国外学者对公共品与公共服务概念使用上的等同与公共品两大特征的关系，就成为我们必须面对的首要问题，唯有如此，才能克服二分法所带来的理论与事实上的矛盾冲突困境。实际上，在萨缪尔森对公共品的最初定义中，非竞争性仅仅是其在技术方面的特征，但实际生活中现实的物品往往不仅具有在竞争与非竞争方面的属性，更多地还具有其他方

---

① 刘尚希：《基本公共服务均等化：目标及政策路径》（上），中国经济新闻网，2007年6月12日。

面的诸多社会属性（譬如是否符合社会的共同价值取向、技术、制度、社会文化等方面），即物品的界定应该是多维的，而不是仅仅局限在一维（竞争性）或两维（竞争性和排他性）的视角上。为此，笔者提出，要分析现实生活中的公共服务提供问题，应首先从整个社会多元属性的角度对公共服务进行重新的界定，即公共服务并非一个纯粹的经济学概念，而是在一定的共同社会价值判断的基础上，出于公共利益的考量，主要由政府（也可以由非政府组织）向全部或部分居民提供，以供其共同消费的物品或服务。

3.1.3　公共服务的特征

从笔者所提出的公共服务的定义中可以看出，公共服务具有以下几个方面的特征。

3.1.3.1　公共性

这是公共服务的首要特征，即公共服务的利益涉及整体或部分居民的共同利益。随着现代社会的不断发展，在居民个人利益和需求日益差异化的同时，居民对某些共同的服务的需求也在日渐凸显。而且社会越发展，居民个人对公共服务的需求也就越迫切，对公共服务的质量也就要求越高。比如，随着人们生活水平的提高，轿车逐渐成为家庭的主要日常消费品，随着轿车这一私人品的日渐增多，则居民对道路建设、道路管理、道路规划等公共服务的需求也日渐迫切。因此，公共服务提供的好坏直接关系公众的共同利益。公共服务提供的数量充足，质量优良，则公众从中共同受益，反之，如果公共服务提供的数量与质量都较差，则也必然会影响到居民的共同利益。因此，公共性是公共服务所必须首先满足的特征。

3.1.3.2　平等性

公共服务的平等性是指不论消费者的经济条件、社会地位如何，其都有权利（机会）平等地、共同消费公共服务。但是，这里的平等性不等于平均性，即平等性不意味着每个消费者都可消费同等数量的公共服务，也不意味着每个消费者都可从公共服务消费中获得同样的效用水平；而且这里的平等性并非完全意义上的平等性，即不意味着每个消费者对公共服务实际消费的平等，而主要是指公共服务消费机会的平等，即每个消费者都有潜在的平等的消费机会。

公共服务的平等性不仅对于个人消费者来说十分重要，对于社会发展的作用同样不可低估。随着现代文明的发展，人们也越来越认识到，公共服务的平等性不仅是个人实现价值，满足个人效用的重要手段，而且对于促进社会平衡发展，引领社会潮流等方面也发挥着重要的作用，保证每个消费者平等地获取公共服务已成为社会发展的共识。比如，随着社会的发展，人们意识到，普及教育、保证每个人平等地接受知识，保证了个人在竞争起点上的公平，不仅可以提高个人的修养素质，完善技能水平，增加个人收入，实现个人价值，而且还可以促进人类文明进步，引导社会风尚，推动科技进步，促进社会和谐平衡发展等。教育普及对社会进步的作用已逐渐被发达国家的发展历程所证明，20 世纪下半叶经济社会飞速发展的现实已充分说明教育普及在国家发展战略中的重要作用。世界上大多数发展中国家经济社会落后的根源之一即在于过于依赖市场自发的竞争秩序，或实施严格的隔离制度，忽视弱势群体平等地接受教育的机会。好在多数国家已经认识到这一点，并着手实施教育普及的发展战略，有的国家甚至还将个人受教育的权利写入宪法，固定下来，作为人的基本人权之一。①

3.1.3.3 差异性

公共服务的差异性表现在需求差异与供给差异两个方面。

---

① 实际上，受教育权特别是儿童的受教育权已经被诸多国际公约列为人的基本权利之一。如《世界人权宣言》第 26 条第 1 款规定"人人享有受教育的权利"；《经济、社会、文化权利国际公约》第 13 条第 1 款规定"本公约缔约各国承认，人人有受教育的权利"；《儿童权利公约》第 28 条第 1 款也规定"缔约国确认儿童有受教育的权利"；《儿童权利宣言》原则七也宣示"儿童有受教育的权利，所受的教育至少在初级阶段应是免费的和义务性的。"

其一，需求差异是指不同地区的消费者对公共服务会有不同的需求。在蒂博之前，很少有学者对地方公共服务（local public service）进行过研究，因此，蒂博①（1956）的文章被誉为地方公共服务（公共品）研究的开山之作②，他通过分析美国政府公共支出的历史数据，发现大部分的政府服务，如警察、医院、消防、教育以及法院等，主要是由地方政府供给③，由此，在理论界首先提出地方公共品④的概念。但之后，蒂博再没有出版或实证验证其1956年提出的假说，也许正是因为如此，直到1969年奥茨的研究表明地方政府税收和支出之间的差异会反映在住房价格上，蒂博的研究才引起人们的注意。⑤ 此时，有关地方公共服务问题的研究才逐渐成为公共经济学研究领域的重点问题之一。

与全国性的公共服务相比，地方公共服务主要有以下两个方面的特征：（1）受益群体的区域性。如不考虑外部性，全国公共服务的受益对象是一国内所有的居民，不论是在发达地区还是欠发达地区，沿海地区还是内陆地区，农业地区还是工业地区，都能享受到的全国公共服务，典型的例子如国防。而地方公共服务的受益群体则是一个地区内的居民，该地区之外的居民很难享受其所带来的效

---

① 查尔斯·米尔斯·蒂博（1924～1968），1924年出生于康涅狄格州的格林威治，1942年进入卫斯理大学，一年后辍学加入海军，1950年大学毕业，之后，进入密歇根大学经济系。1954年进入西北大学经济系，1956年作为副教授在政治经济杂志上发表他的著名文章——《一个地方公共支出的纯理论》，1957年获得经济学博士学位，但其博士论文主要内容是有关地区乘数研究，与1956年文章毫不相关。1962年到华盛顿大学地理系任教授，作为学者与顾问在区域经济发展方面取得了巨大的成就，但此后的研究不再与1956年的文章有关。1968年1月16日蒂博在西雅图因心脏病突发逝世。

② 这篇文章源于1952年一次马斯格瑞夫的财政学课程讨论班，那时蒂博正在读研究生，在讨论班上，他以一个近似玩笑的发言回答了马斯格瑞夫1939年提出的公共品偏好显示问题，但并没有引起马斯格瑞夫的密切注意，但这次发言却初步构架了1956年论文的结构框架。

③ 蒂博（1956）通过分析发现，历史上地方政府的支出经常超过联邦政府支出。20世纪30年代联邦支出就开始小于地方支出，在1954财政年度，联邦支出（不含国防支出）只有150亿美元，而同期地方政府支出却达到170亿美元。

④ 在这里，蒂博并没有区别地方公共品与地方公共服务的差异，而是将他们等同对待。

⑤ 1969年之前，在JSTOR 13种经济学期刊中蒂博1956年的文章年均被引用次数不到0.5次，1969年之后，该文的引用次数跃居年均2～3次。近年来，蒂博的文章逐渐被人们所关注，1975～1999年，ISI引文索引中有1 500篇文章提到了蒂博的名字，其中最近的100篇引文全是关于他的1956年的文章。

用，比如，上海市的自来水服务的受益者主要是上海市的居民，对山东省的居民几乎没有任何收益。（2）需求满足的差异性。全国公共服务必须能满足全国居民的需求，因此，它所能满足的需求一定是全国居民所共有的、一般的需求。而地方公共服务则不然，由于其受益群体的区域性，再加上各个区域所具有的差异性，因而各地对地方公共服务的需求千差万别，多种多样。既有对同一类地方公共服务需求数量和质量的不同，又有对特殊地方公共服务的特殊需求。比如，基础教育，除要求在全国范围内保持基本一致的供给外，还要在不同地区反映当地的特殊需求。平原地区居民比较固定、集中，而牧民居住分散且经常流动，因而，前者可能要求有固定的教学设施和良好的教学队伍，而后者则会要求能适应其流动性的教学条件；再有，中国是一个多民族的国家，出于保护民族发展的考量，少数民族地区的基础教育又会在语言、师资等方面有别于纯汉族地区的基础教育。

由上面的分析可以看出，由于地方公共服务面对的消费者主要局限于某个区域，而且要充分反映不同区域的特殊需求，因此，同一公共服务必然在不同地区产生差异，这种差异，主要由需求因素引起，笔者这里将其称之为需求差异，有时也称技术性差异。

其二，公共服务的供给差异是指分散的提供模式会将各地方政府间的财力差异体现在公共服务的数量与质量上，从而造成不同地区居民所消费的公共服务不同。

公共服务的提供模式不同于供给机制[①]。笔者认为，公共服务的提供模式所要解决的是权力的分配问题，即一个权力配置系统，主要涉及不同层级政府之间、不同政府部门之间的供给职责、生产任务（事权）以及资金的筹集（财权）等内容。

众所周知，除一些城市国家和地区外，世界上大多数国家都是

---

① 根据樊丽明（2005）的分析，供给机制的实质是供给中的资源配置方式。从世界各国的实践出发进行抽象，并根据不同的供给主体、决策程序、使用方式、筹资方法以及激励约束，她将供给机制分为三类，即政府供给机制、市场供给机制和自愿供给机制。其中市场供给机制和自愿供给机制由于其主体都是私人，又被合称为私人供给机制，与政府供给机制相对。

实行多级政府架构，其中尤以三级架构者居多。因此，在政府提供公共服务时，必然会涉及不同级次政府之间的责任划分问题，即决定由哪一级政府负责供给以及哪一级政府负责生产和管理的问题。

根据信息的分布差异，由基层政府负责公共服务的生产管理要远比上级地方政府或中央政府要更有效率，因此，出于成本和效率方面的考虑，大多数公共服务的生产和管理任务都是交由地方基层政府来实现的。但相对于生产责任而言，供给任务的分工要更为复杂，具体来说，根据中央政府与地方政府的不同作用与地位，可以分成集中模式、分散模式和中间模式三类。

集中模式是指由中央政府承担公共服务的主要供给责任，地方政府只是负责补充。此类供给制度把大部分的供给职责交由中央政府承担，地方政府只负简单的补充任务，与事权相对应，在财权的配置上，中央政府集中了大部分，地方政府只留有较少的财权。这种供给模式能够保证公共服务在全国按统一的标准进行供给，并且可以发挥规模经济的优势，从而保证不同地区的消费者可以消费大致相同质量的公共服务，供给差异的现象基本不会存在或存在较少的差异。当然这种制度的缺点是过于集权，地方政府往往处于被动、附属地位，独立性较差；而且集权式供给往往忽略了各地具体情况的差异，全国性的统一标准有时可能会产生浪费或不足的现象；再者，集中供给模式需要在全国范围内有一个通畅的公共服务需求信息传递渠道，这对城市国家政府或疆域较小的国家特别合适，但是对于一个疆土辽阔、人口众多的国家来说，这种供给模式运行成本较高。

分散模式是指由基层地方政府承担公共服务的主要供给责任，上级政府或中央政府给予相应的补助。与集中式供给模式相反，分散供给模式把大部分公共服务的供给职责交由基层地方政府承担，中央政府或上级政府只是负担一些辅助性或协调性的工作。这种供给模式可以保证充分发挥基层地方政府的积极性，从而供给的公共服务能最大程度地反映本地的特殊需求和特殊偏好；而且，由基层地方政府承担公共服务供给职责能更好地发挥其贴近消费者的优势，符合效率原则，这样一来，就可以减少公共服务需求信息的传递环节，从而降低公共服务供给制度的运行成本。但缺点是公共服务的供给职责交由基层地方政府后，各基层地方政府之间的财力差异往往会对公共服务的供给产生影响，从而需要上级政府或中央政府给予必要的转移支付以补充地方财力，而如果这种转移支付或财力补助不到位，则容易出现因财力不足而造成的公共服务差异现象。

中间模式是一种相对集中的分散模式。说其"集中"是因为这种模式下公共服务的供给任务是由地方中的最高级次政府承担，说其"分散"则是指相对于中央政府供给的集中模式而言，该模式的主要承担者是地方政府。因此，中间模式在某种程度上集中了集中模式与分散模式的优点，又避免了它们二者的一些缺点。但这并不意味着中间模式就是最好的公共服务提供模式，因为公共服务的提供模式选择取决于诸多因素。

笔者认为，上述三种模式只是提供了模式自身在成本及效率方面的比较，这并非公共服务供给模式的根本决定因素。相反，公共服务自身的性质属性对公共服务的供给模式起到了决定性的作用。如果一种公共服务是全国性的或受益范围广大，则由中央政府供给的集中模式可能是比较好的选择，而如果公共服务的受益范围主要集中在某个区域，则由地方政府负责供给的分散模式或中间模式可能就要优于集中模式。

另外，一些政治的和社会的因素，如地方自治传统、政治体制等，也对公共服务供给模式的选择起着重要的影响。比如，如果一个国家有着很深的地方自治传统，那么分散模式或者中间模式就可能是最优的选择，而如果一个国家一直缺乏地方自治精神，相反中央集权的思想却影响深远，那么集中模式可能就是比较好的选择。

以基础教育为例。目前，基础教育是一种外溢性很强的公共服务这一观点已经毋庸置疑，并被广大学者所接受；另一方面，各国的政治体制和自治传统也相差很大，从而世界各国的基础教育供给制度也就千差万别。但总体来说，仍可归为上述三类之中的一种。

由表 3-1 可知，那些实行中央集权的国家，如奥地利、法国、爱尔兰、土耳其等，一般都将基础教育看作全国性的事务，从而大都实行集中模式的供给制度；而那些实行地方分权的国家，如捷克、丹麦、挪威等，大多具有较强的地方自治意识，基础教育也往往被视作是地方政府的职责，因此大都实行分散模式的供给制度；还有一些实行分权制的国家，如美国、澳大利亚、瑞士等，并没有把基础教育的责任完全交由基层政府，其州（省）级政府也把发展基础教育作为本级重要的支出责任，因而选择了相对集中的中间模式供给制度（见表 3-1）。

表 3-1　2003 年初等和中等教育* 按政府级次的资金来源情况　单位：%

国家	最初来源（转移支付前）				最终来源（转移支付后）			
	中央**	地区	地方	合计	中央	地区	地方	合计
OECD 国家								
澳大利亚	29	71	n	100	20	80	n	100
奥地利	74	18	9	100	41	50	9	100
比利时	15	80	5	100	15	80	5	100
加拿大[1][2]	4	71	26	100	3	10	88	100
捷克共和国	11	33	56	100	11	33	56	100
丹麦[1]	24	10	65	100	29	12	59	100
芬兰	43	a	57	100	9	a	91	100
法国	76	12	12	100	74	14	12	100
德国	11	72	17	100	10	69	21	100
希腊[1]	m	m	m	m	m	m	m	m
匈牙利	m	m	m	m	m	m	m	m
冰岛[1]	27	a	73	100	27	a	73	100
爱尔兰	100	a	n	100	83	a	17	100
意大利	81	6	13	100	81	6	14	100
日本[1]	25	57	18	100	1	81	18	100
韩国	74	26	1	100	1	30	69	100
卢森堡[1]	73	a	27	100	71	a	29	100
墨西哥	79	20	n	100	23	76	n	100
荷兰	90	n	10	100	72	n	28	100
新西兰	100	n	n	100	100	n	n	100
挪威	27	29	45	100	10	29	62	100
波兰	5	1	94	100	4	1	95	100
葡萄牙	m	m	m	m	m	m	m	m

续表

国家	最初来源（转移支付前）				最终来源（转移支付后）			
	中央 **	地区	地方	合计	中央	地区	地方	合计
斯洛伐克①	100	a	n	100	100	a	n	100
西班牙	12	82	6	100	12	82	6	100
瑞典	m	m	m	m	m	m	m	m
瑞士	3	53	44	100	n	57	43	100
土耳其	m	m	m	m	m	m	m	m
英国	30	a	70	100	25	a	75	100
美国	9	40	51	100	1	1	99	100
OECD 平均	45	28	29	100	33	28	39	100
OECD 伙伴国								
巴西②	10	57	32	100	3	53	44	100
智利③	95	a	5	100	49	a	51	100
以色列	87	a	13	100	66	a	34	100
俄罗斯联邦	m	m	m	m	10	21	69	100

注：* OECD 的统计数据中实际上是指初等和中等以及中等以后、高等以前教育分级次政府的资金来源情况。这里为叙述方便，将其统称为初等和中等教育。** 中央是指中央或联邦负担的教育融资，地区是指地区、省级的财政负担，地方指县、市、镇、学区等基层地方政府所负担的教育融资。

①指政府级次的划分可能并不十分准确，部分级次的教育支出还包括在其他地方。②指 2002 年的统计数据。③指 2003 年的统计数据。

a 表示不适用该分类，或无此类别。m 表示数据无法获得。n 表示数据为零。

资料来源：OECD，Education at a Glance—OECD Indicators 2006，Table B4.3b，http：//www.oecd.org/document/52/0，2340，en_2649_37455_37328564_1_1_1_37455，00. html.

前文已经说过，分散模式由于过于依靠地方政府的财力来实现公共服务的供给，因此，基层地方政府的财力差异必然会在公共服务的供给中得到充分的反映。那些经济相对比较发达，税源丰裕的地区，财政收入能力较之经济落后地区要更强，因而对于公共服务的供给任务就能十分轻松地完成；而对于那些经济比较落后的地区来说，由于缺乏能提供充足收入的财源，其财政收入能力较支出任务相差很大，从而在缺乏足够转移支付的情况下就难以顺利履行公共服务的供给职责。因此，分散模式的公共服务供给制度容易造成地区之间公共服务供给水平和质量的差异。

对于这种由供给模式造成的公共服务差异，比如地区之间的差异、城乡之间的差异等，笔者称之为供给差异，有时也称为制度性差异。

由于公共服务需求差异更多地出自公共服务本身方面的原因，因此，本书主要研究因公共服务提供模式原因所造成的供给差异。为解决这种供给差异，对公共服务进行均等化供给以保证公共服务消费的平等性就成为必然的选择。

3.2 基本公共服务及其均等化

3.2.1 基本公共服务及其特征

笔者认为，基本公共服务主要是指根据当时的社会共同价值信念，全体居民共同需要的最基本层次公共服务。除公共服务的共同特征以外，基本公共服务还必须具有以下三个方面的特征。

其一，最基本层次性。根据马斯洛的需求层次理论，人的消费需求具有层次性，即在满足了低层次的基本需求以后，人们才开始追求更高层次的需求。就基本公共服务而言，其所满足的一定是人们的最基本需求。在当前社会主义市场经济建设中，我们可以大致将人们的基本需求概括为"学有所教、病有所医、老有所养、住有所居"。根据这个标准，笔者认为，基本公共服务主要包括向全体居民提供最基本的基础教育、基本医疗和基本养老保障以及基本的住房保障等等内容。高于此标准的需求，就不再属于基本公共服务的范畴。比如，基础教育就属于基本公共服务的内容，但如果人们在完成基础教育阶段之后，继续读高中或大学甚至研究生，则这些需求就不再属于基本公共服务的内容了。再比如，为实现人们住有所居的需求，政府可能会向一些收入水平比较低、社会竞争能力不强等社会弱势群体提供基本的住房保障措施，这些在笔者看来就属于基本公共服务的内容，但在解决基本的居住之后，人们再想居住更大面积的房屋、追求更高层次的享受，则就不属于基本公共服务的内容，不属于政府的职责所在，其更加接近于私人品的范畴。

其二，同质性。从消费需求的同质性来看，基本公共服务主要是指那些无差异的需求，即不同居民对其消费基本一致的公共服务。比如对公共安全的消费，无论是穷人还是富人，不论居民的教育程度如何、社会地位高低，都要求保证人们周围的环境要安全，尽可能减少或避免一些危险因素对生命或财产所带来的危害。这样的消费需求对所有人来说都是一样的，因此这些服务就属于基本公共服务的内容。

其三，动态性。基本公共服务的内容不是绝对的，它会因时间、地点的变化而变化。基本公共服务的定义表明，社会的共同价值信念对“基本”的范围起着至关重要的作用。一般来说，社会的共同价值信念是在长期形成的一个社会全体成员或大部分成员所持有的价值准则，其也是社会在一定时期形成的对政府行动的价值规范，因此，不同时期不同的社会共同价值信念会带来不同的基本公共服务。比如，在市场经济初期，住房作为具有竞争性和排他性的私人品，居民对其的需求主要是通过市场交易来满足，但是市场竞争的结果必然会使一部分人在竞争中失利或处于不利地位，这样一来，他们的住房需求就很难得以满足，但在适者生存的社会达尔文主义盛行的时代，这仅仅是被看作市场竞争的必然产物。但是随着市场经济的不断深入发展，社会上开始形成新的共同价值信念，即每个人都应该有最基本的住房权利，在这种价值信念的指导下，各市场经济国家政府纷纷出台各种措施以保障个人的住房权利，这样最基本的住房保障就变成了一种基本公共服务。

关于基本公共服务的外延，笔者认为至少应该包括基础教育、基本医疗、基本社会保障、基本住房、公共安全等内容。本书主要是分析基础教育这一基本公共服务的均等化。

3.2.2 基本公共服务均等化的内涵

基本公共服务的均等化起因于供给的差异性，目标是保证对其消费的平等性。具体来说，基本公共服务均等化的缘由在于公共服务供给的差异性，从而导致同一个国家内不同地区的居民却要消费不同数量和质量的同类基本公共服务，不仅影响了公平目标的实现，而且也不利于社会的稳定和发展。在现代民主社会，公共财政的公共性和民主性都要求其必须关注这些事关全体居民最基本消费需求的基本公共服务的供给，而居民本身也有权要求平等地享受社会进步与经济发展所带来的福利改善，因此，政府必须纠正这种基本公共服务的供给差异局面，而其中最好的也是最根本的办法就是实行基本公共服务的均等化供给，以保证公共服务消费的平等性。

所谓基本公共服务的均等化，主要是指政府要为社会公众提供基本的、在不同阶段具有不同标准的、最终大致均等的基本公共服务。

第一，基本公共服务均等化与公平的理念密切相连。可以说，在不同的特定阶段，对公平理念的不同理解会导致不同程度或不同内容的基本公共服务供给。但这里笔者所研究的基本公共服务均等化绝非实际消费的均等化，而是指消费机会（或权利）的均等化。笔者认为，市场竞争中最重要的公平是起点的平等，也就是竞争机会的公平，因此，这里的均等化仅是指提供给消费者平等消费基本公共服务的机会，而绝不是保证每个消费者实际消费公共服务的平均。

第二，基本公共服务均等化绝不等于平均化，而是在保证最低水平全国均等的基础上允许存在地区差异。考虑到绝大多数基本公共服务都会或多或少地附有某个特殊地区的特殊偏好，因此，如实行绝对均等、全国一致的供给水平，则不仅无法实现基本公共服务的有效供给与消费，而且还极容易造成资源的浪费，从而降低整个社会资源的配置效率。

第三，基本公共服务的均等化还是一个动态的过程。基本公共服务的均等化不仅是一个静态概念，而且还具有动态性，均等化内容和标准往往随人们对公平的认识理解和客观条件的变化而变化。以基础教育为例。在封建社会和资本主义的早期阶段，社会流动性不如现在这么频繁，人们将基础教育更多地看成是个人受益的私人品，个人为接受基础教育付费是理所应当的事情，因此此时尽管有政府举办的公办教育机构，但私人办学仍是社会的主流；但随着社会经济的不断发展和人口流动性的不断增强，基础教育的重要性日益显现，其不单单可以提高个人的人力资本，而且对促进社会发展也有十分重要的作用，因此此时人们将基础教育视为政府应首要供给的基本公共服务之一，并逐渐要求政府在全国范围内普及均等、统一乃至免费的基础教育。因此，从基础教育的发展历程中不难看出基本公共服务均等化含义的动态性。

3.3　基本公共服务均等化的路径选择

下面，笔者以基础教育的均等化发展为例，总结说明基本公共服务均等化的三种不同途径及其作用机理。

3.3.1　基本公共服务均等化的收入途径

3.3.1.1　转移支付与基本公共服务均等化

考虑到基本公共服务供给差异的主要原因在于各地财政能力的不平衡，因此，通过上级（或同级）政府给予补助或转移支付，实现各地财力的大致相当，就成为基本公共服务均等化的首要任务，这也是在现实生活中世界各国最经常采用的途径和手段。

通过补助或转移支付以实现均等化的理由主要有以下两点：

第一，各地财力的不平等不应是基本公共服务供给差异的借口。在现代民主国家，倡导公民平等是社会思潮的主流，其主要出发点是，作为一个国家的公民（居民），就理所应当地享受现代社会文明所带来的好处，而且这种享受可以不受自身条件的限制。因此，在一个统一的国家内，在实行统一税法体系的前提下，各地的财政收入能力会因财源的不同而有所差异，各地的基本公共服务也会因不同的人口密度、不同的年龄结构而有所差异，但这不能成为基本公共服务差异的借口和理由。作为国家的一员，其有权利享受到现代文明所带来的好处。因此，这种情况下，国家往往会通过纵向的或横向的转移支付制度，向财政收入能力较弱、基本公共服务支出压力较大的地区给予补助，使其财力能够足以承担起向其辖区居民提供与全国水平大致相当的基本公共服务的任务。

第二，财政转移支付还可以较好地解决基本公共服务的外溢性问题。基本公共服务的受益范围很可能会越过本地区域，惠及周边及其他地区，比如，本地提供教育所培养出来的人才，很可能通过迁徙到他处，而将基本公共服务的益处留在外地；再比如，本地提供公共卫生服务所带来的好处，很可能会惠及周边地区等。如缺乏相关利益补偿机制，则效益流出的地区，由于难以得到相应的补偿而不愿继续承担供给基本公共服务的任务，从而造成基本公共服务供给的差异。而众所周知，市场对于此类外部性问题是无能为力的，如果任由地方政府谈判解决，则其交易成本（如衡量外部性大小的成本等）必然十分巨大，很可能造成效率的损失。而由上级政府或同级政府给予转移支付，则对外部性问题给出了制度化的解决方案，从而有利于实现基本公共服务的均等化供给。

3.3.1.2 转移支付与基础教育均等化：美国的案例

在最初的美国开国宪法中，教育并没有被提及①，因此，根据自治原则，教育的管理权就自然留给州。同样根据地方自治精神，州又将教育的管理与发展责任交给学区。

学区是美国基础教育财政体制的一个特点，产生于殖民时期，当时移民由欧来美，按照传统自行设校和管理，提倡自治，一般做

---

① 美国建国后对于联邦政府在公共教育财政上的责任一直未予以明确，第一部宪法只字未提教育，致使有的美国学者惊异，"由有头脑和有志向的人撰写的这部庄严的文件真令人不解，因为它竟然对于教育问题沉默不言，既不曾提及教育，也不曾提及学校。"联邦除对西部新建各州予以拨地兴学外，基本上对于公共教育财政没有太多建树。

法是各社区或农村感到设校必要，而且自愿捐款或纳税，就可以组成一个学区，成立学校，延师教学。① 之后，历经数次调整改革，成为目前美国基础教育的主要供给者之一。② 学区的财政收入主要来自于对辖区内不动产征收的财产税③。关于利用财产税为基础教育融资的理论依据，笔者十分赞同"受益说"的观点，即政府增大基础教育等公共支出，可以吸引更多的投资者涌入，随之会提高本地不动产的价值，从而政府的公共支出实际上就被资本化到不动产中。因此，对不动产征收财产税可以被视为是消费者因利用公共服务而必须付出的代价。

表 3-2 说明的是 1956~1991 年间财产税占州—地政府及地方政府税收收入的比重，从中足可以看出财产税在地方政府税收收入

表 3-2 　　　　　1956~1991 年间财产税收入及比重情况

年份	州—地政府		地方政府	
	财产税收入（百万美元）	占全部税收收入比重（％）	财产税收入（百万美元）	占全部税收收入比重（％）
1990~1991	167 999	32.0	161 772	75.3
1989~1990	155 613	31.0	149 765	74.5
1988~1989	142 525	30.4	137 107	74.3
1987~1988	132 240	30.4	127 191	74.1
1986~1987	121 227	29.9	116 618	73.7
1981~1982	81 918	30.8	78 805	76.0
1976~1977	62 527	35.5	60 267	80.5
1971~1972	42 133	38.7	40 876	83.5
1966~1967	26 047	42.7	25 186	86.6
1961~1962	19 056	45.9	18 416	87.9
1956~1957	13 097	45.1	12 618	87.0

资料来源：Census of Governments 1992. Volume 2 Taxable Property Values Number 1. Assessed Valuations for Local General Property Taxation.

---

① 高建民：《美国基础教育财政发展研究》，人民教育出版社 2005 年版，第 47 页。
② 只有夏威夷州采取了州政府直接管理公立学校的办法，其他各州均将大部分的教育事权下放给学区，由学区实行直接管理。
③ 一般程序是，先确定本学区需要支出的教育经费，然后以应税财产的评估价值为税基，计算财产税的税率水平。因此，美国不同学区之间、不同地方政府之间的财产税税率是各不相同的。

中的重要性。尽管财产税占州—地政府特别是占地方政府税收收入的比重呈明显的下降趋势，但在 1990～1991 财政年度，财产税收入占地方全部税收收入的比重仍达到 3/4 以上。

正是由于这种学区负责基础教育的体制，使得地方经济的繁荣程度、财产税税基的丰裕程度之间决定了各学区基础教育的差异。比如，根据 1933 年美国教育委员会进行的全国学校教育经费调查，发现约有半数的学校仅有教师 1 人，共有 6～8 个年级，贫穷地区的学校教师少、校舍差、经费缺乏、设备简陋、水平低下，与富裕地区的学校差异巨大。[①] 因为财产税是一种从价税，因此房地产评估价值的高低、学区公共支出的大小直接决定了居民的税收负担情况。在经济比较发达的地区，房地产评估价值越高，在同等税率水平下就可以筹集更多的财产税收入，从而用于基础教育的生均教育经费就越高；而在经济相对比较落后的地区，房地产的评估价值越低，则为维持基础教育运行所必需的财产税税率就越高，从而进一步加剧贫困家庭的税收负担。因此，因财产税而引起的学区间基础教育差异问题越来越引起人们的注意，许多学者都提出教育资源的分配不应与地方财力相关联，应坚持"财政中立"的原则。于是，在 20 世纪 50～70 年代引发了一场有关教育财政公平的诉讼高潮。其中尤以加利福尼亚州的"塞朗诺诉普林斯特案"（Serrano v. Priest，1971～1988）最为著名。

塞朗诺案的诉讼始于 1971 年，历经 17 年，三次判决，成为美国教育财政发展史上的一个经典案例。该案发生在加利福尼亚州鲍德温公园学区（Baldwin Park），由于该区居民的每 100 美元不动产要负担 5.4 美元的财产税，而贝佛利山（Beverely Hill）居民的同等价值房产却只需负担 2.38 美元的财产税，但前者中小学的教育经费却只有后者学区的一半，因此，塞朗诺就控告加州教育委员会在资助学区的办法上存在问题，请求法院检查这种制度是否违背了美国宪法以及州宪法。经过审理，加利福尼亚最高法院最终认为加

① 高建民：《美国基础教育财政发展研究》，人民教育出版社 2005 年版，第 84 页。

利福尼亚州以财产税为基础的教育融资制度违背了"平等保护原则"（equal protection principal），因此认定其违宪，并要求其提高贫困地区的生均教育经费额度，而且还规定各学区之间每个学生的平均教育经费额的差异不得超过100美元。

自1971年以来，有43个州都发生了针对本州教育融资制度不满的诉讼，有19个州的教育融资制度被州最高法院宣布为违宪。[①]相继而起的教育诉讼导致了一场规模宏大的教育融资制度改革，改革的结果是进一步明确了教育是一种宪法保障的基本权利，而且，地区财力之间的差异不能成为基础教育差异的借口。由此，为保证基础教育的均等化供给，州政府逐渐增大了对地方，特别是对学区的财政支持力度（见表3－3）。

从表3－3中可以看出，20世纪60年代以来，为回应对学区以财产税为基础的教育融资制度的广泛批评，实现基础教育的均等化，州政府逐渐增大了对学区的转移支付力度。1962年州政府转移支付占学区总收入的比重只有37.3%，到了2001年，该比重提高到54.8%。州政府的转移支付已成为目前学区的第一大收入来源。

表3－3　美国1962～2001年政府间转移支付收入占总收入的比重

单位：%

年份	来源	州	地方政府					
			全部	县	市	镇	学区	特区
1962	联邦	22.8	2.0	0.7	2.5	0.8	1.4	8.9
	州	—	28.4	36.3	16.3	20.6	37.3	3.2
	地方	1.2	—	4.6	1.6	1.1	2.1	9.0
	合计	24.0	30.4	38.6	20.4	22.5	40.8	21.1
1972	联邦	27.2	4.3	1.7	7.3	1.3	1.9	15.5
	州	—	33.4	39.1	24.1	19.6	42.0	3.9
	地方	1.2	—	1.3	1.5	1.1	1.1	10.2
	合计	28.4	37.7	42.1	32.9	22.0	45.0	29.6

---

① Yinger, State and Local Public Finance lecture 13: State Education Aid Formulas, http://faculty.maxwell.syr.edu/jyinger/Classes/PPA735/Lecture_Notes/Lecture_13.ppt.

续表

| 年份 | 来源 | 州 | 地方政府 | | | | | |
			全部	县	市	镇	学区	特区
1977	联邦	27.1	9.2	9.0	14.7	7.5	1.5	21.7
	州	—	33.7	34.5	23.2	20.4	47.3	7.4
	地方	1.7	—	1.8	1.8	1.8	1.4	9.1
	合计	28.8	42.9	45.3	39.7	29.7	50.2	38.2
1982	联邦	24.0	7.6	6.5	12.0	5.8	1.0	18.5
	州	—	33.9	34.1	20.8	22.6	51.7	7.6
	地方	1.1	—	1.9	1.8	1.7	1.6	8.6
	合计	25.1	41.5	42.0	34.6	30.1	54.3	34.7
1987	联邦	22.8	4.8	3.6	6.5	3.4	0.9	16.0
	州	—	33.3	31.7	20.3	22.5	52.8	5.3
	地方	1.6	—	1.5	2.2	2.2	1.6	8.1
	合计	24.4	38.1	36.8	29.0	28.1	55.3	29.4
1991	联邦	24.5	3.5	2.2	4.6	1.1	0.7	14.6
	州	—	33.7	32.5	21.2	20.5	51.4	6.6
	地方	1.5	—	1.6	2.4	2.3	1.7	7.4
	合计	26.0	37.3	36.3	28.2	23.9	53.8	28.6
1997	联邦	20.7	3.4	2.4	4.1	1.2	0.7	11.0
	州	—	30.5	31.8	16.0	18.6	53.3	6.5
	地方	1.5	—	1.4	1.8	2.2	1.2	6.5
	合计	22.2	33.9	35.5	21.9	22.0	55.2	23.9
2001	联邦	27.5	3.7	2.8	4.6*	NA	0.9	13.1
	州	—	35.6	33.3	21.1*	NA	54.8	10.0
	地方	1.6	—	1.6	2.1*	NA	1.4	7.8
	合计	29.1	39.4	37.7	27.8*	NA	57.1	30.9

注：—表示数据为 0；NA 表示数据不可获得；＊表示该年的数据是市和镇的合计数。

资料来源：U. S. Department of Commerce, Government Finance, 1962, 1972, 1977, 1982, 1987, 1991, 转引自费雪：《州和地方财政学》, 中国人民大学出版社 2000 年版, 第 182 页。U. S. Census Bureau, State and local government finances by level of government: 2000 – 01, Issued 2003; Federal aid to states for fiscal year 2002, Issued March 2003.

由于深受地方自治传统的影响，各州的转移支付模式各不相同，但大多数州的转移支付都或多或少地参考了基准补助计划（Foundation Aid，FA）与学区能力均等化计划（District Power Equalizing，DPE；也称为保证税基计划，即 Guaranteed Tax Base，GTE）的基本内容与思路（见表 3 – 4）。

表 3 - 4　　　　　　　　　基准补助计划与学区能力均等化计划比较

项目	基准补助计划（FA）	学区能力均等化计划（DPE）
使用范围	40 个州	3 个州，另有 10 个州将其作为补充
目的	保证最低的生均教育经费	保证相同的学生人均财产税基
公式	$A_j = E^* - t^* V$	$A_j = t_j(1 - V_j/V^*)$
变量说明	A_j 表示对 j 学区生均补助 E^* 表示生均基准支出（由州确定，每个学区相同） t^* 表示最低要求的财产税税率（由州确定，每个学区相同） t_j 表示 j 学区实际财产税税率，或被允许的最高保证税率 V_j 表示 j 学区实际生均财产税税基	

资料来源：Yinger，State and Local Public Finance lecture 13：State Education Aid Formulas，http：//faculty. maxwell. syr. edu/jyinger/Classes/PPA735/Lecture_Notes/Lecture _13. ppt.

从表 3 - 4 两种补助计划的比较中可以看出，尽管二者在具体操作方式上略有不同，但其背后的逻辑思路都是基本一致的，即都希望通过州政府的转移支付，改变学区过于依赖财产税的融资格局，使得居民个人的教育与自身财富水平脱钩，为各学区的教育提供"充足"（adequate）的财力支持，从而在全州范围内实现教育的均等化供给。

在第二次世界大战后，联邦政府也开始关注基础教育的发展。特别是 1957 年苏联卫星上天后，美国举国震惊，纷纷谴责美国学校教育水平的落后，认为联邦和各级政府必须承担更多的对教育的责任。在各方的压力下，1958 年 9 月，美国国会通过了具有转折意义的《国防教育法》。该法明确提出，除州和地方社区加强对公共教育的财政支持外，联邦对于事关国家安全的教育方案要予以财政资助，从而第一次以法律的形式规定了联邦对基础教育的责任，使联邦也成为基础教育财政的一个重要来源。之后，为解决包括残疾儿童在内的各种社会处境不利儿童享受教育机会均等的问题，1965 年美国国会又通过了另外一部事关教育发展的重要法律——《初等和中等教育法》，从而使联邦对基础教育的财政资助实现了巨大的飞跃，这也标志着联邦大规模资助基础教育财政新时代的开始（见图 3 - 1、附表 1）。

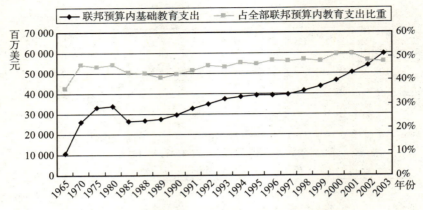

图 3-1　1965~2003 年间联邦对基础教育支出情况

从图 3-1、附表 1 中可以看出，自《初等和中等教育法》颁布以来，联邦预算内基础教育支出呈逐年上升趋势。按当年价格计算，1965 年仅有 19.43 亿美元，而到 2003 年就提高到 596.56 亿美元，增长幅度不可谓不大。另外，从相对比重来看，联邦预算内基础教育支出占全部联邦教育支出的比重一直维持在 40%~50% 之间，成为联邦教育支出中最重要的支出项目。

形式上，联邦政府对基础教育的资助更多地与国家的特殊利益联系在一起，有其特定的项目或要求，如职业教育、劳动力的培训与开发、弱势群体的教育、海外驻军子女的教育等。因此，联邦对基础教育的支持都是因项目而生，常常具有零散性、非连续性的特征。

表 3-5 说明的是联邦预算内基础教育支出中的一些主要项目，从中可以看出，联邦预算内对基础教育的资助往往涉及农业部、教育部、国防部、卫生和社会福利部以及劳工部等诸多部门。以 2003 年为例，在总计 597 亿美元的联邦资助中，由教育部实施的占到了 49%，其中主要是弱势人群教育（19%）、特殊教育（14%）、学校改进项目（11%）、职业和成人教育（3%）以及绩效资助（2%）等不同项目；农业部实施的儿童营养项目占到了 19%；卫生和社会福利部实施的先行计划及社会保障福利项目占到了 13%；

劳工部实施的培训项目和职业组织项目占到了 11%；国防部的海外附属学校项目占到了 2%。

表 3 - 5　　　　联邦预算内基础教育支出的主要项目安排

单位：10 亿美元（2003 年价格）

项　　目　　＼　　财政年度	1980	1985	1990	2000	2003
合　计	33.90	26.50	29.6	46.50	59.70
儿童营养项目（农业部）	7.1	5.7	6.7	10.2	11.4
弱势人群教育（教育部）	6.8	6.6	6.1	9.1	11.3
特殊教育（教育部）	1.7	1.6	2.2	5.3	8.5
学校改进项目*（教育部）	1.7	0.8	1.6	2.7	6.8
先行计划**（卫生与社会福利部）	1.6	1.7	2.0	5.6	6.7
培训项目（劳工部）	2.9	2.1	2.4	3.6	4.6
职业和成人教育（教育部）	1.8	1.0	1.8	1.6	1.9
职业组织（劳工部）	1.0	0.9	1.0	1.3	1.5
绩效资助（教育部）	1.5	1.0	1.1	0.9	1.1
学生福利项目（卫生与社会福利部）	0.7	0.7	0.7	0.8	0.9
海外附属学校（国防部）	0.7	1.0	1.2	1.0	0.9
其他初等与中等教育项目	6.4	3.3	3.1	4.6	4.2

注：括号中为项目的实施部门。

*学校改进项目主要包括 21 世纪学习中心、安全和无毒校园项目、缩小班级规模项目、特许学校捐赠以及创新教育等项目。

**先行计划是美国历史上"最富有雄心、最有影响和最有争议的社会计划之一"，其主要目标是提供综合性服务，以改进处于不利地位儿童的教育、社会和健康状况，为其在学校的成功做好准备。

资料来源：U. S. Department of Education, Federal Support for Education FY1980 to FY2003, August 2004.

联邦政府的广泛介入，改变了基础教育的融资结构和格局，使得基础教育财政由原来单纯以地方学区为主要来源，到地方学区和州政府共同承担基础教育的责任，发展到目前联邦、州和地方学区三级分担的财政格局，基础教育的财政体制趋于完善。

图 3 - 2 说明的是美国基础教育投资中各级政府所占比重的情况，从中可以看出，随着时间的发展，州逐渐取代地方成为基础教育的主要供给者，州与地方共同承担了 90% 以上的基础教育投资；联邦对基础教育的资助虽越来越多，但仍没有突破 10% 的上限

（见图 3 – 2、附表 2）。

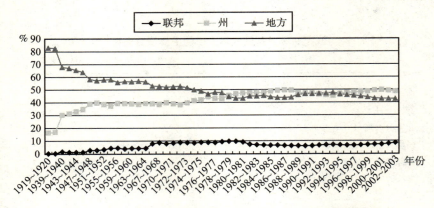

图 3 – 2　1919～2003 年间美国基础教育投资中各级政府比重

从美国基础教育的发展历程中我们可以得出如下两点基本结论。

第一，美国基础教育的主要事权在地方，州和地方是基础教育的主要供给者。尽管后来法律赋予了联邦对基础教育的事权，其对资助也越来越多，但相对来说比重仍小于 10%，只能是对州和地方的补充，而不可能完全取代州和地方成为基础教育的供给者。

第二，尽管州与联邦对地方都有转移支付，但二者存在诸多不同之处。州对地方的转移支付更主要的目的是实现基础教育均等化，而联邦对地方转移支付更多的是要实现某些特殊目的。因而在形式上，州对地方的转移支付更多地采取一般性的转移支付，而联邦对地方的转移支付更多地采用专项转移支付的办法。

3.3.2　基本公共服务均等化的支出途径

对于由分散模式所带来的基本公共服务供给差异，除了上述的增加地方可支配财力以保证基本公共服务的均等供给以外，另一可行途径就是从支出角度入手，即由上级政府或中央政府直接统一供给。

下面以法国为例进行分析。

法国的政治体制一直是中央高度集权。但基础教育的发展却经历了一个由分散到集中、先初等后中等的过程。

普法战争后，人们除了将失败原因归于腐败的政治统治外，落后的教育也成为众人所批判的焦点。因此，当共和党人执掌政权后，他们优先采取的措施之一就是制定各种有关教育的法律，进行教育改革。其中儒勒·费里（Jules Ferry）起到了非常重要的作用，在他三任教育部长期间，通过了两部具有重要意义的基础教育法律，即1881年和1882年《费里法》（Loi Ferry）。《费里法》规定"公立学校不再收取学费"，"在市镇收入不足的情况下，其办学费用由国家提供补贴"；而且，6～13岁的男女儿童都必须接受初等教育，违者罚其父兄，从而确立了法国基础教育"免费、义务、世俗①"的三大基本原则。

1886年，费里的继任戈伯莱（Goblet R.）主持制定了关于初等教育组织机构的法律，即《戈伯莱法》（Loi Goblet）。该法被视为法国初等教育基本法，它基本上确定了19世纪80年代之前就已广泛采用的市镇负责、国家补助的基础教育供给体制。该法将小学教师的聘任工作交由市政政府负责，受聘教师的工资也由市镇当局解决，这种分散的供给模式对基础教育的发展造成了巨大的困难。尽管法律赋予了市镇通过征收特别税②来履行基础教育的权力，但仍难以为继。当时承担义务教育教学工作的小学教师社会地位不高，工资待遇低下，而且市镇之间差别很大，常常得不到保障，因而处境十分艰难。③ 为解决教师待遇问题，1889年7月19日，法国颁布法律，规定全体小学教师为国家公务员，其工资由国家财政负担，从而成功地解决了普及初等义务教育的师资问题，其基本原则至今不变。

---

① 之前，法国的学校几乎全部由教会把持，教师也大都是宗教人士，因此，费里改革的首要目的就是实行教育的世俗化，而要实现教育的世俗化就必须先实行免费教育。

② 如1881年《费里法》第2条规定，"由1850年法第40条和1875年法第7条开征的4生丁特别税的办法在各省市必须实行"，第4条规定，"上述各法中关于每法郎征4生丁特别税的办法在各省必须实行"。

③ 《聚焦外国教师公务员制度》，http：//news. xinhuanet. com/newmedia/2005－11/30/content_3855556. htm。

第二次世界大战以后，法国的中等教育得到了很大的发展，1959 年 1 月 6 日，法国颁布法律将义务教育延长为 10 年，在对义务教育的投资方面，逐渐形成了目前的体制，即学校是法国教育管理体制中的最基本单位，小学从属于市镇，初中从属于省，高中则从属于大区。在供给任务的分工上实行中央与地方政府共同负担，以中央政府为主的供给制度，具体来说，由中央财政分担全体小学教师和初中教师的工资支出，地方政府则负担学校校舍建设与行政运转经费，其中，小学由市镇负担，初中则由省级财政负担（分工见表 3 - 6，具体数额见表 3 - 7）。①

表 3 - 6　　法国现行基础教育供给制度中各级政府事权划分

	小学	初中
教师工资	中央政府	中央政府
校舍建设	市镇政府	省级政府
日常运行、教学辅助等	市镇政府	省级政府

由于法国实行中央集权的政治、财政体制，中央财政集中了全国 60% 的财力，因此，为促进地方教育事业的发展，法国中央财政还通过转移支付制度，对地方给予补助。其中主要是补助市镇开办小学和省开办中学，以及对学生的交通补助、教学革新项目等专项补助。

表 3 - 7　1998 ~ 2003 年法国初等和中等教育中各级政府支出情况

年份	合计（百万法郎）	中央财政		省区财政		市镇财政	
		绝对数（百万法郎）	比例（%）	绝对数（百万法郎）	比例（%）	绝对数（百万法郎）	比例（%）
1998	54 995	40 612	73.85	6 901	12.55	7 482	13.60
1999	56 516	41 534	73.49	7 088	12.54	7 894	13.97
2000	57 826	42 350	73.24	7 296	12.62	8 180	14.15
2001	59 681	44 060	73.83	7 372	12.35	8 249	13.82
2002	61 388	45 231	73.68	7 552	12.30	8 605	14.02
2003	64 722	48 187	74.45	9 002	13.91	7 533	11.64

资料来源：OECD Education Online Database http：//stats. oecd. org/wbos/default. aspx.

① 吴文侃、杨汉清：《比较教育学》，人民教育出版社 1999 年版，第 189 ~ 222 页。

从表 3 - 7 中可以看出，法国基础教育供给制度呈明显的集中模式特征。1998 年以来，中央政府财政负担基础教育的比例都在 70% ~75% 之间，地方政府负担和州政府负担的比例仅仅在 14% 和 13% 左右。

从法国基础教育供给制度的变迁中我们可以得出如下结论。

第一，与法国的政治集权体制相适应，法国的基础教育供给制度也采取了集中模式，即由中央政府负责主要的基础教育供给任务，地方政府处于补充和辅助地位，而且，在地方财力不足时，还可以申请从中央政府那里得到一些专项的补助金。

第二，教师工资往往占据了教育支出的主要内容，因此法国将教师改为公务员，并由中央财政统一安排支出，不仅有利于保障教师的社会经济地位，保证每位教师在工作、生活、医疗和离退休等方面的合法待遇，更为重要的是，它大大减轻了地方教育支出的压力，这也是法国集中模式供给制度得以顺利运行的重要保证。

3.3.3 基本公共服务均等化的政治途径

基本公共服务均等化的政治途径，主要指通过地方政府合并以实现基本公共服务在更大区域内的均等化供给。

3.3.3.1 地方政府合并与基本公共服务均等化

如前所述，分散的公共服务提供模式发挥了地方政府灵活、迅捷的优势，保证了基本公共服务的有效供给，但如果过于分权，则又会走向另一极端。由于过于分散的地方政府一般都拥有较少的住户和人口，不仅使得地方政府所主要依赖的收入来源——财产税较少，造成财力不足；而且也使得单个地区要供给同全国水平大致相当的基本公共服务的成本相对较高，基本公共服务供给的规模经济优势难以发挥，从而导致基本公共服务供给效率低下，资源浪费现象严重。因此，自 20 世纪 30 年代以来，出于保证基本公共服务均等化等原因，西方各国兴起了地方政府的合并浪潮。地方政府合并对基本公共服务的均等化起到了十分重要的作用。

其一，地方政府合并有利于解决基本公共服务的差异问题。在地方公共服务的分散供给模式下，出于地方财力的原因，同一种公共服务在不同地区之间可能会出现较大的差异。这种基本公共服务的差异必然会引发消费者或居民的不满，他们希望政府能采取有利措施，实现基本公共服务的均等供给。进行政府合并就是解决这个问题的一个政治解决方案。通过地方政府的合并，把基本公共服务供给存在差异的不同地区纳入到统一的公共服务供给框架下，通过统一的筹资机制，统一的供给模式，从而有助于基本公共服务差异问题的解决。

其二，地方政府合并扩大了政府规模，实现了基本公共服务供给的规模化，也有利于保证基本公共服务的均等供给。一般来说，西方国家基层政府尤其是农村基层政府，都有人口少分布散的特点①。随着工业化发展，农村人口大量外流，农村市镇人口严重不足。这种规模过小、人口基数过小的状况成为了制约基本公共服务有效、均等供给的一个"瓶颈"。事实上，基本公共服务的供给同私人产品一样，也存在一个规模经济的问题。如果地方政府辖区的资源（如人口、住户等）不能形成规模，则其就很难承担其基本公共服务均等供给的任务。比如，挪威政府为处理与基层政府机构组织有关的问题，重建地方行政管理机构，于1944年成立了一个专门委员会。该委员会在一份报告中指出，"如果自治市政府缺乏必要的资源而不能在法律规定的最低限度内履行其职责，则自治市政府的设立是不切实际的。"该委员会认为，地方的经济实力和财政能力是建立自治市的首要条件，所有自治市政府必须拥有最少规模为2 500～3 000人的居民、商业设施、社区中心和发展全面的初等教育体系。但根据统计，1951年挪威774个自治市政府中，人口低于2 500人自治市政府规模要求的却占到了51%。因此，从1950

---

① 比如1972年法国基层政府尚未合并时，全部37 673个市镇中，既有大中城市，也有小乡村，人口超过2万人的只有334个，人口少于1 500人的却有35 000多个，其中有24 000多个市镇的人口少于500人。

年起挪威中央政府决定采取措施进行基层政府合并。① 再比如，1961 年德国的《联邦社会救济法案》将社会救济的任务赋予地方政府承担。但德国基层政府却因规模太小而无法胜任，合并前乡镇政府共有 2.4 万个，平均规模 2 400 人。而专门机构的科学预计，根据当时的经济社会状况，在北莱茵—威斯特法伦州，未来合理的人口规模为 8 000 人，这样才能设置带有操场和游泳池的小学校、敬老院和药店等。②因此，于是合并基层政府，扩大基本公共服务受益人口基数就会成为一种必然。

其三，地方政府合并有利于解决管辖权的分割问题，也有利于解决基本公共服务效益外溢性问题。随着现代社会的发展，城市化进程不断加快，大城市、超大城市、特大城市不断涌现，一方面，在大城市内部，管理权限分割现象十分严重，为提高效率，防止权力滥用，每个部门、每级政府所承担的事权都被明确细分；而另一方面，为追求高质量的生活，城市中的富裕阶层大多又迁往郊区居住，成为郊区的纳税人，但他们还要到市中心上班，享受市中心的公共设施，却不用向市中心交税。这样一来，城市化和郊区化的现象同时并存，基本公共服务的外溢性问题难以有效解决。这些问题在当今美国尤为严重。据估算，美国每个大都市区大约由 100 个以上的基层政府组成，包括很多自治市、学区、县、乡镇和特别区，大约有 1/12 的大都市区由 250 个以上的基层政府组成。管辖权的分割使得每一辖区内都缺乏充足的资源，遇到问题时整个社区无法采取一致行动；而郊区化问题的存在也在一定程度上造成了郊区对市中心的财政剥夺问题，于是，"统一的社区，统一的政府"就成为了美国基层政府改革的口号，希望通过市县合并形成跨行政区划的统一政府来协调税收与基本公共服务供给。③

---

①②③高秉雄、陈国申：《西方基层政府的合并浪潮及对我国的启示》，载《社会主义研究》，2006 年第 2 期，第 96 ~ 100 页。

3.3.3.2 学区合并与基础教育均等化：美国的案例

美国的学区是管理公共中小学教育的基本单位。历史上，学区是独立于政府的行政单位，但现今已成为一级自治的地方政府。由于美国各州可以自行决定学区的大小和数量，因而各州学区大小参差不齐、数量多少不一，但总体来说，在 20 世纪 40 年代以前，美国的学区数量总量庞大（见表 3 - 8）、分布分散，学区间，特别是乡村学区①与城市学区之间，由于财源不同而产生较大的差异，并引发了许多有关教育公平性的诉讼案例。因此，20 世纪 30 年代开始，为整合教育资源，在较大范围内提供平等而充足的教育，美国开始了学区的合并历程。

表 3 - 8   1932～2002 年间美国地方政府数量变化情况   单位：个

年份	一般目的政府					特别目的政府			总计
	县	县以下	市	镇	合计	学区	特别区	合计	
1932 *	3 062	36 420	16 442	19 978	39 482	128 548	14 572	143 120	182 602
1942 *	3 050	35 139	16 220	18 919	38 189	108 579	8 299	116 878	155 067
1952	3 052	34 009	16 807	17 202	37 061	67 355	12 340	79 695	116 756
1962	3 043	35 141	17 997	17 144	38 184	34 678	18 323	53 001	91 185
1972	3 044	35 508	18 517	16 991	38 552	15 781	23 885	39 666	78 218
1982	3 041	35 810	19 076	16 734	38 851	14 851	28 078	42 929	81 780
1992	3 043	35 935	19 279	16 656	38 978	14 422	31 555	45 977	84 955
1997	3 043	36 001	19 372	16 629	39 044	13 726	34 683	48 409	87 453
2002	3 034	35 933	19 429	16 504	38 967	13 506	35 052	48 558	87 525

注：*1932 年、1942 年数据参考了文森特·奥斯特罗姆、罗伯特·比什、爱利诺·奥斯特罗姆：《美国地方政府》，北京大学出版社 2004 年版、第 52 页。

资料来源：2002 Census of Governments Volume1，Number1，Government Organization，p. 4，6。

美国的州政府为鼓励学区合并提供了诸多正面与负面的激励措施②，如：一方面，州为学区中心学校的建设和学生的交通提供经

---

① 主要集中在阿拉巴契亚地区、美国南部地区、里约格兰德边界地区、西南部地区、加利福尼亚的中心峡谷、美国平原各州的印第安保留地等 6 个地区。

② 商利浩：《审视美国学区教育筹资制度》，载《比较教育研究》，2004 年第 5 期，第 29～32、90 页。

济资助，同时要求学区内所有学校建筑和设施达到州的建设和安全标准，并要求学校课程达到州的标准；另一方面，如果学区没有采取相应的措施，他们将陷入教育设施不符合标准和失去州教育经费补助的处境。

因此，一方面在诸多法院判例的压力下，另一方面在州政府的财力诱导与惩罚的激励下，学区合并的进程大大加快，数量迅速减少，进入 20 世纪 70 年代以后逐渐趋于稳定。到 2002 年仅剩下13 506 个，比 1932 年减少了 115 042 个，减少比例达 89.50%，学区合并的速度之快、减少数量之大、比例之高，都不能不说是十分惊人（见图 3 - 3）。

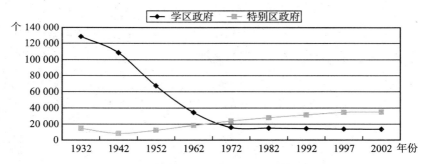

图 3 - 3　1932 ~ 2002 年间美国学区与特别区政府数量变化情况

资料来源：同表 3 - 8。

第 4 章

城乡基础教育差异状况的
实证分析

自从户口登记制度将中国社会人为割裂开来，中国的城市与农村就成为两个相对独立的世界，基础教育也是如此。特别是改革开放以后，随着农村集体经济的瓦解，农村的基础教育发展面临较大的困境，城乡基础教育不公平、发展差距大等问题逐渐显现。这里笔者将从融资制度、可及性、办学条件等三个方面分析城乡基础教育的差异问题。

4.1 基础教育融资制度差异

20 世纪 80 年代以来，我国基础教育供给制度呈现出了明显的城乡分治局面。与供给体制相适应，基础教育的融资制度也逐渐演变成城乡二元的局面。

1986 年《义务教育法》及其 1992 年的《实施细则》将基础教育的事权下放给地方，而地方政府又层层将其下放。但是，不管下放的形式及程度如何，城市中的基础教育融资制度没有发生较大变化，即财政拨款始终是城市基础教育发展的主要资金来源，尽管城市居民要负担部分书费、杂费及其他相关费，但财政资金一直是城市基础教育融资的主要渠道，城市居民不必直接为基础教育的融资承担责任。

与城市相反，随着农村基础教育的事权下放到乡村，财权却被层层上收。为了完成国家相关法律的规定以及有关义务教育的"达标"、"考核"，在地方财政收入来源不能迅速扩大、财政收入能力不能迅速提高的情况下，地方政府开始将农村基础教育的事权逐步推给农民，并逐渐增大向农民伸手要钱的力度，由此，各种名目繁多、种类复杂的收费、集资、摊派开始出现，农民的教育负担十分沉重（见图 4 – 1、表 4 – 1）。

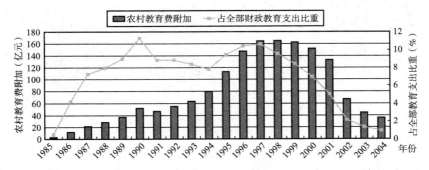

图 4 – 1　1985 ~ 2004 年农村教育费附加及其占全部财政教育支出比重

注：由于统计口径原因，1991 年之前的农村教育费附加包括城市教育费附加和农村教育费附加两个部分。

资料来源：根据《中国财政年鉴（2005）》、《中国教育经费统计年鉴（1997）》、《中国教育经费统计年鉴（1998）》、《中国教育经费统计年鉴（1999）》、《中国教育经费统计年鉴（2000）》、《中国教育经费统计年鉴（2001）》、《中国教育经费统计年鉴（2002）》、《中国教育经费统计年鉴（2003）》、《中国教育经费统计年鉴（2004）》、《中国教育经费统计年鉴（2005）》相关数据计算而得。

图 4 – 1 所示的即是 1985 ~ 2004 年间农村教育费附加及其占全部财政教育支出的比重情形。从中可以清晰地看出，自 1986 年《义务教育法》出台以来，中国农民所负担的教育费附加的数额呈现明显的先增后减的变化趋势，1986 年全部教育费附加仅有 1.12 亿元，但到了 1999 年仅农村教育费附加就已高达 162.46 亿元，之

表4-1   1985～2004年间中国农民负担基础教育融资情况

年份	农村基础教育经费 (亿元) ①	预算内事业性经费拨款* 数量(亿元) ②	预算内事业性经费拨款* 比重(%) ③=②/①	农村教育费附加 数量(亿元) ④	农村教育费附加 比例(%) ⑤=④/①	农民捐、集资办学经费 数量(亿元) ⑥	农民捐、集资办学经费 比重(%) ⑦=⑥/①	学杂费 数量(亿元) ⑧	学杂费 比重(%) ⑨=⑧/①	农民负担基础教育融资 数量(亿元) ⑩=④+⑥+⑧	农民负担基础教育融资 比重(%) ⑪=⑩/①
1985～1992	NA	NA	NA	253.50	NA	NA	NA	NA	NA	NA	NA
1993	NA	207.80	NA	63.30	NA	40.70	NA	29.70	NA	133.90	NA
1994	485.50	286.80	59.07	79.60	16.40	52.60	10.83	41.60	8.57	173.80	35.80
1995	611.30	325.10	53.18	112.90	18.47	99.20	16.23	54.90	8.98	267.00	43.68
1996	738.95	384.70	52.06	147.41	19.95	111.72	15.12	69.00	9.34	328.13	44.40
1997	788.67	429.01	54.40	164.53	20.86	85.81	10.88	80.09	10.16	330.43	41.90
1998	811.99	460.99	56.77	165.02	20.32	53.04	6.53	88.62	10.91	306.69	37.77
1999	862.07	526.29	61.05	162.46	18.84	34.20	3.97	93.83	10.88	290.49	33.70
2000	919.98	597.66	64.96	151.97	16.52	26.42	2.87	100.25	10.90	278.64	30.29
2001	1 102.27	775.64	70.37	132.94	12.06	23.55	2.14	112.94	10.25	269.43	24.44
2002	1 266.04	969.09	76.55	66.96	5.29	18.21	1.44	123.79	9.78	208.96	16.50
2003	1 365.26	1 076.35	78.84	44.63	3.27	11.53	0.84	134.26	9.83	190.41	13.95
2004	1 644.77	1 298.02	78.92	35.72	2.17	8.91	0.54	152.59	9.28	197.21	11.99

注：NA表示数据不可获得。＊对农村基础教育的预算内事业性经费拨款《中国教育经费统计年鉴》中对农村初中和农村小学的数据计算而得。

资料来源：《中国财政年鉴》(2005)、《中国教育经费统计年鉴》(1993～2005)、《中国统计年鉴》(1986～2005)。

后，随着农村税费改革的推行，农村教育费附加逐渐被取消，到 2004 年已经降为 35.72 亿元。与农村教育费附加的总额变化情形基本一致，其占全部财政教育支出的比重也呈先增后减的态势，1986 年该比例只有 0.49%，最高时 1990 年达到 11.27%，到 2004 年该比例为 0.93%。

根据我国《义务教育法》及其实施细则，我国实行的并非免费的义务教育，尽管规定了"国家对接受义务教育的学生免收学费"，同时又赋予了地方各级人民政府按照国务院的规定，为实施义务教育，可以"收取杂费"及"在城乡征收教育费附加"。如果说，这种非免费的义务教育供给制度，如能对待内部的国民一视同仁，城乡居民不存在歧视性差别，那也算是相对比较公平的，但问题是这种不同于世界上大多数国家的基础教育供给制度，在中国内部却对于城市居民与农村居民采取了两种相对独立、封闭的做法。

以教育费附加为例，尽管《义务教育法》及其实施细则都规定了地方政府有权根据国务院的规定，在城乡征收教育费附加以实施义务教育事业，但在具体征收对象、征收标准等方面，却存在巨大的城乡差别。为落实《义务教育法》的规定，1986 年国务院公布了《征收教育费附加的暂行规定》，明确教育费附加以实际缴纳的产品税、增值税、营业税的税额为计征依据，附加率为 1%[①]，分别与产品税、增值税、营业税同时缴纳。但是，早在之前的 1984 年，国务院在《关于筹措农村学校办学经费的通知》中就已经赋予乡政府开征农村教育费附加的权力，后来在执行中，各地一般都按照不超过农民上年人均纯收入的 1.5%～2% 的比例开征。由此可见，对于城市居民来说，政府在向生产经营者征收教育费附加之后，不再对其直接征收教育费附加；即使这样，城市的生产经营者也并非教育费附加的最终承担者，因为这些城市教育费附加又会随着商品或服务的不断流转而发生转嫁，直至落到最终的消费者身上。而对农村居民来说，却要直接负担占人均纯收入 1.5%～2% 的

---

① 1990 年、2005 年，国务院两次对《征收教育费附加的暂行规定》进行了修改，分别将教育费附加率提高到 2%、3%。

农村教育费附加，这实质上意味着在城市居民享受政府提供的基础教育的同时，农村居民却必须为自己的基础教育消费"买单"，显然，这是针对农民的歧视性收费政策，它与公共财政关于通过教育分配实现地区间和人际间基本公平目标的要求是背道而驰的。

此外，各种以"自愿"、"自发"的名义强加给农民的教育集资，再加上学杂费，使得农民的教育负担十分沉重，农民直接负担的教育融资比例高达30%～40%（见表4－1、附表3），农民已成为农村教育供给的主要主体之一，"农村教育农民办"的局面曾经成为农村教育的主流。[1] 根据中央政府对义务教育的解释，"义务教育的实施既是国家对人民的义务，也是家长对国家和社会的义务。"[2] 但是，具体落实到农村义务教育经费的筹集上，相当程度上体现的是贫困的农民"家长"对国家和社会的义务，而较少地体现国家对人民的义务。考虑到这一点，贵州省安龙县平乐乡政府将一些因无法支付学杂费而导致子女失学的家长告上法庭[3]这一案例，的确具有极大的讽刺意味。

好在中央政府意识到了这一点，在农村税费改革推行以后，农民所直接负担的教育融资状况才开始逐渐有所改观。

4.2 基础教育可及性差异

城乡基础教育可及性差异主要是指城乡居民在受教育机会方面的不平等，主要体现为城乡适龄儿童入学率的差异，以及流动人口子女特别是农民工子女受教育机会的差异。

---

[1] 根据谢扬（2002）在湖北省的调查，1999～2000 年间，湖北省襄阳县教育经费总额为 13.7 亿元，各级财政预算拨款 5.5 亿元，占 40.58%，其中乡财政 4.7 亿元，占 34.33%，县财政 0.9 亿元，占 6.25%，省级以上专款 150.5 万元，仅占 0.1%。农村教育费附加、教育集资及中小学杂费三者合计占到全部教育经费的 40% 左右，成为农村义务教育投入的主渠道，对改造农村中小学危房和保障最基本的办学条件等方面发挥了重要的作用。

[2] 李鹏：《关于〈中华人民共和国义务教育法（草案）〉的说明》，载国家教育委员会编：《中华人民共和国现行教育法规汇编（1949～1989）》，人民教育出版社 1991 年版。

[3] 相关报道见《南方周末》2001 年 11 月 1 日头版新闻。

4.2.1 学龄儿童入学率差异

尽管国家《义务教育法》明确规定了接受教育是每个公民的义务，我国的义务教育事业近年来也得到了迅速的发展，整体儿童入学率水平较之前，特别是较之新中国成立初有了突飞猛进的提高。1952 年，全国学龄儿童净入学率还不足 50%，到 2005 年，净入学率已经提高到 99.2%，可谓是成绩斐然（见表 4-2）。

表 4-2　　　　1952～2005 年中国学龄儿童入学率情况

年份	全国学龄儿童数（万人）	已入学学龄儿童数（万人）	净入学率（%）
1952	NA	NA	49.2
1957	NA	NA	61.7
1962	NA	NA	56.1
1965	11 603.2	9 829.1	84.7
1975	NA	NA	96.8
1978	12 131.3	11 585.4	95.5
1980	12 219.6	11 478.2	93.9
1985	10 362.3	9 942.8	96.0
1990	9 740.7	9 529.7	97.8
1991	9 806.6	9 594.8	97.8
1992	11 156.2	10 845.5	97.2
1993	11 432	11 170.9	97.7
1994	11 949.6	11 758.2	98.4
1995	12 375.4	12 192.5	98.5
1996	12 876.5	12 723.3	98.8
1997	13 346.7	13 202.5	98.9
1998	13 369.3	13 226.8	98.9
1999	12 991.4	12 872.8	99.1
2000	12 445.3	12 333.9	99.1
2001	11 766.4	11 561.0	99.1
2002	11 310.4	11 150	98.6
2003	10 908.3	10 761.6	98.7
2004	10 548.1	10 437.1	98.9
2005	10 207	10 120.3	99.2

注：NA 表示数据不可获得。1991 年以前的入学率按 7～11 周岁统一计算。从 1991 年起入学率按各地不同入学年龄和学制分别计算。

资料来源：《中国统计摘要》（2006）、《新中国 55 年统计汇编》（1949～2004）。

但是，我们在为我国的基础教育取得如此之快成就感到欢欣鼓舞的同时，还应该清醒地看到，在整体适龄儿童入学率提高的背后，城市与农村的差距依然十分显著（见表4-3）。

表4-3　　　1996～2002年间中国城乡学龄儿童入学率对比

年份	项目	总计	城市	县	农村
1996	总学龄儿童（万人）	12 877	1 691	2 223	8 962
	入学的学龄儿童（万人）	12 723	1 681	2 210	8 832
	净入学率（%）	98.81	99.40	99.42	98.55
1998	总学龄儿童（万人）	13 369	1 775	2 537	9 057
	入学的学龄儿童（万人）	13 227	1 764	2 523	8 940
	净入学率（%）	98.93	99.38	99.43	98.71
1999	总学龄儿童（万人）	12 991	1 755	2 515	8 721
	入学的学龄儿童（万人）	12 873	1 747	2 499	8 626
	净入学率（%）	99.09	99.55	99.38	98.91
2000	总学龄儿童（万人）	12 445	1 726	2 555	8 165
	入学的学龄儿童（万人）	12 334	1 718	2 538	8 079
	净入学率（%）	99.11	99.54	99.32	98.91
2002	总学龄儿童（万人）	10 757	1 454	2 016	7 287
	入学的学龄儿童（万人）	10 605	1 443	1 985	7 177
	净入学率（%）	98.58	99.24	98.44	98.49

注：因统计口径及资料可得原因，部分年份资料无法对比列示。
资料来源：中华人民共和国教育部教育统计数据（1997～2003）（http://www.moe.gov.cn）及《中国教育统计年鉴》1997～2003年各年。

从表4-3中可以看出，1996年以来，中国城乡适龄学龄儿童的入学率尽管总体水平都在98%以上，但二者仍存在明显的差别。从中可以计算出，尽管城乡适龄学龄儿童的入学率的差异呈现减小趋势，但二者仍保持在0.6～1个百分点的差异水平。考虑到农村适龄学龄儿童的基数较大，因此，即使是这0.6个百分点的差异，也足以产生较大规模的失学儿童人口。表4-4说明的是按照同年城市学龄儿童入学率计算而增加的农村入学儿童数，从表中可以看出，如按照相同的城市儿童入学率，则农村每年可以增加50万～70多万的入学儿童，想来也是一个非常庞大的数额了

（见表 4 - 4）。

表 4 - 4　按同年城市学龄儿童入学率计算增加的农村入学儿童数

单位：万人

年份	1996	1998	1999	2000	2002
人数	76. 177	60. 6819	55. 8144	51. 4395	54. 6525

资料来源：根据表 4 - 3 计算而得。

　　而对于经济贫困地区的农村来说，适龄儿童入学率较低的局面仍不容乐观。根据国家统计局对扶贫开发工作重点县的监测报告显示，2002～2004 年间，国家扶贫开发工作重点县的适龄儿童入小学率只在 95% 左右，与 2002 年全国平均的 98.58% 的水平有较大差距（见表 4 - 5）。

表 4 - 5　　　　　　2002～2004 年间国家扶贫开发

工作重点县农村儿童入学率　　　　单位：%

年份	7～12 岁入学率		13～15 岁入学率	
	重点县	重点村	重点县	重点村
2002	94. 9	93. 2	85. 4	83. 3
2003	95. 2	93. 7	88. 4	86. 9
2004	95. 8	94. 3	90. 7	89. 2

资料来源：国家统计局农村社会经济调查司：《中国农村贫困监测报告》2003 年、2004 年、2005 年各年，中国统计出版社。

　　在这相对较低的入学率背后，是同样惊人的失学率水平。以 2004 年为例，国家重点扶贫工作县 7～12 岁儿童的失学率为 4.2%，重点村的失学率为 5.7%；而 13～15 岁儿童的失学率则更高，2004 年重点县 13～15 岁儿童失学率为 9.3%，而重点村则达到了 10.8%（见表 4 - 5）。而关于失学的原因，根据国家统计局的监测报告显示，经济困难则是首当其冲（见图 4 - 2）。

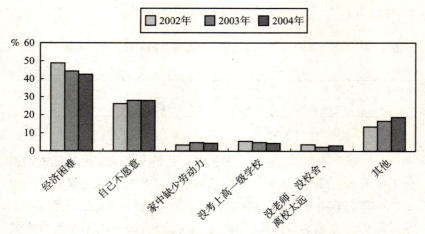

图4-2 国家扶贫开发重点工作县7~15岁儿童失学原因

资料来源：国家统计局农村社会经济调查司：《中国农村贫困监测报告》2003年、2004年、2005年各年，中国统计出版社。

4.2.2 文盲率差异

城乡基础教育可及性差异的另外一个重要表现就是文盲率①的不同，因为文盲率是衡量一个地区人口文化素质高低的重要指标，不仅标志着一个地区文化教育事业的普及和发达程度，也反映一个地区社会经济的发展程度、劳动者的素质和生产力水平。

从20多年我国城乡文盲率的变动情况看，经过《义务教育法》的大力推广以及义务教育的普及，我国城乡人口的文盲率呈逐年下降趋势，分别由1982年的16.43%和34.98%下降到2000年的5.22%②和11.55%。同时，城乡文盲率之间差距也在逐渐缩小，从1982年18.55个百分点的差距降为2000年的6.33个百分点（见表4-6）。

---

① 具体指标上，笔者采用文盲人口占15岁及以上人口的比例为文盲率。
② 由于统计口径的原因，这里将城市与县镇合并称县镇。如果将城镇文盲率具体细分，则2000年城市的文盲率为4.57%，县镇的文盲率为6.45%。

表4-6　　　　　　中国城乡文盲率的变动及差异情况　　　　　单位：%

年份 \ 项目	城镇文盲率	农村文盲率	文盲率城乡差距
1982	16.43	34.98	18.55
1990	11.97	26.23	14.26
2000	5.22	11.55	6.33

　　资料来源：中国教育与人力资源问题报告课题组：《从人口大国迈向人力资源强国》，高等教育出版社2003年版，第250页。

　　另外，从文盲人口的分布上来看，我国城市、镇和乡村人口之间文化素质上有明显差别。根据第5次全国人口普查显示，2000年我国15岁及以上的人口中仍有文盲8 699.2万人，其中，属城市常住人口的占12.8%，属县镇人口的占9.7%，而其余属乡村人口的则占77.5%，也就是说，有超过3/4的文盲分布在我国农村①。这足以说明我国城乡基础教育在可及性方面的巨大差异，同时也说明今后扫盲工作的重点和难点都在广阔分散的农村人口中，巨大的文盲人口已经成为我国农村地区实现跨越式发展、摆脱贫困、提高劳动生产率和改善人民生活水平的巨大障碍。

4.2.3　农民工子女教育问题

　　在城乡基础教育可及性的差异比较中，农民工子女的教育问题是一个十分突出的特殊问题。

　　随着市场经济的发展、城市化水平和农业生产率的不断提高，由农村流向城市寻找就业机会的人口也越来越多②，这些在城市务工者的子女教育问题也随之而来，并逐渐引起社会各界乃至政府部

---

　　① 中国教育与人力资源问题报告课题组：《从人口大国迈向人力资源强国》，高等教育出版社2003年版，第250页。

　　② 根据国家统计局的有关资料显示，2003年农村外出务工的劳动力已达1.14亿人，其中举家在外务工的劳动力2 430万人，随父母进入城市的6至14岁儿童约有643万人。这些儿童正在义务教育阶段，但其在享受义务教育的权利上与城里的孩子有巨大差别。

门的注意①，许多相关政策法规也相应出台。

1996 年，原国家教育根据《义务教育法》及其实施细则，印发了《城镇流动人口中适龄儿童少年就学办法（试行）》，规定"城镇流动人口中适龄儿童、少年入学，由其父母或其他监护人持流入地暂住证，向流入地住所附近中小学提出申请，经学校同意后即可入学"。1998 年 3 月，原国家教委、公安部联合颁发了《流动儿童少年就学暂行办法》，规定"流动儿童少年就学形式，以在流入地全日制公办中小学借读为主"。2001 年 6 月颁布的《国务院关于基础教育改革与发展的决定》明确提出了解决流动人口子女接受义务教育要"以流入地区政府管理为主，以全日制公办中小学为主"的"两为主"原则。2003 年，国务院办公厅转发了教育部、中央编办、公安部、国家发改委、财政部、劳动保障部《关于进一步做好进城务工就业农民子女义务教育工作的意见》。《意见》首次把占流动儿童少年绝大多数、处于弱势地位的"进城务工就业农民子女"从"流动儿童少年"群体中单独提出、突出强调，并明确"进城务工就业农民流入地政府负责进城务工就业农民子女接受义务教育工作，以全日制公办中小学为主"，由此，"两为主"政策正式出台，并在以后不断得到强调、突出。2006 年 1 月，国务院《关于解决农民工问题的若干意见》（国发［2006］5 号）再次强调了"两为主"的政策，要求"将农民工子女义务教育纳入当地教育发展规划，列入教育经费预算，以全日制公办中小学为主接收农民工子女入学"。2006 年 6 月，新修订的《义务教育法》也规定，"父母或者其他法定监护人在非户籍所在地工作或者居住的适龄儿童、少年，在其父母或者其他法定监护人工作或者居住地接受义务教育的，当地人民政府应当为其提供平等接受义务教育的条件。"

尽管这些法律法规的出台为解决好农民工子女接受义务教育问

---

① 1995 年 1 月 21～24 日，《中国教育报》连续三期刊发了记者李建平关于《"流动的孩子"哪儿上学》的系列报道，引起了社会的强烈反响。当年，原国家教委就将研究解决流动人口子女教育问题列入当年的议事日程。

题奠定了法律依据，但在实际执行中，进城务工农民的子女在享受义务教育的权利上与城里的孩子仍有巨大差别。

在农民进城务工的"证卡制度"被废除后，农民工子女进入城市公办学校就读的"证卡制度"又出现了。以北京市为例。根据北京市人民政府办公厅《转发市教委等部门关于贯彻国务院办公厅进一步做好进城务工就业农民子女义务教育工作文件意见的通知》（京政办发［2004］50号）（节选如下），进城务工就业农民工子女进入公办学校就读，需提供的足够的证明材料、历经复杂的审查程序，可谓是"过五关、斩六将"。

四、来京务工就业农民子女接受义务教育的入学程序

（一）家长或监护人申请。来京务工就业农民子女要求到本市义务教育阶段公办学校就读，须由其家长或监护人持本人在京暂住证、在京实际住所居住证明（如房屋产权证、住房租赁合同等）、在京务工就业证明（如劳动合同、受聘合同、营业执照等）、户口所在地乡镇政府出具的在当地没有监护条件的证明、全家户口簿（可以是复印件）等证明、证件，向暂住地的街道办事处或乡镇政府提出申请。

（二）开具"在京借读证明"。街道办事处或乡镇政府对符合就读条件的来京务工就业农民适龄子女，开具标注"农民子女"字样的"在京借读证明"。

（三）联系就读学校。来京务工就业农民应持"在京借读证明"，非小学一年级借读学生还应出具原就读学校开具的学习证明，到暂住地附近的公办小学、初中或经批准的民办学校联系就读。有接收能力的公办中小学应同意接收居住在本校服务范围内、持"在京借读证明"的来京务工就业农民适龄子女借读，为其办理借读手续。接收确有困难的学校，应提请当地教育行政部门予以协调。公办中小学应努力挖掘潜力接收来京务工就业农民适龄子女借读。

（四）各区县教育行政部门在撤销未经批准、严重不达标的专门接收流动儿童少年的学校时，应将该校每名在校生安排到其他学校就读。学校应负责通知已在公办中小学借读的来京务工就业农民子女的家长，按照上述规定到街道办事处或乡镇政府办理标有"农民子女"字样的"在京借读证明"，以免收其借读费。

如此全面的证明材料，如此复杂的申请程序，使得外来孩子的

家长需要在家乡和北京两地奔波，耗费大量的时间和精力，但即使如此辛苦，大部分的进城务工就业农民仍然难以拿到可以免借读费的"来京借读证明"。据调查，在北京市大兴区，全区能凭"五证"免借读费的不到5%①；在海淀区某打工子弟学校，所有孩子中只有3个小孩的家长办齐了"五证"，而办理时间长达半年之久。②

难以办齐正规的借读手续，想要进入公办学校念书，就要缴纳数额不等的借读费、赞助费等费用。北京市妇儿工委的一项调查显示，公立学校普遍存在违规向流动儿童收费现象。③根据国家统计局农调队的调查，在5 065名有子女随行就学的农民工中，有2 493名农民工缴纳了借读费、赞助费，每人平均缴纳费用为1 226元。④

而那些无力缴纳这些费用的务工农民，只好让其子女进入民办学校，或者是打工子弟学校学习，有的甚至干脆让其辍学。根据调查，2002年北京的打工子弟学校348所，就学学生85 882人，2004年学校数减少到273所，就学学生仍有83 632人，在打工子弟学校就学的流动儿童约占在北京在学流动儿童的30%。⑤大兴区是北京安置农民工子女入学较好的一个区，该区有公办学校170多所，接收农民工子女1.47万人，而同期区内自办的打工子弟学校却安置了2.5万人上学。⑥国家统计局农调队的调查结果要相对比较乐观一些，根据调查，有71.92%的农民工子女在城里就读的学校是公办学校，有22.03%的农民工子女在城里就读的学校是民办学校，有5.00%的农民工子女在城里就读的学校是打工子弟学校，只有1.05%的农民工子女因各种原因无法正常上学而辍学。⑦

---

①⑥ 宋振远、李舒：《是包袱，还是责任？拷问"农民工子女上学难"》，载《长安》，2006年第7期，第51～52页。

②③ 《一家之言：安顿好孩子 再关闭打工子弟学校》，http://edu.sina.com.cn/l/2006-07-27/1113134619.html。

④⑦ 《农民工生活质量调查之二：生活与教育状况》，中国统计信息网，http://www.stats.gov.cn/tjfx/fxbg/t20061011_402358719.htm。

⑤ 《创办第一所打工子弟学校的原由》，http://www.people.com.cn/GB/32306/54155/57487/4819096.html。

4.3 基础教育办学条件差异

基础教育办学条件差异主要包括三个方面，即教育经费的差异、物质条件的差异和师资条件的差异。其中，教育经费的差异是办学条件差异的根本原因。

4.3.1 教育经费差异

由于城乡之间在经济发展水平和财源丰裕程度上存在着较大差距，基于调动地方政府办学积极性而建立的"分级办学"制度，必然造成城乡之间基础教育资金投入上的差距。而这种差距直接表现为在校学生人均教育经费的差异。

根据统计，1993 年，城市小学生的生均教育经费为 476.1 元，农村为 250.4 元；城市初中生的生均教育经费为 941.7 元，农村为 472.8 元，城市小学生与中学生的生均教育经费分别是农村的 1.9 倍和 2 倍。1999 年，两者的差距都进一步扩大到 3.1 倍，绝对金额分别为 1 492.2 元、476.1 元和 2 671.2 元、861.6 元。① 而到了 2001 年，二者的差距又缩小至 1.86 倍和 1.93 倍（见表 4 – 7、附表 4、附表 5）。

表 4 – 7 说明的是 2001 年中国城乡基础教育经费生均支出情况，从中可以清楚地看出，无论是在生均教育经费、生均教育事业费还是生均公用经费方面，城市小学与初中都要强于农村，其具体数额分别是农村的 1.86 倍、1.82 倍、2.44 倍和 1.93 倍、1.85 倍、2.33 倍。而就财政支持来说，同样也呈现相同情形。这里特别需要

---

① 张玉林：《分级办学制度下的教育资源分配与城乡教育差距——关于教育机会均等问题的政治经济学探讨》，载《中国农村观察》，2003 年第 1 期，第 10～22 页。

分析的是生均预算内公用经费①的对比情形，表4－7说明，城市小学生与初中生的生均预算内公用经费分别是农村的3.39倍和3.24倍，这大大高于生均公用经费的对比倍数，这说明财政对城乡基础教育支持的力度十分不同，同时也说明非财政主体（如前面所分析的农民教育集资、农村教育费附加等）对农村基础教育的巨大作用，因为正是这些非财政主体的积极参与，才在一定程度上淡化了财政用于城乡基础教育支出对比悬殊的局面。

表4－7　　　　2001年中国城乡基础教育经费生均支出情况　　　单位：元

类别	项目	生均教育经费	生均预算内教育经费	生均教育事业费	生均预算内教育事业费	生均公用经费	生均预算内公用经费
小学	全国	971.69	658.48	928.54	645.28	217.91	45.18
	城镇	1 483.98	953.11	1 399.98	922.81	389.06	95.39
	农村	797.60	558.36	768.34	550.96	159.75	28.12
	城乡差绝对数	686.38	394.75	631.64	371.85	229.31	67.27
	城乡比（倍）	1.86	1.71	1.82	1.67	2.44	3.39
初中	全国	1 372.35	839.42	1 281.87	817.02	403.92	83.40
	城镇	1 955.03	1 120.00	1 791.54	1 078.30	624.44	145.86
	农村	1 013.65	666.70	968.11	656.18	268.16	44.95
	城乡差绝对数	941.38	453.30	823.43	422.12	356.28	100.91
	城乡比（倍）	1.93	1.68	1.85	1.64	2.33	3.24

资料来源：中国教育与人力资源问题报告课题组：《从人口大国迈向人力资源强国》，高等教育出版社2003年版，第579、581、582、583、584、585～593页。

　　在同一省（市、自治区）内部，城乡生均经费差异的情况也是十分突出。图4－3描述的是2001年全国各地城乡初中和小学生均预算内经费的对比情况。从中可以看出，不同省（市、自治区）内部

---

　　①　根据对全国2 036个县1999年农村公用经费开支的统计，有1 021个县生均小学公用经费支出不足10元（与北京市的757.6元和上海市的747.4元形成鲜明对比），约占调查县的一半；有378个县初中生均公用经费支出不足30元，约占调查县的18%。转引自蒋鸣和：《中国农村义务教育投资：基本格局与政策讨论》，载《教育科学研究》，2001年第2期，第17～22页。

城乡中小学生均预算内经费差异悬殊，有的甚至要高于全国平均水平，如2001年，广东省城镇小学生均预算内经费是农村的2.20倍，高于全国平均的1.71倍水平（见图4-3、附表4、附表5）。

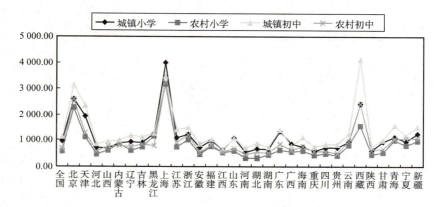

图4-3 2001年全国各地城镇中小学生的均预算内经费

资料来源：中国教育与人力资源问题报告课题组：《从人口大国迈向人力资源强国》，高等教育出版社2003年版。

如果将这种生均经费差异纳入到各省之间考察，则情况更是悬殊。比如，2001年，上海市城镇小学生均预算内经费为4 002.24元，同期的湖北农村则仅有313.59元，前者是后者的12.76倍；而同年，上海市城镇初中生均预算内经费为3 487.51元，同期的河南则只有453.28元，前者是后者的7.69倍，差异悬殊不能不令人瞠目（见附表4、附表5）。

4.3.2 物质条件差异

尽管上述分析没有考虑到各地物价及消费水平的不同，但总体来说，城乡生均教育经费的差异，在很大程度上决定了城乡基础教育办学条件的差异。

表4-8说明的是2002年城乡中小学办学条件的对比情况，从中我们不难发现，即使是在农村税费改革推行后的2002年，与城

市相比，农村中小学的办学条件，不论是从生均校舍面积、危房面积、计算机数量、图书藏量以及固定资产总值等各个方面都远远落后（见表4－8）。

表4－8　　　　　　2002年城乡小学、中学办学条件对比

学校	项目	学生数（万人）	生均校舍建筑面积（平方米）	生均危房面积（平方米）	生均计算机（台）	生均图书藏量（册）	生均固定资产总值（万元）
小学	总计	12 157	4.72	0.29	0.02	11.44	0.34
	城市	1 721	4.99	0.09	0.05	15.51	1.00
	县镇	2 294	4.60	0.19	0.03	12.74	0.28
	农村	8 142	4.69	0.36	0.01	10.21	0.22
中学	总计	8 288	6.75	0.23	0.04	14.40	0.49
	城市	1 713	9.09	0.11	0.07	18.15	0.74
	县镇	3 280	6.90	0.23	0.03	13.72	0.43
	农村	3 295	5.39	0.29	0.02	13.12	0.37

资料来源：根据《中国教育统计年鉴（2002）》有关数据计算。由于难以区分普通初中与高中的条件，这里只好将其合并比较。

从生均校舍建筑面积的比较来看，尽管表4－8不能反映城乡之间的巨大差异，但是如果我们抛开这个总体指标，再进一步考察这些校舍的使用及保养情况，其形势就极其不容乐观。

众多周知，基础教育同其他私人产品的生产一样，同样存在一个规模经济的问题，但问题是，如果规模过大，其产生的效果可能往往适得其反。以小学教育为例，由于小学生正处于成长和发育期，自控能力相对较差，其学习的知识主要通过教师的言传身教、重复指导等途径来获得，因此，如果班级中人数过多，不仅容易影响课堂教学秩序，影响师生之间的互动与教师的教育质量，还容易引发疾病的传播从而不利于学生的健康成长。因此，在发达国家，一般都将小学班级人数限制在30人左右，这种规模的学生数既能保证师生之间的充分交流，又可以实现教育的规模效应。但通过表4－9可以看出，我国小学教育中55人以上的大班级数量十分庞大，约占所有班级数的1/10[①]。在如此庞大规模的大班级中，城市占约

①　1999年曾经占到全部班级数的15%，2002年以后大约在10%左右。

1/4，县镇约占 1/3，其余 40% 多都在农村。另外，90% 以上的复式班也都出现在农村（见表 4 – 9）。

如果说城市中大班级比例高是由于部分重点学校教育资源丰富、教学质量高而产生的集中效应的话，对于农村中的大班级则要进行再细致的分析，其中一个主要原因就是危房校舍的增多。

表 4 – 9　　　　　1999 ~ 2004 年中国城乡小学班额情况对比

年份	级次	55 人以上班（个）	占比重（个）	复式班（个）	占比重（%）
1999	城市	144 098 *	23.60	NA	NA
	县镇	169 524 *	27.77	NA	NA
	农村	296 906 *	48.63	NA	NA
	合计	610 528 *	100.00	NA	NA
2002	城市	91 047	24.01	312	0.22
	县镇	118 832	31.33	4 958	3.46
	农村	169 399	44.66	138 141	96.33
	合计	379 278	100.00	143 411	100.00
2003	城市	95 046	25.24	232	0.19
	县镇	117 240	31.13	4 919	3.99
	农村	164 277	43.63	118 274	95.83
	合计	376 563	100.00	123 425	100.00
2004	城市	102 018	26.51	210	0.21
	县镇	118 694	30.85	2 488	2.45
	农村	164 094	42.64	98 718	97.34
	合计	384 806	100.00	101 416	100.00

注：* 由于统计口径的原因，1999 年是指 50 人及以上班级的数量。NA 表示数据不可获得。

资料来源：《中国教育统计年鉴》（2000）、《中国教育统计年鉴》2002 ~ 2005 年各年。

表 4 – 10 所示的是 2002 ~ 2004 年间我国小学办学条件中危房的情形。从中可以看出，一方面，危房主要存在于农村地区，不论从总体的危房面积来看，还是每年的新增危房来看，农村地区都占据了大部分。不仅总体面积占到全国危房面积的 80% 以上，而且每年新增的危房中近 60% 出现在农村。另一方面，从所占比例的变化情况来看，农村地区危房所占比例每年都在逐渐增加，2002 年，该比例为 82.73%，到了 2004 年则增加到 86.28%。在全国人民都十分关注农村地区教育条件和教育质量的今天，这种情况不能不引起

人们的密切注意（见表4－10）。

表4－10　　　2002～2004年中国小学危房面积情况

		总计（万平方米）	城市		县镇		农村	
	年份		绝对值（万平方米）	比例（%）	绝对值（万平方米）	比例（%）	绝对值（万平方米）	比例（%）
当年危房	2002	3 496.96	160.13	4.58	443.64	12.69	2 893.19	82.73
	2003	3 856.81	172.66	4.48	436.27	11.31	3 247.88	84.21
	2004	3 238.33	119.00	3.67	325.21	10.04	2 794.12	86.28
当年新增危房	2002	1 298.17	234.27	18.05	287.70	22.16	776.19	59.79
	2003	1 499.99	294.54	19.64	322.00	21.47	883.45	58.90
	2004	1 391.55	265.49	19.08	301.63	21.68	824.44	59.25

资料来源：《中国教育统计年鉴》（2003）、《中国教育统计年鉴》（2004）、《中国教育统计年鉴》（2005）。

至于其他办学条件，如生均计算机台数、生均图书藏量等，农村学校更是与城市相差甚远。单纯的数字对比也许过于空洞，国内大部分学者在描述这种城乡差距时都使用了大量的直观感受的语言，"当城市的小学或初中都基本普及或正在普及英语和计算机教育的时候，农村地区的多数小学和初中正面临运行经费严重短缺的局面，教育设施和条件极其简陋，许多农村学生甚至根本没有见过计算机……"[①]

4.3.3　师资条件差异

4.3.3.1　教师数量差异

表4－11说明的1996～2003年中国城乡中小学师生比的对比情况，从中我们可以得出如下几点结论。第一，对小学来说，全国平均、城市与农村的师生比都呈现出下降的趋势，具体来说，分别

---

① 张玉林：《分级办学制度下的教育资源分配与城乡教育差距——关于教育机会均等问题的政治经济学探讨》，载《中国农村观察》，2003年第1期，第10～22页。

从 1996 年的 23.7 人、21.4 人和 24.9 人，下降到 2003 年的 20.5 人、19.3 人和 21.1 人。这说明随着人口出生高峰的回落，小学适龄儿童在逐年减少，而由于小学教师数量难以迅速地减少，因而每个教师所负担的学生数量呈逐渐下降态势，这对于小学教学质量的提高、学生的健康成长是十分有益的。第二，对中学来说，情况与小学恰恰相反，无论是全国平均，还是城市或农村的师生比都呈逐年上升的态势，分别从 1996 年的 16.6 人、15.3 人和 18 人，提高到 2003 年的 18.9 人、16.9 人和 19.9 人。这主要是基于两个方面的原因，其一是随着人口高峰年龄的不断推进，适龄中学孩子的数量在不断增长；其二是近年来推行的教育布局调整，中学教师的数量没有得到迅速增加。学生数与教师数一增一减，从而造成了中学师生比的增高趋势。第三，无论是小学还是中学，与城市比，农村教师负担的学生数都要多于城市教师。平均来说，每个农村小学教师要比城市教师多负担 2 个学生，而每个农村中学教师要比城市教师多负担约 3 个学生。众所周知，师生比越高，则每个学生接受教师辅导、与教师交流的时间与机会就越少；另一方面，师生比越高，每个教师负担学生的就越多，从而教师的负担也会越重[①]，这两个方面都会对教学的质量产生十分不利的影响（见表 4 - 11）。

表 4 - 11　1996 ~ 2003 年中国城乡中小学专任教师负担学生情况 单位：个

年份	小学			中学		
	全国	城市	农村	全国	城市	农村
1996	23.7	21.4	24.9	16.6	15.3	18.0
1997	24.2	21.9	25.4	16.8	15.3	18.4
1998	24.0	21.8	22.9	17.0	15.6	18.7

---

① 根据笔者对山东省临沂市某镇一所初级中学的调查，由于该镇师生比比较高，专任教师数量不足，教师的负担明显增多，有 70% 的教师人每周 26 个课时以上，有 20% 的教师每周 30 个课时以上，有 10% 的教师全天包堂，加上晚上批改作业、备课、处理家务，休息日还要回家忙农活，80% 的教师感到生活很紧张，压力很大；60% 的教师身体疲惫，心情烦躁；25% 的教师神经衰弱，经常感冒。由于笔者所处乡镇经济相对比较繁荣，教师待遇应属中等水平，其负担还如此之重，由此可以想象那些经济条件较差的农村教师该有怎样的负担。

续表

年份	小学			中学		
	全国	城市	农村	全国	城市	农村
1999	23.1	21.2	24.2	17.6	16.2	19.4
2000	22.2	20.7	23.1	18.4	17.0	20.1
2001	21.6	19.7	22.7	18.7	17.9	19.9
2002	21.0	19.0	20.8	18.9	16.8	20.0
2003	20.5	19.3	21.1	18.9	16.9	19.9

注：由于统计口径原因，这里的中学包括初级中学和高级中学。
资料来源：《中国统计年鉴》1996～2004年各年；中华人民共和国教育部教育统计资料，http://www.moe.gov.cn。

　　而正是由于农村中小学中师生比高，专任教师数量严重不足，为了维持正常的教学运转，保证基本的教学内容与教学质量，许多农村学校只好大量聘请代课教师。从全国的统计数据来看，随着教育布局调整的推行以及工资制度的改革，尽管代课教师占全部教师的比重逐年降低[1]，但从下面两幅关于1999～2004年中国城乡中小学代课教师情况的图中，还是可以清晰地发现城乡之间的差异。在小学层次上，尽管城市代课教师的比例在逐年上升，农村代课教师所占比例在逐年下降，但农村仍占据了80%以上的代课教师。而在中学层次上，同样存在城市代课教师比重逐年上升，农村代课教师所占比重逐年减少的趋势，但城市及县镇比重上升速度很快，农村代课教师比重由1999年的2/3，逐渐减少到2004年的1/3强，与城市、县镇一起呈三足鼎立之势（见图4-4、图4-5、附表6）。

　　考察这种农村小学代课教师比重高、城市中学代课教师比例增长快的现象，我们发现，其背后的原因各不相同。在农村，由于教师数量得不到迅速有效的补充，在专职教师数量不足的情况下，不得不聘请大量的代课教师来充实教师队伍，保证基本教学任务的履

---

　　[1]　根据统计，1999年，小学代课教师占全部教师的比重为10.95%，2002年该比重为7.56%，到2004年该比例进一步降到6.17%。

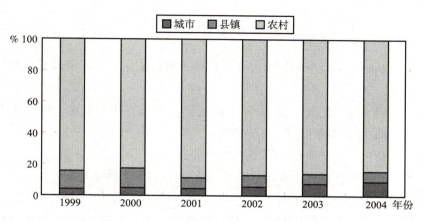

图 4 - 4　1999~2004 年小学代课教师比例

资料来源:《中国教育统计年鉴》1999~2004 年各年。

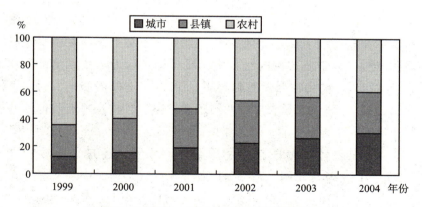

图 4 - 5　1999~2004 年中学代课教师比例

资料来源:《中国教育统计年鉴》1999~2004 年各年。

行;而在城市中,则恰恰相反,城市学校并不缺少教师,但学校之间的竞争非常激烈,为了能提高教育质量,扩大社会影响,吸引优质生源等目标,他们往往会聘请那些素质优良、经验丰富的教师来代课,尤其是一些离退休的高级(或特级)教师。这样一来,就产生了城市中学代课教师比例增长迅速的现象。

4.3.3.2 教师质量差异

从师资的质量对比情况来看，城市教师质量明显高于农村教师质量。

表4-12比较了2001年中国城乡义务教育专任教师的学历情况，从中可以得出如下三点结论。

第一，小学专任教师合格率差距较小，专科以上比例差距大。城乡小学专任教师的学历达标率都在96%以上，城乡之间只有3个百分点的差距，并不甚大；但在小学专任教师专科以上学历比例的比较中，城镇要远远高于农村，在城镇，大约有40.9%的小学教师具有专科以上学历，而农村中仅有20.3%的比例，二者相差20多个百分点。第二，初中专任教师合格率有差距，本科以上差距较大。城乡初中教师的学历达标率都在84%以上，但城镇（92.32%）要高于农村（84.74%）约8个百分点；而在初中专任教师本科以上学历比例的比较中，农村更是远远不如城镇，在农村，本科以上的初中专任教师还不足10%，仅有9.35%，而城镇中已达到23.51%，是农村的两倍还多。第三，城乡师资质量的差异还有较强的地区色彩。与东中西部经济社会发展水平的差距相一致，无论是整体的专任教师学历合格率水平，还是专任教师本（专）科以上学历比例，东部地区要强于中部地区，中部地区要强于西部地区。而在城乡之间教师学历的对比差距上，又呈现两种截然不同的趋势，在学历合格率的差距对比上，东部地区要小于中部地区，中部地区要小于西部地区，而在高学历教师比例的对比上，东部地区要大于中部地区，中部地区大于西部地区。笔者分析，这主要是由于中西部地区城乡中小学中高学历的专任教师数量本身就少，其分布不如东部地区分散，故而城乡差距没有东部地区的大（见表4-12）。

由于农村教师数量的不足，即使是这样的师资，也还存在"拔高"使用的情况，高中缺教师，从初中选拔，初中缺教师，从小学选拔，结果农村教师素质越"拔"越低，严重影响了农村基础教育的教学质量。一项调查显示，农村教师中能勉强完成教学任务的占总数的42.9%，还有4.4%的教师根本完不成教学任务。[①]

表4-12　　　2001年中国小学与初中专任教师学历情况比较　　单位：%

数据　　　地区 指标	全国	东部	中部	西部
1. 小学专任教师学历合格率	96.81	98.25	97.32	94.40
城镇	98.26	98.74	98.27	97.41
农村	96.04	97.91	96.87	93.10
城乡差距（百分点）	2.22	0.83	1.40	4.31
2. 小学专任教师大专以上学历比例	27.40	32.47	27.31	21.18
城镇	40.94	44.38	41.63	34.20
农村	20.25	24.20	20.67	15.58
城乡差距（百分点）	20.69	20.18	20.97	18.62
3. 初中专任教师学历合格率	88.81	90.96	88.45	86.03
城镇	92.32	93.34	92.36	90.47
农村	84.74	87.44	84.71	81.40
城乡差距（百分点）	7.58	5.90	7.65	9.07
4. 初中专任教师本科以上学历比例	16.95	19.85	16.56	13.04
城镇	23.51	26.15	23.39	18.95
农村	9.35	10.50	10.07	6.88
城乡差距（百分点）	14.16	15.65	13.32	12.07

注：（1）小学高学历教师为具有大专及以上学历的教师。
（2）初中高学历教师为具有本科及以上学历的教师。
　资料来源：顾明远、檀传宝：《2004：中国教育发展报告——变革中的教师与教师教育》，北京师范大学出版社2005年版，第25页。

案　例[②]

　　眼下，在农村学校"拔高"使用教师的现象十分严重，这批教师大约占30%～50%。据山东宁阳县反映，近两年高中扩招，招生数量增幅40%，缺教师170位，只好从初中挑选优秀骨干教师补充到高中，几乎每个乡镇初中的优秀教师都被挖走，平均每所学校每年被抽调两三名教师。这样一来，势必造成初中教师紧缺，初中只好从小学选拔，层层拔高使用的结果，使教师队伍的整体素质下降。一大批学历不合格的小学教师补充到了初中教学岗位，一大批初中未毕业的代课教师走上小学的讲台，有一个县，初中毕业以下的代课教师达700多人，严重影响基础教育的教学质量。

4.3.3.3 教师学科分布差异

从教师的学科分布来看，城乡之间也存在明显的差异。

根据北京师范大学教育学院"中国教育发展报告·变革中的教师与教师教育"课题组的调查显示，尽管城乡学校的许多科目都存在缺编现象，但农村学校要较城市更为严重（见表4-13）。

表4-13　　　　　　　城乡各科教师缺编情况

地区 科目	城　市		农　村	
	学校（所）	百分比（%）	学校（所）	百分比（%）
语文	17	33.3	18	37.5
数学	21	41.2	19	39.6
外语	20	39.2	25	52.1
体育	10	19.6	23	47.9
音乐	7	13.7	17	35.4
美术	9	17.6	15	31.3

资料来源：顾明远、檀传宝：《2004：中国教育发展报告——变革中的教师与教师教育》，北京师范大学出版社2005年版，第31~32页。

从表4-13可以看出，城乡学校语文、数学等科目的缺编情形大致相同，都在30%~40%；而从英语科目看，农村有52.1%的学校存在缺编，远远高于城市39.2%的缺编比例，说明农村学校在英语科目的教学中存在严重的教师不足情况；再者，从音体美等有关学生素质全面发展的科目看，农村更是落后于城市，在城市，只有不到20%的缺编比例，而农村的缺编比例都在30%以上，体育教师的缺编甚至达到47.9%。由此可以想象，缺少教师的农村学校，如何能够维持正常的教学秩序，又如何能够保证高水平的教育质量。

　　农村教师缺编比例严重的一个直接后果便是所教非所学、一人兼任多门学科教学的现象十分普遍。根据东北师范大学农村教育研究所的调查显示，在四川省井研县，50％的体育专业、66.7％的美术专业和教育专业教师在教数学，50％的数学专业教师在教中文，甚至100％的历史专业教师在教外语（见表4－14）。而在浙江省长兴县，学普师的教数学、学数学的教历史、学历史的教中文、学中文的教政治、学政治的教中文等现象也不在少数（见表4－15）。

表 4－14　　　　　四川省井研县小学教师第一学历
　　　　　　　　所学专业与任教学科（部分）　　　　单位：%

	中文	外语	数学
数学	50		50
历史		100	
体育			50
美术			66.7
教育	33.3		66.7

　　资料来源：顾明远、檀传宝：《2004：中国教育发展报告——变革中的教师与教师教育》，北京师范大学出版社2005年版，第32页。

表 4－15　　　　　浙江省长兴县初中教师第一学历
　　　　　　　　所学专业与任教学科（部分）　　　　单位：%

	中文	数学	政治	历史	其他
普师	40.0	20.0			10.0
中文	85.7		9.5	4.8	
数学		85.7		4.8	4.8
政治	12.5		75.0		12.5
历史	25.0		25.0	50.0	
教育	100.0				

　　资料来源：顾明远、檀传宝：《2004：中国教育发展报告——变革中的教师与教师教育》，北京师范大学出版社2005年版，第33页。

案 例①

2002年，山东省沂源县的一所偏远农村中学，全校上百位教师中，真正大学本科专业毕业的语文、数学、外语教师分别只有1人，其余90%以上的教师均为中师毕业生或非师范中专生。2002年暑假刚过，仅有的这3名教学骨干也都被选调进城工作。由于没有专业对口的教师，这所学校在任课教师的安排上非常随意。一位教师可以教数学，也可以教语文，还可以教历史，学音乐的也可以教生物。更令人惊奇和无奈的是，近20位英语教师中，竟没有一位受过专业训练。我们从这所中学的师资状况可以想象，农村孩子受到的是什么样的教育！

4.3.3.4 教师待遇差异

城乡教师待遇的差异首先表现在工资水平的差距。虽然近几年来我国教师工资待遇总体上得到了稳步提高，但中小学教师工资整体水平仍然较低，且城乡差异、地区差异较大。

表4-16是北京师范大学教育学院"中国教育发展报告·变革中的教师与教师教育"课题组的一个调查总结，从中可以得出以下两点结论，其一，不论是中小学教职工的月平均工资，还是专任教师的月平均工资，都随着所在地区级次的下降而降低，乡镇及农村层次的教师工资水平最低。如北京市市区小学教职工的月均工资为2 134元，到了农村地区，则只有1 100元。其二，城乡教师工资差距在东中西部各有不同，东部地区差距最大，如北京市区的小学教职工月平均工资大约是农村地区的2倍，中部地区次之，如河南省省城的小学教职工工资要比县城的多241元，西部地区差距最小，如宁夏回族自治区，省城小学专任教师的工资仅仅比农村地区的教师多不到100元。究其原因，则在于我国特殊的义务教育体制，由于义务教育实行"分级管理、地方负责"的原则，因此，地方财源的丰裕程度、财政支持教育的力度等因素就在很大

---

① 王仕军、刘玉红：《农村孩子也需要好教师——对农村教师进城热的思考》，载《中小学管理》，2003年第8期，第40页。

程度上决定了不同地区的教师工资水平。东部地区的财力要远远强于西部地区，因此，其工资水平也就大大超过西部地区。而从工资水平的分布情况来看，虽然西部地区整体工资水平较低，但分布较为集中，相对东部地区分布分散的情形，其城乡之间的差距就必然较之东部地区小的多。

表4－16　　　　　不同地区中小学教师月平均工资情况　　　　单位：元

所在地区		教职工月平均工资				专任教师月平均工资			
		省份			总体	省份			总体
		北京	河南	宁夏		北京	河南	宁夏	
小学	直辖市、省城	2 134	1 206	1 000	1 749	2 429	1 226	1 000	1 932
	地级市、地区		1 000	1 133	1 100		1 000	1 100	1 067
	县	1 575		955	1 068	1 550		1 029	1 124
	乡镇	1 530	965	975	1 111	1 515	1 065	967	1 151
	农村	1 100		859	907	1 200		902	962
	均值	1 894	1 120	968	1 298	2 085	1 158	999	1 401
初中	直辖市、省城	2 346		1 064	2 090	2 588		1 193	2 309
	地级市、地区		1 098	1 355	1 184		1 108	1 380	1 199
	县	1 480	600		1 040	1 500	600		1 050
	乡镇	1 551	529	1 000	843	1 583	568	1 000	920
	农村	1 671		950	1 311	1 600		1 050	1 325
	均值	1 955	819	1 180	1 252	2 077	965	1 231	1 341

资料来源：顾明远、檀传宝：《2004：中国教育发展报告——变革中的教师与教师教育》，北京师范大学出版社2005年版，第36页。

东北师范大学农村教育研究所的调查同样也证实了城乡教师工资差距较大的事实。以基本工资分别为465元、492元和519元为例，由于城乡教职工享受的其他各项待遇不一样，因而实际工资收入也相差较大（见表4－17）。

表4－17　　　　　　　城乡教师工资对比　　　　　　单位：元

应发工资 基本工资	城镇	农村
465	1 389.7	738.5
492	1 422.1	738
519	1 473.6	840.5

资料来源：顾明远、檀传宝：《2004：中国教育发展报告——变革中的教师与教师教育》，北京师范大学出版社2005年版，第36页。

　　城乡教师待遇的差异也表现在发放标准的不同。虽然国家多次调增教师工资，但由于实行"地方负责"，因此，地方财力的不同必然导致工资政策执行程度的不同。以笔者所处的山东省为例，东部地区执行的是 2001 年 10 月最后一次增资政策，基本能全部兑现，而中西部地区有的执行 2001 年 10 月的标准，但只是部分兑现，有的执行 1997 年或 1995 年的工资标准，且不能完全兑现。菏泽市因财力原因，国家政策根本无法落实，多年来执行地方标准。从全省 134 个县（市、区）（不包括无乡镇的 5 个区）的情况看，县直教师与乡镇教师按统一标准发放工资的只有 46 个县，约占全省县总数的 1/3；县乡按两个标准发放的有 44 个县，按多个标准发放的有 44 个县，按两个和两个以上标准发放的县占全省县总数的 2/3。众多的发放标准，直接造成了县直教师与农村教师工资水平的巨大差距。据统计，目前仍有 36% 的县农村教师工资达不到国家规定的工资标准（即必保工资），有 20% 的县农村教师人均月工资不足 600 元①。在相同的教龄、职称条件下，乡镇教师与县直教师的月工资水平最多的相差 400 多元。②

　　城乡教师待遇的差异还表现在发放是否及时上。即使是如此低水平的农村教师工资，拖欠现象仍是十分普遍，且数额巨大。而与之相反的是，在城市中，拖欠教师工资的现象几乎没有。根据中国教育工会 1999 年上半年的调查，中国有 2/3 的省、市、区拖欠教师工资，到 1999 年累计已拖欠 100 多亿元。即便在经济比较发达的广东省，从 1996 年至 1999 年已拖欠教师工资 6.4 亿元。③ 仍以山东省为例，截止到 2003 年 6 月底，全省累计有约 50%、67 个县（市、区）不同程度地拖欠农村教师工资现象，累计拖欠金额 18.8 亿元，其中 2003 年 1～6 月份有约 30%、42 个县（市、区）存在

---

　　① 枣庄、德州、菏泽、日照等市所属各县农村教师人均月工资大都在 600 元以下，最低的县只有 400 元。

　　② 刘士祥、刘振鹏、盖元华：《关于山东省农村教师工资管理发放情况的调研报告》，载山东省教育厅：《山东教育发展论坛——2003～2004 年度山东省教育系统优秀调研成果选编》，山东省教育出版社 2005 年版，第 116～124 页。

　　③ 《一份令人揪心的实地调查报告》，http：//news. qq. com/a/20060310/001735_1. htm。

欠发工资问题，欠发金额 3 亿元，占总金额的 14%。从地域分布来看，拖欠工资的县主要分布在中西部地区的枣庄、德州、菏泽、滨州、临沂等地，而地处东部、经济相对发达、财源比较丰厚的青岛、烟台、威海、淄博等 9 市自 2002 年以来没有出现新的拖欠。[①]

根据李静波、郭丹丹 2001 年对东北某县农村教师工资的调查，尽管当地乡镇小学教师平均工资只有 650 元，但仍无法兑现，教师工资拖欠发放的现象十分严重（见表 4-18）。

表 4-18　　1998 年至今东北某县乡镇小学教师工资发放情况

乡镇代号	是否足额	拖欠时间（月）	拖欠数额	备　　注
1	否	48	全额	至今仍未解决
2	否	48	0	2001 年末补足前三项工资
3	否	33	30%	2002 年 8 月以后全额拖欠
4	否	12	全额	其他时间为 30% 拖欠
5	否	30	全额	2001 年补齐后至今每月拖欠 30%
6	否	56	全额	2002 年 8 月补发前三项，9 月份后仍拖欠 30%
7	否	56	30%	2001 年末补发之前的 30%，以后仍拖欠 30%
8	否	56	30%	2001 年末补发之前的 30%，以后仍拖欠 30%
9	否	48	全额	至今补发工资的 70%（前三项），其余仍拖欠
10	否	27（+3）	0	2001 年末补齐前三项及浮动工资的 10%，2002 年再度拖欠工资 3 个月（30%）
11	否	36	70%	至今仍未解决
12	否	11	30%	
13	否	56	30%	2002 年 8 月以后全额拖欠
14	否	30	30%	最近两个月全额拖欠
15	否	20 以上	30%	至今仍未解决

资料来源：李静波、郭丹丹：《东北某县农村教师问题调查研究》，载国家教育行政学院编著：《基础教育：政策与制度热点》，山东大学出版社 2005 年版，第 139~150 页。

正是由于城乡在教师待遇、办学条件上的这些巨大差距，使得许多农村教师不能安心工作，纷纷想方设法调往城市或县城工作（见图 4-6、表 4-19）。

① 刘士祥、刘振鹏、盖元华：《关于山东省农村教师工资管理发放情况的调研报告》，载山东省教育厅：《山东教育发展论坛——2003~2004 年度山东省教育系统优秀调研成果选编》，山东省教育出版社 2005 年版，第 116~124 页。

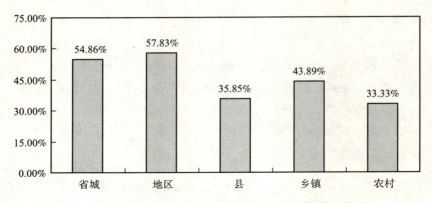

图4－6　自从教以来在同一所学校任教的比例

资料来源：根据顾明远、檀传宝：《2004：中国教育发展报告——变革中的教师与教师教育》，北京师范大学出版社2005年版，第33页绘制而成。

　　根据北京师范大学课题组对教师稳定性的调查，自从教以来一直在同一所学校任教的教师，省城和地区分别占54.86%和57.83%，县、乡镇分别为35.85%和43.89%，而农村仅有33.33%；有29.34%的农村教师在4所以上的学校工作过。这充分说明农村教师工作变动频繁，稳定性较差（见图4－6）。

　　表4－19是根据北京师范大学课题组的调查整理的县以下各级学校教师的流失情况，从中可以看出，乡镇初中教师的流失绝对数与相对比例都较高。在流失去向的调查中，调往城镇工作是多数教师的首选。根据调查，在69名初中流失教师中，调往城镇工作有39名。由于能够调出农村的往往是那些素质高、能力强、工作出色的骨干教师，因此，这些优秀农村教师的流失必将对农村的基础教育产生十分不利的影响（见表4－19）。

表4－19　　　　　　　县以下各级学校教师流失情况

所在地区	学校级别	平均每校流失教师数（人）	流失教师占专任教师比例（%）
乡、镇	小学	8	5.4
	初中	16.5	8.4
农村	小学	0	0.0
	初中	3	3.1

　　资料来源：顾明远、檀传宝：《2004：中国教育发展报告——变革中的教师与教师教育》，北京师范大学出版社2005年版，第33页。

4.3.4　打工子弟学校

最初的打工子弟学校多是一些从事教育工作或热衷教育事业的人，看到大部分的打工者的子女由于无法缴纳高昂的赞助费或借读费而不能在城市接受教育而成为新的文盲，出于"自力救济"目的，在菜棚或简陋的平房里发起创办的小班私塾式学校。其从一开始，就处于"黑户"状态，属"非法办学"，由于无法在教育系统取得正式的"名分"，多次遭到有关部门的取缔，因此只能偷偷地在"地下"运行。随着 1996 年《城镇流动人口中适龄儿童少年就业办法（试行）》和 1998 年《流动儿童少年就学暂行办法》的相继出台，政府部门对打工子弟学校的态度由原来的"严查严控"转变为"不取缔、不承认"、"自生自灭"，再加上一些办学者看到了农民工子女教育的巨大需求市场，实践中通过收取学费不仅可以收回投资，而且还可以有利可图，由此，打工子弟学校的数量有了飞速的增长。

打工子弟学校的出现与急剧扩张，对于解决农民工子女的入学难问题，无疑起到了积极的作用。以北京市为例，根据 1997 年北京市流动人口办公室对在京流动人口的调查，流动儿童辍学率为 13.9%，当年 5 月中国青年政治学院《北京市流动人口适龄儿童就学问题》课题组对北京 3 ~ 12 岁的 471 名流动儿童随机抽样的调查，失学率为 29%。无论是从全面的普查或个案的调查，都显示 1997 年以前流动儿童无学上的问题是比较突出的。而根据韩嘉玲（2001）对北京市流动儿童义务教育状况的调查，2000 年底在北京流动儿童失学或辍学的比例仅为 2.8%，[①] 这或许可以从一定程度上说明打工子弟学校对于解决农民工子女入学难、失学率高问题的积极作用。

但是，与城市学校的办学条件相比，民工子弟学校要差许多。

[①] 韩嘉玲：《北京市流动儿童义务教育状况调查报告》，载《青年研究》，2001 年第 8 期，第 1 ~ 7 页。

根据韩嘉玲（2001）对北京市的调查，北京市打工子弟学校呈现三个特征，这基本上也可以反映全国的大致情形。

第一是流动性，即学校经常搬迁、学生经常转进转出、教师经常更换。根据韩嘉玲博士的调查，大部分打工子弟学校没有固定地址，15%以上的学校都有搬迁的经历，最多的曾更换了4次校址，几乎每一年搬迁一次；学生也由于父母工作或住处的变动，经常转进转出；而教师也由于工资待遇低（大部分在每月500元左右）、教学负担重等原因，经常"跳槽"另谋高就[①]。

第二是边缘性，这主要是指打工子弟学校除主要面向流动人口中低收入人群的子女外，还面向城市里的边缘儿童，如智力发展较慢，以及因为各种原因而未报上户口的"黑"孩子。

第三是不规范性。主要表现在以下几点。

合法性方面，在韩嘉玲（2001）的调查中，无一所学校有合法的办学手续，部分学校虽取得了流出地教育局颁发的办学许可证，但都未经北京市教育局有关方面的认可，仍然没有办学的合法性。由于这些学校未经政府部门审批，所以不能提供学生毕业证。

校舍方面，绝大部分学校的校舍都是简陋破旧的平房、简易房（用石棉瓦或木板拼建而成的），或是由库房改建的临时教室；学生所用桌椅多是以低价买来的北京市公立学校的二手货；为节省房租费用，教室内学生座位拥挤，不少教室里往往三个学生挤在两人用的桌子上；有20%多的学校校内没有厕所，近30%的学校没有供孩子们活动的操场。

课程设置方面，为竞争生源，各学校开设的课程名义上一应俱全，但由于缺少音、体、美的专职教师与计算机、语音室等教学设备，这些课程也只是聊胜于无，大多是由班主任全科兼任。而对那些处于初创阶段或规模不大的学校，一般只能保证开齐语文、数学两门主科。

---

① 在对69个班级的调查中，有近一半的班级在每学期都有中途更换教师的情况，比例高达47.8%。最高记录的班级，甚至有一学期更换7名教师的情况。可见教师的流动状况非常严重。

师资方面，打工子弟学校在草创之初，一般只开设低年级，教师大部分是创办人从老家找来的亲戚与朋友，等到学校形成规模后，就向社会公开招聘，对学历及教学经验都有了一定的要求。这些教师中有教师资格的比例很低，其中大部分担任过农村民办及代课教师。

正是由于打工子弟学校在校舍、师资、设备、卫生等方面的不足，许多地方政府纷纷发出要求其限期整改的通知，但在限定期限之前，大部分打工子弟学校都难以达到基本的办学条件①，因此，许多学校都难以逃脱被叫停的命运。② 但笔者认为，单纯的"堵"不能从根本上解决打工子女入学的问题，而应该转变思路，从"疏"的角度考虑如何规范打工子弟学校的发展问题。

案　　例③

北京市行知打工子弟学校的前身是由河南省息县民办教师李素梅 1994 年 9 月 1 日创建的打工子弟学校。李素梅原来在河南当民办教师，工资待遇差且还不能按时发放，在其兄弟姐妹的劝说下，到北京干起了卖小百货的生意。李素梅最初并没有办学校的想法，但是看到在北京打工的几个亲戚的孩子虽都早已到上学读书的年龄，却因交不起赞助费、借读费或没有北京户口等原因无法进入公办学校，只能在菜地里玩耍，成为新的文盲，心中很是痛惜，加上亲戚们的极力劝说，便决定办学"自救"。1994 年 9 月 1 日，李素梅的打工子弟学校正式开学，当时的办学条件相当简陋——校舍是在其姐夫承包的菜地用草秸和塑料布搭建的棚子，黑板是涂上黑墨的大木板，课桌是

---

① 如根据北京市中小学校办学条件标准，小学需要具备 200 米环形跑道等硬件条件；而根据海淀区教委官方网站发布的申办小学条件，办学启动资金统一要求 150 万元。这两个条件，无论哪个，都是打工子弟学校难以逾越的鸿沟。

② 2006 年 3 月，北京市海淀区组成 10 个检查组，对区内 39 所打工子弟学校进行了以办学条件和安全为重点的拉网式检查。结果显示，这些学校普遍存在房屋建设、用电、消防、食品卫生、用车、煤气等方面的重大安全隐患，检查组对这些学校提出了限期整改的要求。7 月 8 日，海淀区教育局对仍达不到基本办学条件的 30 余所打工子弟学校进行了关闭，原来 39 所学校现仅剩下 3 所。见吴晓晶、毕东平：《北京叫停 30 余打工子弟校，万余学生面临转学困境》，载《新京报》，2006 年 7 月 27 日。

③ 本案例主要参考了宋春利：《打工子弟学校与我国公共管理体制改革：以北京行知打工子弟学校为例》，http：//www. chinampaonline. com/bbs/dispbbs. asp? boardid = 12&id = 2038。

用砖头垒出的平台。学校创办之初只有亲戚朋友的 9 个孩子，之后陆续又有一些打工者把孩子送过来，到 1994 年底，李素梅的打工子弟学校已经收了 22 名学生。由于人手不够，其丈夫易本耀只好老家办理"停职"，到北京和她一起办学。

1997 年，易本耀夫妇的打工子弟学校已有 260 多名学生，为了改善教学条件，开春后，他们又盖了两间简易教室。但是，令易本耀夫妇痛心的事接踵而至。1997 年 4 月 21 日，学校所在的菜地被征用，原来的窝棚教室被一拆而光，刚刚建好的教室还没来得及使用就被推倒了。夫妇两个只好带着 262 名小学生移至海淀南部丰台北部的沙窝村，仅仅呆了半天，当地派出所认为是非法办学，学校被迫放假停课。5 月 6 日北迁至彰化村，仅过一周，由于派出所的干预，学校只好再度搬迁。1997 年的这个春天，打工子弟学校两周内搬了 3 次家。8 月 20 日，再西迁至海淀区五孔桥村。至此，以五孔桥为基地，易本耀的打工子弟学校开始逐渐扩大规模。1999 年，租下海淀区原北高庄小学校舍，2000 年租下位于海淀区的北京物资储备中专南院校舍及教学楼一部分教室，2001 年，租下海淀区原双槐树小学校舍。

好景不长，租用的校舍接二连三地被拆除。2002 年 11 月，北高庄小学校舍被拆除；2003 年 2 月，北京物资储备中专南院校舍被拆除，只留下教学楼的部分教室；2004 年 3 月，五孔桥校舍被拆除。2004 年 3 月，易本耀将五孔桥原班人马迁至海淀区原紫竹院小学，由于只是向海淀教委暂时借用三个月，紫竹院小学校舍又即将开发，5 月 31 日易本耀又率部西迁至海淀区原龚村小学。至此，易本耀行知打工子弟学校在海淀区共有双槐树、龚村和北京物资储备中专三个教学点。

经过多年的发展，政府对打工子弟学校的态度也发生了较大的变化，逐渐由原来的禁止办学变为积极扶持。2003 年 12 月 10 日，易本耀的打工子弟学校正式通过义务教育办学标准验收，被海淀教委批准为民办学校，领取了社会力量办学许可证，定名为"北京市海淀区行知实验学校"。同时，海淀区教育局专门给行知打工子弟学校拨款 10 万元，用于学校建设发展。

政府的扶持也促进了学校的迅速稳定发展，学校现有来自全国 24 个省（市、自治区）、涉及 7 个民族的在校生 2 789 人；拥有专任教师 136 人，其中大专及以上学历有 78 人，分别来自全国 16 个省、市、自治区，主要是师范院校毕业生和退休教师。行知打工子弟学校已经成为目前北京市规模最大的打工子弟学校。

第 5 章

城乡基础教育差异的制度性根源

笔者认为，城乡基础教育差异的根源在于城市偏向（urban bias）的制度安排。其中，户口登记制度是最为基础的制度，正是由于户口登记制度将城市与农村人为割裂开来，才造成了中国社会发展的二元结构；与户口登记制度相伴随的教育福利政策造成了城乡居民在基础教育起点上的不公平。另外，地方负责、分级管理的基础教育管理体制简单地将基础教育的发展责任下放给地方政府，忽视了基础教育的基本公共服务属性及外溢性强的特征；分级管理固化了"谁办学谁掏钱"的原则，相对于城市，基层政府基础教育事权与财力之间的矛盾十分突出，因此，城乡的基础教育发展不可避免地带有城乡经济发展程度差异与财力水平差异的痕迹。

5.1 户口登记制度

5.1.1 户口登记制度出台的背景

中国户口登记制度出台的背景是优先发展重工业的发展战略，主要目的是防止农民向城市盲目流动，将农民与农村和农业结合起来，创造一个中国社会经济稳定发展的基础。

新中国成立之初，国民经济基础十分薄弱，农业经济因饱受战乱而脆弱不堪，工业部门也多是技术落伍的小手工业，重工业等现代工业比重较低。① 与此同时，西方列强出于对社会主义政权的仇视，对新中国实行严密的经济封锁与政治孤立，妄图把新中国扼杀在摇篮之中。而且，中国大陆在卷入朝鲜战争的同时，又处于与台湾地区国民党政权的军事对峙状态。这种国际政治、经济、军事格局，使新中国政府的领导人都明确地意识到，能否迅速地恢复和发展经济、尽快自立于世界民族之林，是关系国家和政权生死存亡的头等大事。而从当时世界政治经济发展的趋势看，雄厚发达的重工业被看做国力与成就的象征。因此，与许多新近独立的发展中国家一样，中国也将工业化作为迅速实现经济独立的主要途径。但在工业化的具体方式选择上，重工业自我服务、自我循环的产业特性以及前苏联的成功建设经验，都促使了优先发展重工业战略的出台。②

但这一发展战略严重脱离了当时中国劳动力过剩而资金十分短缺的资源禀赋现实。为了给工业化提供足够的资金积累，1953 年、1954 年，国家陆续出台农产品统购统销的决定，③ 通过国家定价的形式，从农民手中低价收购农产品，并对城市居民和企业低价销售，以维持保证工业部门的低工资和低原料成本，而工业部门产生的超额利润最后又以利税的形式上缴，从而集中起国家工业化的建设资金。但由于农业劳动生产率低下以及自然灾害等原因，农村缺粮现象十分严重，为维持生计，大量农民开始涌入城市，对城市的生产生活产生巨大冲击。为此，从 1956 年 12 月到 1957 年 12 月，国务院连续四次签发有关防止农村人口盲目外流的通知和指示，但

---

① 在 1949 年新中国成立之时，全国工农业总产值只有 466 亿元，人均国民收入为 66.1 元，在工农业总产值中，农业总产值占到 70%，工业总产值只占 30%，其中重工业产值占到工农业总产值的 7.9%。见《1981 年中国年鉴（简编）》，经济管理出版社 1982 年版，第Ⅵ~4 页。

② 当时的国务院副总理兼国家计委主任李富春在关于第一个五年计划的报告中明确提出，"社会主义工业化是我们国家在过渡时期的中心任务，而社会主义工业化的中心环节，则是优先发展重工业。"

③ 1953 年 11 月 19 日，政务院通过了《关于粮食的计划收购和计划供应的命令》。到 1954 年夏，又分别对食油和棉花实行了统购统销。

"盲流"问题并没有得到有效解决。于是，根据国务院《关于制止农村人口盲目外流的指示》中要求"进行严格户口管理"的方针，1958年1月9日，经第一届全国人民代表大会常务委员会第91次会议通过，公布并实施了影响久远的，也是世界上最为独特的《中华人民共和国户口登记条例》（以下简称《户口登记条例》）。①

《户口登记条例》的颁布实施，事实上就废除了1954年宪法中关于迁徙自由的规定，从此，"北京人"、"上海人"、"城市人"、"农村人"就不仅仅是一个地理位置上的概念，更具有法律上的特殊意义。

5.1.2 户口登记制度对城乡基础教育的影响

户口登记制度的初衷在于限制农民向城市的盲目流动，但随着计划经济体制的全面推行，除了本身的人口统计职能外，其还被赋予了更多的具有中国特色的社会福利措施。这种出身即决定个人命运的制度是十分不公平的。非农业户口的居民可以享用一整套完备的城市劳动就业与社会福利保障制度，即城市居民，从出生到上学，从就业到退休，包括生老病死、衣食住行，都被纳入到城市的社会福利和保障体系之中；而农业户口的居民，则通过人民公社制度来安排生产生活，人民公社通过土地的集体所有制、集体的生产和分配、三级所有、队为基础等一系列措施控制了农村中各方面的资源，实现了对农民的集中管理和控制，增强了农民对人民公社的依附性，从而制止了农村中可能出现的土地兼并和两极分化，防止了流民的产生。

尽管户口登记制度将城乡分开治理，但改革开放之前城乡基础教育的供给任务主要都由财政来承担的，即城市中通过城市财政安排教育支出；农村中则由人民公社负责，人民公社作为政社合一的组织，不仅负责提供基础教育公共服务，而且在供给公共卫生、基础设施、养老保障等公共服务方面也发挥了巨大的作用。随着人民

---

① 实际上早在1955年6月，国务院发布《关于建立经常户口登记制度的指示》，规定全国城市、集镇、乡村都要建立户口登记制度，开始统一全国城乡的户口登记工作。

公社化运动的兴起，乡政府在 1958 年纷纷改组为人民公社。同年 12 月，中共中央、国务院发布了《关于改进农村财贸管理体制的决定》，对人民公社实行以"财政包干"为主要内容的农村财政管理办法，公社财政体制由此形成。在此体制下，基础教育工作由人民公社全面负责。此后，政治斗争与政治运动不断深入，逐渐打乱了最初的关于基础教育发展的规划，政治斗争成为社会生活的主要内容。尽管此时的经济运行机制尚存在重大弊端，以至于经济效率低下、浪费现象十分严重，但客观地说，人民公社财政体制对普及农村基础教育确实起到了积极的作用。因为在集体制度下，总体性生存的意义得到了最大强调，社会成员之间的差异也降到了最小。对于贫穷的农民来说，这不啻是一场获得平等权利的大好机遇。这个时期对政治出身的过于强调使得经济上一贫如洗的农民的政治待遇得到空前的提高，越是贫穷的家庭，政治地位越发重要，获得基础教育机会就越多。特别是随着 1964 年毛泽东"甲辰谈话"① 的发表，大批知识分子和知识青年从城里下放到农村的广阔天地，农村学校大量设立，民办教师也大量出现，全国农村迅速形成了大队办小学，公社办初中，区委会办高中的新格局。由于有集体经济做后盾，当时的教育基本免费，教师工资由县财政负担，农村基础教育的师资、校舍等各方面都较之前有很大改观。因此，对于农村孩子来说，这是一段十分美好的时光。这一时期的城乡基础教育总体上都呈迅速发展态势，尽管存在诸多不规范之处，但城乡之间的差距并没有特别显现。

1978 年实行改革开放以后，随着人民公社制度的改变，农村的基础教育由于失去了集体经济的支持而出现衰败的情况，尽管国家相应调整了基础教育的管理体制，但不公平的制度安排使得此后的城乡基础教育差距开始出现并逐渐拉大，户口登记制度对基础教育的负面影响日渐显现。

---

① 1964 年 2 月 13 日，毛泽东召集教育工作座谈会（当天是甲辰年春节，亦称"春节座谈会"）。毛泽东在会上对农村教育不重视的现象提出了批评，提出要缩短学制，改变现行的课程设置、教学方法、考试方法等思想。

随着城市中经济社会体制改革的不断深入，就业、医疗保障等社会福利与户口之间的联系日渐微弱，但户口对基础教育的影响仍十分重要。由于城乡之间不能自由流动，农村子女只能在农村地区接受基础教育，而不能进入城市享用城市的教育资源。这一点，在人口流动频繁的今天尤为明显。随着户籍对个人流动限制的逐渐放宽，进入城市务工的农民越来越多，可就是因为没有城市户口，农民工子女进入城市公立学校接受义务教育要面临巨大的制度障碍，要么必须付出昂贵的借读费或赞助费，要么选择条件相对较差的打工子弟学校，否则只能在城市跟随父母流浪，成为新的文盲。由于不能融入城市，享受城市中经济社会发展所带来的文明成果，许多农民工父母干脆将其子女留在农村，成为"留守儿童"。一纸户口证明的不同，直接决定了城乡孩子在基础教育起点上的不公平。

5.2 地方负责、分级管理的基础教育管理体制

随着文化大革命的结束，人们开始了对计划经济体制的全面批判，在总结农村家庭联产承包责任制改革成功经验的基础上，城市中开始了大规模的经济分权与政治分权改革①，改革的暂时成功又进一步使人们相信分权对调动积极性、促进效率的重要作用。因此，当基础教育领域出现问题时，分权改革成为必然的选择，这种分权既包括中央政府与地方政府的分权，也包括地方政府间的分权，从而确立了"地方负责、分级管理"的基础教育管理体制。这种分权改革忽视了基础教育的基本公共服务属性以及外溢性强的特征，违背了公共服务属性与供给主体之间的对应关系，从而固化了"谁办学谁掏钱"的原则；另一方面，这种改革将基础教育的管理权下放给最基层的政府，从而不可避免地将城乡经济发展程度差异与财力差异带入到基础教育的发展中。

———————————

① 经济分权主要表现在企业中大规模推行承包制，而政治分权主要表现在财政包干制，即实行分灶吃饭。

改革之初，这种地方负责、分级管理的基础教育管理体制确实曾起到了调动地方积极性、发展教育的作用，但随后进行的多次财权上收与事权下放调整，使得地方政府，特别是乡镇政府的财力难以完成基础教育的事权任务，在正规的财政收入途径穷尽的情况下，只好向农民伸手要钱。由于缺少预算硬约束①，农民负担不断加重，最终引起农村税费改革政策的出台，基础教育的管理体制也从"以乡为主"转变为"以县为主"。

5.2.1 地方负责、分级管理，以乡为主（1978～1999 年）

5.2.1.1 "以乡为主"的管理体制

中国的改革开放实际上又走了一条"农村包围城市"的道路。20 世纪 70 年代末，自安徽开始，中国的农村实行推行家庭联产承包制的改革。这虽然没有改变土地等生产资料集体所有制的法理属性，但分户承包、自主决策、独立生产、自由支配剩余等形式从根本上瓦解了人民公社赖以存在的经济基础，整个社会正由"总体性生存"转变成"个体性生存"②，个人的利益和力量开始凸显，集体经济开始萎缩。1982 年宪法正式从法律上废除了人民公社制度，随后全国性的政社分离、恢复乡政府的工作陆续展开。③ 人民公社废除后农村的基础教育工作不可避免地陷入了发展的困境，过渡时期的混乱使得农村的基础教育面临诸多的困难，特别是农村适龄儿

---

① 尽管政府也给农民负担制定了严格的"高压线"，即农民负担不能超过当年农民人均纯收入的5%，但这种约束仍不是"硬"的，因为地方政府很容易通过其他形式的摊派、集资等手段向农民要钱，从而加重农民的负担，因此，这种"高压线"实际上也是一种软约束。

② 郭建如：《基础教育财政体制变革与农村义务教育发展研究：制度分析的视角》，载《社会科学战线》，2003 年第 5 期，第 157～163 页。

③ 1983 年 10 月 12 日，中共中央、国务院发出《关于实行政社分开建立乡政府的通知》，要求根据 1982 年宪法的规定实行政社分离，建立乡政府。至 1985 年春，建乡工作全部完成，大陆 5.6 万多个人民公社、镇，改建为 9.2 万多个乡（包括民族乡）、镇人民政府。

童入学率直线下降。1977 年，全国适龄儿童的入学率为 96.5%，到了 1982 年却下降到 93.2%，其中农村更是由 90.8% 直降到 62.6%，虽然中共中央、国务院于 1983 年发出了《关于加强和改革农村小学教育若干问题的通知》，再次强调加强农村的基础教育工作，但收效甚微。

受当时经济体制改革中承包经营、分权改革的启发，为调动地方积极性，解决农村基础教育的发展问题，中央也决定将基础教育的权力下放给地方。于是在 1985 年中共中央颁发的《关于教育体制改革的决定》中规定，基础教育实行"由地方负责、分级管理的原则"，明确"基础教育管理权属于地方"，"把发展基础教育的责任交给地方，有步骤地实行九年制义务教育"。紧接着，1986 年《中华人民共和国义务教育法》（以下简称《义务教育法》）以法律形式正式确定了"义务教育事业，在国务院领导下，实行地方负责，分级管理"的这一新体制，同时规定"国家对接受义务教育的学生免收学费"，但"实行义务教育所需事业费和基本建设投资，由国务院和地方各级人民政府负责筹措"，"地方各级人民政府按照国务院的规定，在城乡征收教育费附加，主要用于实施义务教育。"该法仅仅十八条的规定，只是提出了"谁办学谁掏钱"的原则，对各级政府的职责并未作出明确的规定，原则上确定由各省、自治区、直辖市决定，而在后来的实践中基本上采用了"县办高中、乡办初中、村办小学"① 的做法。1989 年，国家对财政体制进行改革，决定在乡一级建立财政，包括教师工资在内的十几种支出放在乡财政，这项改革更强化了"谁办学谁掏钱"的投资体制。1992 年颁布的《中华人民共和国义务教育法实施细则》，一方面规定了我国并不是实行免费的义务教育，"实施义务教育的学校可收取杂费"；另一方面，进一步明确了以地方为主负担教育经费的特征，"地方各级人民政府设置的实施义务教育学校的事业费和基本建设

---

① 关于村办小学的做法，1986 年 9 月原国家教育委员会等发布的《关于实施〈义务教育法〉若干问题的意见》，进一步规定"农村中小学校舍建设投资，以乡、村自筹为主。地方人民政府对经济有困难的地方，酌情予以补助。"

投资；由地方各级人民政府负责筹措。"而对于中央政府和其他地方政府的职能，也只是给出了原则性的规定，即"中央和地方财政视具体情况，对经济困难地区和少数民族聚居地区实施义务教育给予适当补助"。

基础教育管理责任下放，而我国农村义务教育学校主要由乡镇一级政府设置，因此按"谁办学谁掏钱"的原则，乡镇将负担大部分义务教育经费，而县级以上政府则只承担补助贫困地区和少数民族地区义务教育经费的责任。这样，农村义务教育逐渐形成了"地方负责，分级管理，以乡为主"的局面，乡镇政府和农民承担了农村义务教育的主要责任。从当时情况看，这种"三级办学，两级管理"、"以乡镇为主"的农村义务教育管理体制在改革开放的初期，中央财政收入比重较低而地方财政相对丰裕的财政格局下，对于促使地方政府加大教育投入，推动义务教育的发展，起到了一定的积极作用，调动了地方政府和人民群众办学的积极性，改变了当时农村义务教育落后的面貌，对"两基"目标的实现发挥了积极促进作用。

5.2.1.2 "以乡为主"管理体制面临的困境

新中国成立后，农村的基层组织经历了"乡政府——人民公社——乡政府"的演变过程，相应的农村基层财政也经历了"乡财政——人民公社财政——乡财政"的变迁，但早期的乡财政并不是一级完备的财政，实质上只是县财政的一个报账单位①，其经费主要由县财政下划和自筹两种方式解决，即乡镇政府开支中的经常费用由县财政提供，列入县财政预算，而非经常性的开支费用，则按照规定自筹解决。②

人民公社政社分离以后，乡政府由于不再具有直接的经济管理

---

① 当时乡政府一般只设一名财粮助理员，负责农业税征收和乡镇行政事业经费开支等管理工作。
② 1953年，政务院《关于1953年度各级预算草案编制办法的通知》规定，乡镇财政实行收入全额上缴并纳入县预算，支出主要由上级政府下划和自筹的管理体制。但是，直到被人民公社财政取代以前，自筹并未成为乡财政的主要筹资形式。

职能，不可能再像人民公社那样通过直接提取"经济剩余"来组织收入，只能凭借履行行政管理职能的目的、通过税费的形式取得财政收入。但重新设立的乡财政并没有建立在稳固可靠的税制基础上，特别是，缺少能支撑乡镇政府支出的独立的主体税种。由于受经济发展水平的限制，乡镇经济所能提供的财政收入形式单一、数量也十分有限，乡镇的财力状况与城市财力根本不可同日而语。但"地方负责、分级管理、以乡为主"的基础教育管理体制又要求同级财政必须为同级的基础教育负责，即城市基础教育由城市财政负责安排，乡镇财政负责农村的基础教育工作。这样一来，城乡的基础教育发展就不可避免地带有城乡的经济发展水平差异与财力状况差异的痕迹。

但即使是这样，随着越来越多的行政管理职能下放给基层政府，再加上行政系统自身的自我膨胀性，财政供养的机构和人员也越来越多，乡镇财政成为不折不扣的"吃饭财政"。正式的财政收入形式已经不能完全满足乡镇维持运转所需支出的需求，乡镇财政出现困难的局面，从而自 20 世纪 80 年代后期开始，拖欠农村教师工资的现象开始出现，并日益严重。于是，为重振财政，20 世纪50 年代被中央认可的、以非税收入为主要特征的财政自筹制度被重新引入，并作为一种弥补乡镇财政收入不足的体制创新。这些自筹收入的形式除了 1991 年被合法化的村提留与乡统筹（三提五统）①外，还有各种各样的集资、基金、摊派、捐款、收费等。由于缺少足够的监督与制约，这种非正式的、随意性强的筹资制度迅速在乡镇财政收入中占据了重要的位置。

由于缺少足够的统计数据，笔者只在官方的统计年鉴资料中找到了 1996 ~ 2001 年间乡镇自筹与统筹收入的情况，尽管未能覆盖20 世纪 80 年代末及 90 年代初的阶段，但从其发展变化中我们也不难推断其对当时乡镇财政收入的重要意义（见表 5 - 1）。

---

① 1991 年 12 月 7 日国务院发布《农民承担费用和劳务管理条例》，明确了三提五统的性质及征收办法，该条例中还同时做出了农民负担不得超过上一年纯收入 5% 的规定。

表 5 - 1　　　　　　1996～2003 年间乡镇自筹、统筹收入情况　　　单位: 亿元

年份	1996	1997	1998	1999	2000	2001	2002	2003
乡镇自筹、统筹收入	272.90	295.78	337.31	358.86	403.34	410.00	272.00	293.14

资料来源:《中国财政年鉴》(2004),中国财政杂志社。

　　1994 年推行的分税制财政体制改革,使得中央与地方的财力分配格局开始发生巨大变化,中央财政集中的收入比重逐年上升,地方财政收入比重开始下降,与这种情形相反,地方承担的基础教育的事权却没有相应减少,对地方基础教育的考核目标与任务却在逐渐增加,由此地方基础教育财力与事权的矛盾十分突出,对乡镇政府来说,尤其严重。为了完成基础教育的考核任务,在正常财政收入渠道逐渐减少的背景下,地方政府开始增大向农民摊派、征收的任务。名目繁多的教育乱收费、乱集资、乱摊派(即通常所说的"三乱")的情形时有发生,且数额较大,农村教育实际上变成由农民办的局面①。此时,一方面,由于科技进步及农民种粮积极性提高所带来的粮食连年增产已经从根本上扭转了粮食供给不足的局面,再加上国际粮食价格走低的压力,国内的粮食价格难以有较大幅度的提升;另一方面,随着乡镇企业第一波创业失败高峰的出现,以及为适应市场需求而进行的农村产业结构大调整的推行,农民的收入水平开始徘徊不前,有的年份甚至开始下降,从而导致以教育负担为主要内容的农民负担越发沉重。

　　图 5 - 1 描述的是根据笔者对山东省某市的调查绘制的 1988～2001 年间农民人均纯收入与负担情况,由于统计数据中包含了农业税及三提五统,所以我们很难判断是否超过了 5% 的限度,但从它们各自的增长变化中,我们可以看出,农民负担的增长要远远快于

---

　　① 据国务院发展研究中心的调查,中国的义务教育经费 78% 由乡镇负担,9% 左右由县财政负担,省里负担 11%,中央财政负担很少,不足 2%。而乡镇承担的经费也多是向农民征收的教育费附加、教育集资与教育摊派而来。因此可以说,这段时间的农村教育主要是由农民来承担。见《中国教育报》2000 年 10 月 27 日的相关报道。

人均收入的增长速度；而且，这仅仅是政策内的负担情况，如果加上政策外的那些未能纳入统计口径的其他形式的农民负担，则又是另外一番情形。根据笔者调查，2001 年山东省实施农村税费改革前，该市的农业税收入只有 1.8 亿元，而同期的三提五统收入就高达 9.5 亿元，政策外的集资摊派也有 1.7 亿元，政策外的集资摊派已经基本与法定的农业税负担持平。考虑到该市农业人口占 80% 以上，第一产业占地区生产总值的比重也在 30% 左右，因此可算作中国农业经济的典型。由该市的情况推及全国，中国农民负担的程度就可想而知（见图 5-1、附表 7）。

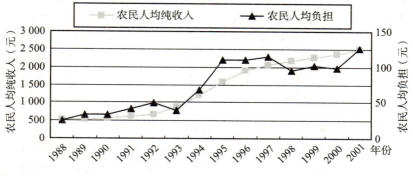

图 5-1   1988~2001 年间山东省某市农民人均纯收入及负担情况

由农民负担沉重而引发的农民收入提高、农村社会稳定与农业稳定增长问题（即时常所说的"三农"问题）逐渐成为理论界研究与社会大众讨论的热点话题，并开始引起政府高层的重视。到 2000 年之前，各部委一共出台了 37 份与降低农民税费负担有关的官方文件，但所取得的成果一直不尽如人意，随着社会各界的关注日渐激烈，最终导致了一场继土地改革、家庭联产承包责任制之后的农村第三场革命——农村税费改革在全国各地陆续推行。①

————————————

① 国家计委宏观经济研究院课题组：《农村税费改革问题研究》，载《研究报告》，2000 年。

5.2.2 地方负责、分级管理，以县为主（2000年至今）

5.2.2.1 农村税费改革后基础教育管理体制的进一步调整

针对农民负担沉重引发的诸多矛盾，为规范农村分配秩序，减轻农民负担，维护农村稳定居民，中共中央、国务院于2000年发出了《关于进行农村税费改革试点工作的通知》①，要求在安徽省进行农村税费改革的试点工作。

2000年3月，安徽省的农村税费改革试点正式启动，改革的主要内容是"三取消、两调整、一改革"，即取消乡统筹费、农村教育集资等专门面向农民征收的行政事业性收费和政府性基金、集资、取消屠宰税、取消统一规定的劳动积累工和义务工、调整农业税和农业特产税政策、改革村提留征收使用办法。

由于乡统筹被取消，因此在改革之初，安徽省将原由乡统筹安排的乡村义务教育、计划生育、优抚、民兵训练以及乡级道路建设等五项事业支出项目全部纳入到乡镇财政预算管理。将乡村两级九年制义务教育支出纳入乡镇财政预算"教育事业费"项目统一管理和安排。② 但改革过程中，由于乡镇来自农民的收入大幅减少，③这时再要求乡镇预算保证教师工资和正常运行费用以及管理学杂费，必然使本来就十分困难的乡镇财政雪上加霜。正是这个问题的凸现，使得安徽省从2001年起在几个月内先后出台了几个相关的

---

① 该通知是中发〔2000〕7号文，因此宣传中又常被称为中央7号文件。

② 其他四项费用也分别纳入乡镇财政预算，其中，计划生育费列入乡镇财政一般预算支出中的"计划生育事业费"项目、优抚费列入乡镇财政一般预算支出中的"抚恤事业费"项目、民兵训练费列入乡镇财政一般预算支出中的"民兵事业费"项目、乡级道路建设费列入乡镇财政一般预算支出中的"交通事业费"项目。

③ 以教育负担为例，1999年安徽省农村教育费附加和捐、集资收入分别为6.37亿元和0.59亿元，合计为6.96亿元，改革后，2000年上述两项收入分别只有0.69亿元和0.46亿元，合计减少5.81亿元。

规定，重新对义务教育的责任进行了明确，同时加大了县以及县以上政府在义务教育方面的转移支付力度。安徽省农村税费改革的这个教训和经验显示，税费改革中如果不建立教育资金相对独立的运行制度，就无法保证教育的正常运行。这就是为什么出现义务教育经费在安徽省的税费改革初期显得非常紧张的原因。而正是安徽的经验和教训，使得中央迅速作出反应，修改已有的教育经费投入体制。

2001 年，国务院要求进一步做好农村税费改革的试点工作，要求在总结安徽农村税费改革经验的基础上，进一步扩大农村税费改革的试点工作，① 特别是，对于保障农村义务教育经费的投入问题作出了新的规定，要求"必须相应改革农村义务教育管理体制，由过去的乡级政府和当地农民集资办学，改为由县级政府举办和管理农村义务教育，教育经费纳入县级财政，并建立和完善农村义务教育经费保障机制，加强县级政府对教师管理和教师工资发放的统筹职能，将农村中小学教师工资的管理上收到县，由县级财政按国家规定的标准及时足额发放。"②

2001 年 5 月，国务院出台《关于基础教育改革与发展的决定》，正式明确了"地方政府负责、分级管理、以县为主"农村基础教育管理体制。

此后，在继续扩大农村税费改革试点的同时，政府每年都会出台新的文件，对这种以县为主的新农村基础教育管理体制进行更为系统、细致、具体的阐述。

比如，2002 年在进一步扩大了农村税费改革的试点省份③的同时，国务院办公厅于 4 月发布了《关于完善农村义务教育管理体制的通知》，明确县级人民政府对农村义务教育负有主要责任，省、

---

① 2001 年，江苏省开始进行农村税费改革的试点。
② 国务院《关于进一步做好农村税费改革试点工作的通知》（国发［2001］5 号）第二（六）部分。
③ 除已有的安徽和江苏两省，2002 年新增了河北、内蒙古、黑龙江、吉林、江西、山东、河南、湖北、湖南、重庆、四川、贵州、陕西、甘肃、青海、宁夏等 16 个省（自治区）为试点省份。

地（市）、乡等地方各级人民政府承担相应责任，中央政府给予必要的支持。通知还对建立义务教育经费保障机制，保证农村义务教育投入和完善人事编制管理制度，加强农村中小学教师队伍建设、建立健全监督体制，保证农村义务教育健康发展等做了具体规定。

2003年3月，国务院要求全面推进农村税费改革试点工作①，同年9月，在全国首次农村教育工作会议上，国务院颁布《关于进一步加强农村教育工作的决定》，明确了农村教育在全面建设小康社会中具有基础性、先导性、全局性的重要作用，把发展农村教育作为教育工作的重中之重，再次强调了落实"以县为主"的农村义务教育管理体制，并对中央、省和市级政府以及县级政府对农村义务教育的投入作出了详细规定，即县级政府要切实担负起对本地教育发展规划、经费安排使用、校长和教师人事等方面进行统筹管理的责任；中央、省和地（市）级政府要通过增加转移支付，增强财政困难县义务教育经费的保障能力；特别是省级政府要切实均衡本行政区域内各县财力，逐县核定并加大对财政困难县的转移支付力度；县级政府要增加对义务教育的投入，将农村义务教育经费全额纳入预算，依法向同级人民代表大会或其常委会专题报告，并接受其监督和检查；乡镇政府要积极筹措资金，改善农村中小学办学条件。同时，对于进城务工子女的义务教育问题，决定还明确作出了城市各级政府要坚持"以流入地政府管理为主、以公办中

---

① 之后，农村税费改革的进程进一步加快。2004年3月，在十届全国人大二次会议上，温家宝总理宣布"取消农业特产税，五年内取消农业税"。2004年7月，国务院下发《关于做好2004年深化农村税费改革试点工作的通知》（国发［2004］21号），要求按照五年内取消农业税的总体部署，2004年在黑龙江、吉林两省进行免征农业税改革试点，河北、内蒙古、山东等11个粮食主产省（区）的农业税税率降低3个百分点，其余省份农业税税率降低1个百分点。2005年7月，国务院下发《关于2005年深化农村税费改革试点工作的通知》（国发［2005］24号），规定对国家扶贫开发工作重点县实行免征农业税；2004年农业税税率降低1个百分点的省份再降低4个百分点，2004年农业税税率降低3个百分点的省份再降低2个百分点；全面取消牧业税。改革的进程十分迅速。截止2005年12月，全国有28个省市免征了农业税；2005年12月29日，第十届全国人大常委会第十九次会议决定自2006年1月1日起废止1958年通过的农业税条例。原定五年内取消农业税，事实上提前3年完成。至此，延续2000多年的农业税终于寿终正寝。

小学为主"，保障进城务工就业农民子女接受义务教育的"两为主"原则。

2005 年 12 月，国务院发布《关于深化农村义务教育经费保障机制改革的通知》，要求按照"明确各级责任、中央地方共担、加大财政投入、提高保障水平、分步组织实施"的基本原则，逐步将农村义务教育全面纳入公共财政保障范围，建立中央和地方分项目、按比例分担的农村义务教育经费保障机制；全部免除农村义务教育阶段学生学杂费①；提高农村义务教育阶段中小学公用经费保障水平；建立农村义务教育阶段中小学校舍维修改造长效机制；巩固和完善农村中小学教师工资保障机制。

有关 1986 年以来中国农村义务教育管理体制中各级政府的事权划分，见表 5 – 2。

表 5 – 2　　　　　1986 年以来中国农村义务教育管理体制
各级政府责任划分

		中央	省、自治区、直辖市	县	乡	村
"地方负责、分级管理、以乡为主"体制（1986 ~ 1999 年）	教职工工资 公用经费 校舍维修建设 助学金 贫困地区专项补助 教学仪器图书	专项补助	配套专项补助		统发教职工工资 初中公用经费 初中校舍建设	小学公用经费 小学校舍建设

---

① 2006 年，首先免除西部地区农村义务教育阶段中小学生的全部学杂费。2007 年，中部地区和东部地区农村义务教育阶段中小学生全部免除学杂费。

续表

		中央	省、自治区、直辖市	县	乡	村
"地方负责、分级管理、以县为主"体制（2000年至今）	教职工工资	困难县教职工工资补助	困难县教职工工资补助	统发教职工工资		
	公用经费			部分公用经费	部分公用经费	
	校舍维修建设	困难地区危房改造专项补助	困难地区危房改造专项补助	筹措新增校舍建设和改造资金	提供新增校舍所需土地	
	助学金	专项补助	专项补助			
	贫困地区专项补助	专项补助	专项补助			
	教学仪器图书			购置图书仪器		

资料来源：转引自高如峰：《中国农村义务教育财政体制的实证分析》，载《教育研究》，2004年第5期，第3~10页。

5.2.2.2 以县为主的基础教育管理体制存在的问题

实现城乡基础教育的均等发展是一个系统工程，而且需长期坚持不懈的努力。因此，尽管基础教育的管理体制由"以乡为主"上升为"以县为主"，但由于基础教育问题涉及社会经济生活的方方面面，单纯将管理体制上收并不能从根本上解决农村基础教育薄弱、与城市差距大的问题。"以县为主"的基础教育管理体制还面临急需解决的诸多问题。

第一，户口登记制度的障碍依然没有消除。尽管近年来户口登记制度较之以前有了很大程度的松动，许多地方也都放宽了进入城市的门槛，但从全国范围来说，户口登记制度仍然是造成城乡分治的一个根本性制度障碍。户口问题仍是决定居民基础教育起点公平的重要因素。因此，只要户口登记制度尚存，城乡分治的局面不解决，城乡之间的统筹发展、城乡基础教育的均等化供给等都不可能真正实现。

第二，主管基础教育的政府级次、职能部门过多。中国具有世界上独一无二的五级政府架构，根据"以县为主"的基础教育管理体制，五级政府都对基础教育的发展负有一定的责任；不仅如此，基础教育的管理还涉及教育、人事、财政等多个政府职能部门。这样一来，如此多头的管理，一方面会造成政府间交易成本的增大，从而无端浪费如此宝贵的财政资源，另一方面又容易助长政府互相推诿的可能性，从而影响基础教育的健康有序发展。

第三，上下相关财政体制需要进一步完善。其一是与县以上政府的关系。在原有财政体制下，基础教育领域的职责和财权划分存在着严重的不对称现象。中央、省和市层层从下级政府集中财力，但却对基础教育不负主要责任，承担基础教育主要供给任务的县级政府的自有财力却相对不足。经过多年的财源培植，县乡许多潜力很大的财政收入项目不是被上收，就是变成与上级共享。因此，基层政府的事权与财力的矛盾十分突出，尽管上级政府给予部分转移支付，但财政缺口问题却一直是基础教育稳定发展的一大隐患，直接影响义务教育资金投入的可持续性，导致义务教育负担向农民转移①，以致危及农村税费改革的成果。其二是县与乡之间的财政体制有待进一步完善。笔者在调查中发现，在向"以县为主"的管理体制转变过程中，不少地方把原来乡负担的支出转移到县的同时，将乡镇原有的收入上划，并由县将这笔资金相应安排在该乡镇义务教育支出领域。这种"以县为主"实际上是"以县代乡镇为主"，即在财政领域形式上实现了以县为主，但实际上是将乡镇义务教育的财力在运作上经过县级，县级政府在统筹安排义务教育资金、协调县内城乡义务教育发展方面，还没有发挥应有的作用，城乡义务教育发展不平衡现象以及农村义务教育资金困难的局面还没有大的改变。

第四，"以县为主"必然将县与县，县与市之间的差异痕迹打

---

① 尽管农村税费改革早就取消了面向农民的三提五统，但笔者在调查中发现，为维持运转，许多地方仍通过征收一些"市场性"、"服务性"的收费项目，如"搭餐费"、"饮水费"等来筹集收入。在农村教育布局调整后，许多学生根本不可能中午回家吃饭，有的甚至需要晚上在学校住宿，只能接受这种不平等的收费项目，因此，这实际上是另一种变形的农民负担。

入到基础教育的发展中。"以县为主",从县级人民政府角度讲,最
关键、最核心的是保证对全县教育需求提供较为充裕的供给,对全
县教育资源进行高效合理配置。虽然"以县为主"的基础教育管理
体制有助于实现本地区城乡之间义务教育的协调发展,但从全国情
况来看,"以县为主"的基本前提目前仍有许多县不具备。特别是
对于以农业等第一产业为主的广大中西部地区,如果没有中央和省
级财政转移支付,连干部和教师的基本工资都无力保障,更谈不上
为教育需求提供充裕供给。甚至有些经济特别欠发达的县,即使加
上中央、省及市级财政的转移支付,仍难以完成基础教育的发展任
务,从而不得不再次走向了借债办学、集资办学、收费办学的旧
路。这样一来,县与县之间的财力差异就不可避免地在基础教育发
展中得到反映。

　　以笔者所在的经济相对比较发达的山东省为例,尽管大部分县都
已经建立或基本建立了"以县为主"的管理体制,但县与县之间,
县内城乡之间仍存在较大的差距。尽管根据山东省教育督导团 2006
年 4 月对山东省 17 地市 2005 年度教育工作的随机抽样督导评估,到
2005 年 12 月,山东省农村中小学教师工资发放,县域内统一标准和
城乡 2 个标准的县(市、区)分别有 68 个和 64 个,其中已经按县域
内统一标准和城乡 2 个标准纳入县本级财政预算的分别有 59 个和 46
个,另外还有 8 个县区实行了县域内三种或三种以上的工资标准(见
表 5 - 3、附表 8)。近几年,山东省的经济总量及财政收入规模都位
居全国前列,如此经济发达省份执行"以县为主"的管理体制尚存
如此之大的城乡差异,其他省份及全国的情形也可想而知。

表 5 - 3　　　　山东省各市农村教师工资管理及发放情况　　　单位:个

市	县域内统一工资情况			纳入县本级财政预算情况		
	县数	县市区		县数	县市区	
		1 个标准	2 个标准		1 个标准纳入	2 个标准纳入
全省	132	68	64	105	59	46
济南	9	6	3	9	6	3
青岛	10	9	1	10	9	1

续表

市	县域内统一工资情况			纳入县本级财政预算情况		
	县数	县市区		县数	县市区	
		1 个标准	2 个标准		1 个标准纳入	2 个标准纳入
淄博	8	7	1	5	5	
枣庄	5		5	4		4
东营	5	4	1	3	3	
烟台	12	12		9	9	
潍坊	10	4	6	10	4	6
济宁	12	7	5	4	4	
泰安	6	1	5	6	1	5
威海	4	4		4	4	
日照	4	2	2	4	2	2
莱芜	2	2		2	2	
临沂	12	3	9	3	3	
德州	11	1	10	11	1	10
聊城	7	3	4	6	3	3
滨州	6	1	5	6	1	5
菏泽	9	2	7	9	2	7

资料来源:《山东省人民政府办公厅转发省教育厅关于 2005 年度教育工作综合督导评估情况的报告的通知》，http：//www. shandong. gov. cn/art/2006/07/17/art_8745 _2430. html。

第五，旧体制的惯性使得新体制短时期内无法产生明显的效果。由"以乡镇为主"彻底转变为"以县为主"涉及县级与乡镇财政与事权的重新划分等一系列复杂问题，需要一段时间的慢慢调整。农村教育由国家统包的局面向"分级办学，分级管理，以乡镇为主"转变，是从 1985 年《中共中央关于教育体制改革的决定》颁布开始的，1986 年《义务教育法》又从法律层面予以确认，但直至 20 世纪 90 年代初，由"以乡镇为主"的农村义务教育管理体制才逐步建立。同样，由"以乡镇为主"转变为"以县为主"，虽然不是颠覆性的变革，但也涉及到一系列利益上的调整和重新分配，科学合理且稳妥地处理好这些问题都需要时间、需要过程。

5.3 基础教育城市偏向制度的政治经济学解释

针对发展中国家普遍存在的城市偏向现象，国内外许多学者
（Lipton，1977；Oates，1981；蔡昉、杨涛，2000；楚成亚、刘祥
军，2002）都提出了自己的主张，其中从政治权力的角度进行分析
成为众多学者的共同特征。笔者这里接受蔡昉和杨涛（2000）对城
乡居民收入差距的政治经济学解释模型，提出一个关于基础教育城
市偏向制度的政治压力假说。

笔者认为，在一个开放的、能有效回应社会利益集团压力的政
治系统中①，各个利益集团的政治压力对比在很大程度上决定了政
策的走向。自1958年户口登记制度实施以来，城市与农村在多年
的社会经济发展中逐渐形成了两大利益集团。出于维持或扩大自身
利益的原因，城市集团或农村集团必然会对政府施加政治压力，在
其他因素和条件不变的情况下，两大集团的力量对比就直接决定了
政策是偏向城市，偏向农村，或是城乡协调发展。

关于施加政治压力的方式，城市集团大多通过正式的对人大代表
或党代表游说劝说的形式；而农村集团则不仅通过正式的对党代表或
人大代表的游说，还通过上访、诉诸媒体等非正式途径来施加影响。

但遗憾的是，中国城乡政治代表的力量对比自产生之日起就是
不平等的。在全国人大代表的名额分配上，1953年《选举法》规
定，农村与城市之间，每个代表所代表的人口数与全国人大代表的
比例8∶1。此后，该比例历经1979年《选举法》、1982年《选举
法》和1986年《选举法》一直保持不变，直到1995年《选举法》
才将该比例调整为4∶1，并沿用至今。这种制度安排造成农民所占
的份额与其有80％多数人口的事实极不相称。但是，即使按照这个
标准，农民代表的实际名额还是远远低于他们所应得到的代表名额

---

① 尽管部分学者对是否存在一个"有效"的政治系统尚存一些争论（楚成亚、刘
祥军，2002），但客观地说，中国已经存在一个能回应利益集团压力的政治系统。

（见表5-4）。从而造成在历届全国人大代表名额中，农民代表比例一直严重偏低（见表5-5、5-6）。

表5-4　　　　　　改革开放以来历届全国人大中

农民应选与实选代表情况　　　　单位：人

项目	六届全国人大	七届全国人大	八届全国人大	九届全国人大	十届全国人大
代表总数	2 978	2 970	2 978	2 981	2 985
应选农民代表	668	680	708	876	815
实选农民代表	348	321	280	240	251
实选占应选比例%	53.7	50.5	35.9	27.4	30.8

注：人口数是根据《中国人口统计年鉴》选举年的上一年年末人口数。

第六、七、八届全国人大代表选举中，规定按照每120万农村人口选举1名全国人大代表；第九、十届则是按照每96万农村人口选举1名全国人大代表。

资料来源：张富良：《完善人民代表大会制度保障农民民主政治权利》，载《人大研究》，2004年第10期，第22~27页。

表5-5　　　　　各种身份在全国人大代表中的比例　　　　单位：%

年份	工人	农民	军人	干部	知识分子	归国华侨	其他
1977~1981	26.74	20.59	14.38	13.38	14.96	1.00	8.95
1983~1987	14.88	11.69	8.97	21.35	23.54	1.34	18.23
1988~1990	NA	23.03*	8.99	24.68	23.47	1.65	18.18
1993	11.15	9.40	8.97	28.27	21.79	1.21	19.21
1996~1999	10.84	8.06	9.00	33.17	21.08	1.24	16.61

注：*农民与工人共占代表的23.03%。NA表示无资料。

资料来源：刘智、史卫民、周晓东：《数据选举：人大代表选举统计研究》，中国社会科学出版社2001年版，第348~366页。

表5-6　　　　　　农民在各级人大代表中的比例　　　　单位：%

年份	全国	省	市	县	乡
1977~1981	20.59	20.19	NA	49.26	53.20
1983~1987	11.69	13.30	NA	40.60	63.77
1988~1990	23.03*	11.97	17.73	41.16	72.65
1993	9.40	11.89	17.29	40.87	70.93
1996~1999	8.06	10.47	17.76	37.28	71.5

注：*农民与工人共占代表的23.03%。NA表示无资料。

资料来源：同表5-5。

如此悬殊的城乡人大代表比例，造成了事实上农村集团在与城市集团的政治势力对比中明显处于劣势地位。另外，考虑到农民代表中相当一部分文化水平不高，又都不是专职的代表，他们履行参政的能力较差，其在人民代表大会召开期间更多地发挥了仪式性、形式性的职能。而且，由于农村较之城市更为分散，各地的农村情况又千差万别，因此，农村集团很难形成一个整体的合力，在有关城乡政策的讨论时，很难形成针对城市集团的较大政治压力，从而不可避免地出现了城市偏向的制度安排。

当然，除了这种正式的表达政治观点的途径，更多的农民往往选择一些非正式的途径，比如上访，或投书媒体，希望通过这种途径来解决自己所遭遇的不公。但客观地说，上访未必是解决问题的有效渠道，出于科层制度自身运行的要求，上访的请求一般都会被打回问题的原地，由当地政府负责解决。因此大部分的上访在消耗巨额的上访成本后，并不能达到预期的效果，对于城乡差异的现实更是无力改变。

但是，随着"三农问题"的日渐突出，许多学者、官员、媒体一方面出于对社会问题的关注，另一方面也出于对农民的同情，开始了对"三农问题"深入系统的研究和探讨，形成了许多有影响力的成果，涌现了一批知名的"三农问题"专家，他们成为城市内的农村集团代表。虽然人数不多，但他们却同样具有较强的政治影响力。这些专家、学者的一些研究成果，直接得到了政府高层领导的重视和批示，许多还直接转化成为了政策，于是，也就有了2000年之后的农村税费改革。

第6章

城乡基础教育差异的效应分析

城乡基础教育的供给差异对我国的社会经济生活产生了一系列重要的影响，不仅造成了城乡居民人力资本存量的差别，而且还影响了城乡之间的收入分配格局，以及农村劳动力向城市转移的形式与进程。

6.1 人力资本存量效应

这里笔者所说的人力资本存量效应主要是指基础教育差异对城乡居民人力资本存量的影响。根据教育的投入产出理论，在其他条件一定的情况下，基础教育办学条件的差异势必会造成城乡之间教育质量的不同，而不同的教育质量又会进一步影响到城乡居民能否接受更高级的教育，以及最终所接受的最高教育的水平状况，从而造成城乡居民个人人力资本存量的差异。

6.1.1 城乡基础教育差异对教育质量的影响

与城市相比，农村的基础教育质量，不仅在学生毕业升学率，还是在学生综合素质等方面都略逊一筹。首先，尽管我们国家一直在强调要从应试教育转向素质教育，但笔者认为，在目前阶段，在尚无其他更科学的考核指标和办法的情况下，升学率的水平状况仍是衡量城乡基础教育质量的一个十分重要的指标。

表6-1反映的是1996~2004年间中国城乡小学与初中毕业升学率的比较情况。从中可以看出，第一，升学率水平在逐年提高。一方面，从办学层次上看，不论是全国的平均水平，还是城市或农村地区的单独纵向比较，都有较大程度的提高。另一方面，从内容上看，不论是小学毕业升初中率，还是初中毕业升高中率，也都有显著的变化，2004年与1996年相比，全国水平分别提高了6.29个和17.61个百分点。第二，小学毕业升初中率的城乡差距较小，但差距在不断扩大。1996年二者相差15.65个百分点，到2004年二者相差扩大到19.98个百分点。第三，初中毕业升高中率的城乡差距较大，且差距拉大速度惊人。1996年，二者相差26.78个百分点，到2004年差距就扩大到58.24个百分点，其速度之快，不能不令人十分惊讶。之所以会出现这种差距不断拉大的趋势，直接的原因在于城乡升学率提高的速度差异，以初中毕业升高中率为例，由于城市中集中了大量的优质教师资源、良好的办学条件以及部分优秀的学生群体，故其升学率能迅速由1996年的44.09%提高到2004年的80.69%，而与之相反，由于农村学校中不能提供优质的办学条件与师资，学生的升学率尽管有所提高，但2004年仅比1996年提高了5个多百分点，明显不能与城市相比。

表6-1 1996~2004年全国小学毕业升学率与初中毕业升学率 单位：%

年份	小学毕业升初中率			初中毕业升高中率		
	全国	城市*	农村**	全国	城市*	农村**
1996	91.04	104.48	88.83	22.07	44.09	17.31
1997	92.12	104.16	90.22	22.37	44.90	17.27
1998	92.63	104.71	90.68	22.75	47.25	17.26
1999	92.91	104.90	90.92	24.93	55.38	18.58
2000	93.56	106.48	91.39	29.41	66.71	15.66
2001	94.20	110.60	91.62	32.69	70.62	16.91
2002	95.76	111.87	93.18	36.00	74.24	17.69

续表

年份	小学毕业升初中率			初中毕业升高中率		
	全国	城市*	农村**	全国	城市*	农村**
2003	96.80	112.95	94.17	37.69	77.35	19.59
2004	97.33	114.75	94.77	39.68	80.69	22.45

注：（1）小学毕业升初中率＝当年小学毕业人数÷当年初中招生数×100%。

（2）初中毕业升高中率＝当年初中毕业人数÷当年高中招生数×100%。

*由于城市中也招收部分来自农村和县镇的学生，因此，当年招收的初中生可能会大于当年城市毕业的小学生数，从而出现升学率大于100%的情形。

**由于统计资料中只有城市、县镇与农村的三分法，考虑到中国的县镇招收大量的农村地区的学生，因此，在计算时如果仍沿用三分法，则县镇的升学率畸高（有时甚至达到150%），而农村的数值畸低（有时甚至还不到10%），不符合常识，故这里计算时采用二分法，将县镇与农村合并计算表示农村的相关升学率。

资料来源：根据《中国统计年鉴》1997~2005年各年计算而得。

其次，城乡基础教育的差异还对学生的综合素质以及学生的学习兴趣造成了一定的影响。尽管社会需求呈现多元化的趋势，但笔者认为，基础教育的目标应在于适应居民终身学习的需要，重在培养学生的学习兴趣，教育学生一些基础知识、基本技能与基础素质，即不仅仅是培养、教育学生升入高一级学校继续深造，还应包括其他重要的方面，如培养学生拥有健康的身体、健全的人格、良好的心理素质，积极向上的学习态度以及一定的个人特长等。因此，在国家推行的基础教育课程改革计划中，传统学科课程的比重有所降低，如语文由原来的24%降至20%~22%，数学则由原来的16%降至13%~15%，而其他一些能提高学生素质全面发展的课程则逐渐被引入或提高比重，如融合社会、自然、科学、音乐、美术、体育等多门学科的综合课程逐渐在一些学校开设。但由于办学条件（见4.4）及认识水平等原因的限制，这些素质教育课程的改革都是在城市学校进行。相对于城市而言，农村学校一方面缺少足够的师资、设备、教室等条件开设这些有助于提高学生素质的课程，另一方面，农村学校的教育目标没有转变，仍以"应试"为主，其目的就是升学率，帮助学生摆脱跳出农村这个生活圈子。因此，在农村，学校以及学生完全被升学率这个"紧箍咒"所禁锢，一切不利于升学的课程都尽量被压缩，甚至不予开设，这样一来，即使是那些能够升入高一级学校的农村学生，与城市相比，尽管考试成绩比较优秀，但综合素质却差许多；而对于大部分的农村学生来说，由于升学无望，这种应试教育严重影响了学生的积极性与主动性，从而引发学生厌学情绪的增长，学生辍学的情况时有发生，且较之以前有所反弹。

根据全国教育科学"十五"规划国家重点课题——"转型期中国重大教育政策的案例研究"课题组对辽宁、吉林、黑龙江、河南、山东、湖北等6省14县的17所农村初级中学进行的调查显示，目前中国农村仍存在着严重的辍学现象。被调查的17所农村初中学校，辍学率参差不齐，差异性较大，最高的为74.37%，平均辍学率约为43%，大大超过了"普九"关于把农村初中辍学率控制在3%以内的要求。在不少地方存在着初一3个班、初二2个班、初三1个班的情况。①

教育质量差是学生厌学并辍学的主要原因。该课题组的调查统计表明，有53%的学生辍学是由于教育质量不高、缺乏学习兴趣而导致的厌学。由于农村学校应试教育的压力较大，有不少乡镇，为了追求升学率、降低统计报表中的辍学率，将升学有望的学生单独组成班级，其余的组成职业技术班，虽可以保证学生拿到毕业证书，但实际上就是让其放任自流。而且，由于考试内容是城乡统一的，在考试科目的教学安排上就要与城市一致，非考试科目、但有助于提高学生素质的课程既没有能力开设，也没有动力开设，因此，教学中以主科为主，音体美活动很少甚至不开的现象十分常见。学生在学校里处处受到限制，学习内容又与农村的实际生活严重脱节，从学习中得不到乐趣，就逐渐失去了对学习的兴趣。因此，在初二年级，学生辍学的现象十分普遍，因为此时能否考入高中已基本明朗，学习内容又基本不实用，学生厌学的情绪也最严重，在这种情况下，大部分学生选择了自动失学，而一些农村家长，面对考试成绩，也认为孩子升学无望，还不如让其回家种地，

---

① 原春琳、谢湘：《抽样调查17所农村中学显示初中平均辍学率达43%》，载《中国青年报》，2005年6月27日。

或学点手艺，闯荡社会，打工挣钱。

6.1.2　人力资本存量效应的计量分析

6.1.2.1　城乡基础教育差异对居民人力资本存量的影响

常用的衡量人力资本存量的指标是居民的平均受教育年限。通过下面的分析我们可以发现，基础教育的差异对我国城乡居民的平均受教育年限的差异产生了重要的作用。

首先，城乡基础教育的差异直接造成了青少年平均受教育年限的差别。考虑到我国国民教育制度的特殊国情，14~17 岁之间的青少年应该是刚刚接受完法定的义务教育，因而这一群体的平均受教育状况可以直接反映我国基础教育的质量。

表 6-2 是根据第 3~5 次人口普查整理的 14~17 岁青少年的平均受教育年限，从中可以得出两点基本结论。第一，从平均受教育年限的数量比较上看，农村一般要低于县镇 1~2 年，而县镇要低于城市约 1 年，农村地区的平均受教育年限一直都是低于全国平均水平，而且，这一格局从 1982 年的第 3 次人口普查，到 2000 年的第 5 次人口普查一直保持不变。第二，从变化趋势上看，农村与县镇、县镇与城市之间的差距在逐渐缩小。在第 3 次人口普查的 1982 年，农村居民平均受教育年限比县镇低 1.91 年，而县镇要比城市低 0.61 年，而到了第 5 次普查的 2000 年，农村比县镇的差距缩小到 1.2 年，县镇与城市的差距也相应缩小到 0.55 年。这一点也可以从增长速度的比较中得到验证，在第 3 次普查到第 5 次普查期间，农村地区的青少年平均受教育年限的增长速度达到了 23.84%，不仅超过了县镇的增速（10.65%），更是大大超过了城市里的增速（9.32%）。

表 6 - 2　　　　　　　第 3 ~ 5 次人口普查时 14 ~ 17 岁

人口平均受教育年限　　　　　　　单位：年

年份	城市（年）	县镇（年）	农村（年）	总计（年）
1982 年	9.44	8.83	6.92	7.22
1990 年	9.53	9.11	7.16	7.53
2000 年	10.32	9.77	8.57	9.11
增长速度%*	9.32	10.65	23.84	26.18

注：*指 1982 ~ 2000 年中国城乡青少年的平均受教育年限增长速度。

资料来源：1982 年、1990 年和 2000 年人口普查抽样数据。转引自蔡昉：《中国人口与劳动问题报告 No5（2004）》，社会科学文献出版社 2005 年版，第 136 页。

其次，城乡基础教育的差异最终会在劳动力的平均受教育年限中得到反映。众所周知，劳动力的数量和质量都会对经济的增长状况产生重要的影响，特别是在人类迈入 21 世纪以后，随着科技水平重要性的日益显现，对劳动力的质量要求也越来越提高，而劳动力质量的一个最重要体现就是其平均受教育年限的状况。尽管近几年随着高校招生规模的扩张，我国的大专以上学历人口的比重日渐提高，但我国整体劳动力的素质仍然较低，平均受教育年限也仅有 8.5 年，[①] 而且在这整体较低水平的背后，还存在着巨大的城乡差异（见表 6 - 3）。

表 6 - 3　　　　城乡 15 ~ 64 岁各种受教育水平人口比重及

人均受教育年限情况　　　　　　　单位：%

	未上过学和扫盲班	小学	初中	高中	大专及以上		人均受教育年限/年
						其中：本科及以上	
城市	2.49	14.34	39.98	29.22	13.97	5.49	10.20
县镇	4.20	21.37	44.31	23.79	6.33	1.27	9.14
农村	8.74	38.88	43.92	7.75	0.71	0.10	7.33

资料来源：全国第五次人口普查资料。

---

① 《教育部：中国 15 岁以上人口平均受教育年限 8.5 年》，http：//news. sina. com. cn/c/edu/2006 - 08 - 17/10329774793s. shtml。

表6-3、图6-1是根据第5次全国人口普查数据绘制的15～64岁各种受教育水平人口比重及平均教育年限情况。从中可以看出，城乡劳动力平均受年限的比较与青少年的情况基本类似。2000年，中国城市居民的平均受教育年限要比县镇居民多1年，比农村居民约多3年。而从各种受教育人口的比重情况看，具有初中学历者的比例都是各地区中的最高者，除此之外，农村居民以小学和初中学历为主，分别为38.88%和43.92%，具有中小学学历者占到了农村人口的80%以上，达到82.80%；县镇居民以初中为主（占44.31%），高中比例（23.79%）比农村提高了16个百分点，超过小学（21.37%）居第二位；城市居民虽同样以初中（39.98%）和高中（29.22%）为主，但大专以上比例迅速提高，达到13.97%，特别是本科以上人口比重达到5.49%，远超过县镇的1.27%和农村的0.10%，说明高学历人口仍主要集中在城市。再者，从未上学比例看，农村是县镇的2倍多，而县镇又是城市的1.5倍多，这与文盲率的城乡差异基本一致（关于城乡文盲率的比较见4.3.2）。

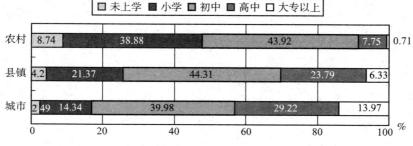

图6-1 2000年中国城乡15～64岁各种受教育人口比重
资料来源：全国第五次人口普查资料。

最后，城乡居民平均受教育年限的差异同样还具有地区色彩。中国疆域辽阔的现实决定了各地区的情况肯定存在一些差异，不同地区城乡基础教育的差异必然导致不同的教育质量差异，从而造成不同的城乡居民平均受教育年限差异。

图 6－2 说明的是 2004 年全国不同省区城乡 6 岁以上居民的平均受教育年限情况。从中可以看出，城乡差异的情况同前文基本一致，各省的农村地区居民平均受教育年限要低于县镇居民 1～2 年，而县镇居民又低于城市居民 1～2 年。但同时，我们还可以看出，不同地区城乡差别的程度又各有不同，相对于内陆地区而言，沿海地区的城乡差别要更为小一些，这充分说明不同地区的特殊因素会对城乡居民受教育年限差异的程度产生不同的影响，这将会在下面的计量分析中得到验证。

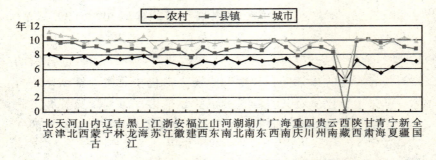

图 6－2 2004 年全国各省区城乡居民平均受教育年限

注：由于统计资料中没有西藏自治区的相关县镇资料，故其数值迅速下降为零。
资料来源：《中国统计年鉴》（2005）。

6.1.2.2 模型设定

如果将基础教育看做一个产业，则其同样存在投入产出的问题。因此，笔者假定基础教育的产出与投入之间存在如下关系：

$$H = f(A, F) \qquad (6-1)$$

其中，H 可以看作基础教育的结果，A 表示其他环境因素（如家庭背景、社会关系等），F 表示基础教育的资金投入。

已有的研究都表明，无论是社会环境因素还是资金投入因素，都对基础教育发展起到十分重要的作用。但笔者这里所主要考虑的是资金投入对基础教育结果的影响，因此，笔者将社会环境的因素忽略掉，并假设资金投入与基础教育结果之间存在如下线性关系：

$$H = \alpha + \beta F \tag{6-2}$$

再考虑到中国的城乡分治情形，我们就得到：

$$\begin{cases} H_u = \alpha_u + \beta_u F_u \\ H_r = \alpha_r + \beta_r F_r \end{cases} \tag{6-3}$$

其中，下标 u，r 分别表示城市与农村。

将二者相比，我们就得到：

$$\frac{H_u}{H_r} = \frac{\alpha_u}{\alpha_r} + \frac{\beta_u F_u}{\beta_r F_r} \tag{6-4}$$

令 $\text{HRatio} = \dfrac{H_u}{H_r}$，$\text{FRatio} = \dfrac{F_u}{F_r}$，并对（6-4）式两边取对数，得到：

$$\text{HRatio} = \alpha + \beta \text{FRatio} \tag{6-5}$$

其中，被解释变量 HRatio 表示城乡基础教育的结果差异，笔者用城乡人力资本存量的差异，即城乡居民平均受教育年限的比值来衡量；解释变量 FRatio 表示城乡基础教育的经费差异状况，笔者用城乡生均基础教育经费支出的比值来衡量。另外，为反映地区之间差异对人力资本存量差异的影响，笔者还引入地区虚拟变量 D，该虚拟变量并没有按照通常的东中西部地区取值，而是采用了国家在推行义务教育"普九"工程中经常采用的"三片"划分的方法，即按照经济发展水平和地理位置的不同，将全国分为三片，其中 D1 指"一片"地区，D2 指"二片"地区。由此得到如下回归模型：

$$\text{LnHRatio} = \alpha + \beta_0 \text{LnFRatio} + \beta_1 D1 + \beta_2 D2 + \varepsilon \tag{6-6}$$

6.1.2.3　数据说明

考虑到数据的可获得性，笔者选取了 2004 年 30 个省、直辖市、自治区（不含西藏自治区）[①] 的横截面数据进行计量分析。所有相关数据除特别说明外，均来自《中国教育经费统计年鉴》（2005）、《中

---

① 由于无法获得西藏自治区农村初中的相关经费数，故只好分析其他 30 个省区的情况。

国教育统计年鉴》（2005）及《中国统计年鉴》（2005）。

主要变量说明及描述性统计见表6－4，各变量的基础数据见附表10。

表6－4   **主要变量说明及描述性统计**

变量名称及说明	数据点	均值	最大值	最小值
城市居民平均受教育年限（H_u）	30	9.6114	11.2461	8.5378
农村居民平均受教育年限（H_r）	30	7.0052	8.1221	5.3735
城乡人力资本存量差异（HRatio）	30	1.3799	1.7159	1.2267
城市基础教育生均经费支出（F_u）	30	2.4150	10.0824	1.0594
农村基础教育生均经费支出（F_r）	30	1.8281	6.9352	0.7762
城乡基础教育生均经费差异（FRatio）	30	1.2849	1.7388	0.7408
"一片"地区（D1）	9	北京、天津、上海、广州、江苏、浙江、山东、辽宁、吉林取值1，其他地区为0		
"二片"地区（D2）	13	河北、陕西、黑龙江、安徽、福建、江西、河南、湖北、湖南、四川、重庆、海南、山西取值1，其他地区为0		

资料来源：根据 Eviews 计算而得。

6.1.2.4 回归分析

用 Eview4.0 计量分析软件，利用 OLS 回归方法，得到如下的回归结果（见表6－5）。

表6－5   **回归分析结果**

变量	系数
LnFRatio	0.089498 * (0.051905)
D1	－ 0.161674 ** (0.030727)
D2	－ 0.145922 ** (0.026738)
C	0.409824 ** (0.021252)
R^2	0.581041
$Adj - R^2$	0.532700
D－W 统计量	1.632209
F－统计量	12.01954

注：括号内为回归系数的标准误。* 表示在10%的水平下显著，** 表示在1%的水平下显著。

从表6-5的回归结果来看，回归方程的调整 R^2 达到53.27%，这对一个横截面数据模型来说已是十分难得，而且除 LnRatio 的回归系数在10%的水平下通过显著性检验以外，其他回归系数都在1%的显著性水平下通过检验。另外，从模型的残差图来看（见图6-3），回归方程较好地拟合数据的变化趋势，这充分表明，该模型还是可以接受的。

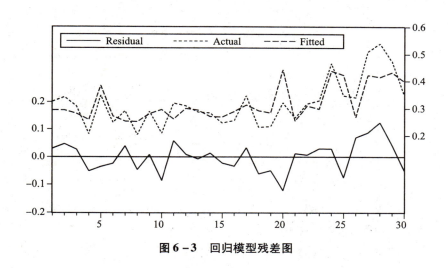

图6-3 回归模型残差图

由此，我们得到如下回归方程：

$$LnHRatio = 0.4098 + 0.0895LnFRatio - 0.1617D1 - 0.1459D2$$

$$(6-7)$$

也即，对"一片"地区来说：

$$LnHRatio = 0.2481 + 0.0895LnFRatio \qquad (6-8)$$

对"二片"地区来说：

$$LnHRatio = 0.2639 + 0.0895LnFRatio \qquad (6-9)$$

对"三片"地区来说：

$$LnHRatio = 0.4098 + 0.0895LnFRatio \qquad (6-10)$$

从该模型的回归结果，我们可以得出如下两点结论。

第一，城乡基础教育生均经费的差异确实对城乡人力资本的存量差异有显著性影响。本书第 4 章对城乡基础教育的供给差异进行了全面的分析，但笔者认为，最能体现城乡基础教育差异的当属城乡生均经费的差异，在中国目前的义务教育体制下，城乡生均经费的差异在很大程度上决定了城乡办学条件乃至教育质量的差异。这一点也可以从方程（6－8）、（6－9）、（6－10）中清楚地得到反映，根据回归结果显示，城乡居民人力资本差异对城乡生均基础教育经费差异的弹性为 0.0895，即城乡生均教育经费差距每扩大 1%，城乡居民人力资本存量的差异就相应扩大 0.0895%。

第二，城乡人力资本存量的差异也还存在明显的地区色彩。我国地域辽阔，地区与地区之间千差万别，不同的地区属性必然会对城乡人力资本的差异产生不同的影响。从回归结果来看，"一片"、"二片"地区与城乡居民人力资本存量的差异负相关，而"三片"地区则与之正相关。这主要是因为，从区域划分上，"一片"和"二片"地区基本都处于我国的中东部地区，而"三片"地区则主要集中在西部的落后地区，以及少数民族聚居的地区。因此，相对于"一片"和"二片"地区而言，"三片"地区的经济发达程度与财源丰裕程度都较差，财政促进本地基础教育平衡发展的能力也就相对较弱；而且，这些"三片"地区的省份大多地广人稀，交通不便，再加上多民族聚居，从而造成基础教育的运行成本较高。这样一来，基础教育需求大与政府财力不足的矛盾必然会造成基础教育城乡差异悬殊的局面，而这也就进一步影响到了"三片"地区的城乡居民人力资本的存量差异。

6.2　收入分配效应

实际上，如果我们把城市、县镇与农村居民的多样性及差异化属性忽略掉，只考虑其受教育的状况，并将城乡居民标准化为一个个"平均"的居民，则可以看到，在目前阶段，这些"标准化"居民的学历水平实际上只处在基础教育阶段上下。而根据有关收入分配的人力资本理论，居民的受教育程度和分布状况必然会影响收入的分配状况。因此，以这个标准化的居民为基础，我们就可以考察城乡基础教育差异对收入分配的影响。

6.2.1　模型设定

经典的明塞尔收入方程（Mincer Earning Function）在一系列严格的假定下推导了个人收入与其教育、工作经验及其平方间的线性关系。大多数研究收入分配的经验文献都是基于对该模型的线性回归，分析了各种因素对收入分配的影响程度。考虑到本书所使用的数据是宏观横截面数据，故不适合采用明塞尔收入方程，需要重新设定收入与人力资本之间的关系。这里，笔者借鉴了张海峰（2006）的研究思路，采用一个类似于内生增长模型形式的收入函数。

从 2004 年城乡居民的收入构成看，工资性收入和经营性收入是主要的收入来源，但在城乡又各有侧重，其中城镇居民以工资性收入为主（70.62%），而农村居民则以经营性收入为主（59.45%），工资收入与经营收入二者联合占到了城镇居民收入的 75%、农村居民收入的 90% 以上。与之相对的是，财产性和转移性收入的比重不高，在城镇只占到约 1/4，而在农村则仅有 6.54%（见表 6-6）。

表 6-6　　　　　　　　2004 年城乡居民收入及来源比例

项　　目	城镇居民	比例（%）	农村居民	比例（%）
人均年收入/纯收入（元）	10 128.51	100.00	2 936.40	100.00
其中：工薪收入（元）	7 152.76	70.62	998.46	34.00
经营净收入（元）	493.87	4.88	1 745.79	59.45
转移性和财产性收入（元）	2 481.88	24.50	192.15	6.54

资料来源：国家统计局：《中国统计年鉴》（2005），中国统计出版社 2005 年版。

基于此，笔者假定，居民的可支配收入（或纯收入）主要是劳动所得，即收入（Y）是劳动投入（P）的函数：

$$Y = Af(P) \qquad (6-11)$$

其中 A 表示其他方面对居民收入的影响。根据已有的研究成果，劳动力的人力资本存量对劳动生产率具有积极的影响，并具有正的外部效应。因此，参考卢卡斯的内生增长模型，笔者这里假定，劳动投入（P）是劳动数量（L）与质量（H）的函数，并把 P 简单地设定为：

$$P(H, L) = H \times L \qquad (6-12)$$

其中，H 表示人力资本存量，L 表示劳动力数量。一般认为，简单劳动的边际生产率是递减的，因此，（6-11）式的具体函数形式可表示为：

$$Y = A(H \times L)^{\alpha} H^{\gamma} \qquad (6-13)$$

其中，α、γ 为参数，且 $\alpha < 1$，H^{γ} 表示人力资本的外溢效应。两边都除以劳动力数量 L，得到：

$$y = AH^{\alpha+\gamma} L^{\alpha-1} \qquad (6-14)$$

该式左边为人均收入水平。进一步，将城乡变量分别代入，并相比就可以得到：

$$\frac{y_u}{y_r} = \frac{A_u}{A_r} \times \frac{H_u^{\alpha+\gamma} L_u^{\alpha-1}}{H_r^{\alpha+\gamma} L_r^{\alpha-1}} = \frac{A_u}{A_r} \times \frac{H_u^{\alpha+\gamma}}{H_r^{\alpha+\gamma}} \times \frac{L_u^{\alpha-1}}{L_r^{\alpha-1}} \qquad (6-15)$$

其中，下标 u、r 分别表示城镇和农村。令 $yRatio = \frac{y_u}{y_r}$，$LRatio = \frac{L_u}{L_r}$，$a_0 = \frac{A_u}{A_r}$，$HRatio = \frac{H_u}{H_r}$，对（6-15）式两边取对数，得到：

$$Ln(yRatio) = a_0 + (\alpha+\gamma) Ln(HRatio) + (\alpha-1) Ln(LRatio)$$

$$(6-16)$$

由此，就可以得到基本的回归模型：

$$Ln(yRatio) = \alpha_0 + \beta_1 Ln(HRatio) + \beta_2 Ln(LRatio) + \varepsilon$$

$$(6-17)$$

6.2.2 数据说明

根据前文的定义，（6-17）式中的被解释变量 yRatio 是城乡居民收入的比值，笔者用全国 31 个省区城镇居民可支配收入与农村人均纯收入的比值来表示；解释变量 HRatio 表示城乡人力资本的比值，笔者用 6 岁以上城镇与农村居民的平均受教育年限来表示，在具体计算时，将不识字或识字很少、小学、初中、高中以及大专以上学历居民的受教育年限分别用 0、6、9、12 和 16 年表示，由于统计资料中将城市、县镇与农村分列，考虑到与收入对比的一致性，笔者将城市与县镇数据合并计算为城镇居民的平均受教育年限，以便与农村居民的平均受教育年限相对比。另一个解释变量 LRatio 表示城乡劳动力数量的比值，笔者用当年底按城乡分的就业人数的比值表示。

另外，考虑到教育仅是影响居民收入分配的一个因素，产业结构的变动、私人部门经济的活跃程度等都会对收入分配的结果产生重要的影响。因此，为全面测度收入分配差异的原因，笔者还另外选取了不同省区第三产业比重（indus3）这个指标进行分析。

由于无法获得较长时期中国城乡教育差距的时序资料，笔者选取 2004 年全国 31 个省（直辖市、自治区）的横截面数据进行分析。所有数据除特别说明外，均来自《中国教育统计年鉴》（2005）、《中国统计年鉴》（2005）。

主要变量说明及描述性统计见表 6－7，各变量的基础数据见附表 11。

表 6－7 　　　　　　　　**主要变量说明及描述性统计**

变量名称及说明	数据点	均值	最大值	最小值
城镇居民可支配收入（y_u）	31	9 204.35	16 682.82	7 217.87
农民人均纯收入（y_r）	31	3 161.4	7 066.33	1 721.55
城乡居民收入差距（yRatio）	31	3.11	4.89	2.20
城镇居民平均受教育年限（H_u）	31	9.45	11.25	4.61
农村居民平均受教育年限（H_r）	31	6.92	6.92	4.31
城乡受教育年限比（HRatio）	31	1.37	1.72	1.07
城乡劳动力数量比（LRatio）	31	0.59	4.22	0.14
第三产业比重（indus3）	31	0.37	0.60	0.29

资料来源：根据 Eviews4.0 计算而得。

关于 LnHRatio、LnLRatio 与 LnyRatio 的趋势变化情形，见图 6 - 4。

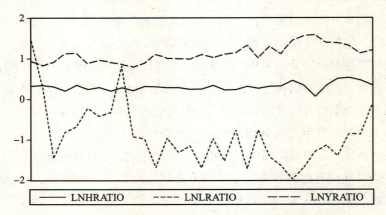

图 6 - 4　LnHRatio、LnLRatio 与 LnyRatio 的趋势变化图

6.2.3　回归分析

基于方程（6 - 17），运用 Evies4.0 计量分析软件，用 OLS 回归分析方法，得到回归方程 1。见表 6 - 8。

表 6 - 8　　　　　　　方程（6 - 17）的回归结果

解释变量	回归方程 1	回归方程 2
LnHRatio	0.468230 （0.349100）	0.615005 * （0.320708）
LnLRatio	− 0.144619 （0.043262）	− 0.215518 ** （0.047265）
indus3		1.532317 *** （0.572065）
C	0.835782 （0.117144）	0.151825 （0.276485）
R^2	0.328278	0.469302
Adj − R^2	0.280298	0.410335

注：括号内给出的是回归系数的标准误。* 表示 10% 的显著性水平，** 表示 1% 的显著性水平，*** 表示 5% 的显著性水平。

从回归方程 1 中可以看出，城乡教育差距与劳动力差距的系数都在1%的水平上显著，且城乡居民的收入差距与城乡教育差距呈正相关，与劳动力的城乡对比呈负相关关系。

随后，笔者继续向模型增添新的变量。将第三产业比重（indus3）变量引入，得到回归方程2。从方程2的结果上看，拟合优度达到46.93%，较方程1有了很大程度提高，而且，从方程的残差图中也可以看出，回归方程2的残差较好地拟合了变量的变化趋势，故该回归方程可以接受（见图6-5）。

由此，我们得到如下回归模型：

$$LnyRatio = 0.6150LnHRatio - 0.2155LnLRatio + 1.5323indus3 + 0.1518$$

进一步得到：

$$yRatio = HRatio^{0.6150} \cdot LRatio^{-0.2155} \cdot e^{1.5323indus3 + 0.1518} \quad (6-18)$$

由上述回归结果可以得出如下结论：

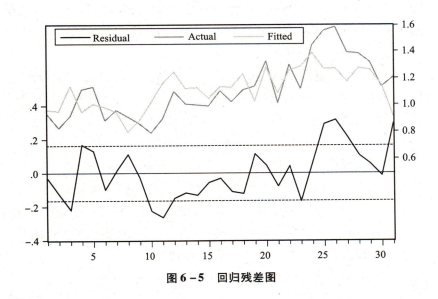

图6-5　回归残差图

第一，城乡基础教育差距对城乡居民收入差距有显著性的影响，二者呈明显正相关关系。当然，这也与国内外其他学者的研究结论基本上一致。根据人力资本理论，教育是提高人力资本的主要手段，教育的质量水平、受教育年限的长短直接决定了人力资本的规模和水平；而在劳动力充分自由流动和完全竞争的条件下，人力资本的规模大小又在很大程度上决定了居民收入水平的高低。因此，尽管目前中国劳动力的流动还存在许多障碍，个人的收入水平并不能完全反映其个人人力资本的存量和水平，但通过回归方程2，我们发现，城乡基础教育的差距确实可以在很大程度上影响到了城乡居民收入水平的差距，如不考虑其他因素的影响，城乡教育差距每提高1%，则城乡的收入差距就会被拉大0.62%。

第二，城乡收入差距与城乡劳动力的数量成反比，这一点，无论是方程1还是方程2都给出了相同的结论。这说明，与城市居民相比，尽管农村的整体劳动力数量占据优势，但由于教育的差异，使得这种数量上的优势并未转化成收入方面的优势，反而成为提高农民收入水平的一大障碍。同时，这也验证了张海峰（2006）关于城市化可以缩小城乡差距的观点。因此，如何提高实现这庞大规模农村劳动力从农业部门到城市部门的转移，并提高其素质就成为提高其收入水平的关键和难点。

第三，城乡居民收入差距与第三产业比重呈正相关，第三产业比重越高，城乡居民的收入差距越大。世界各国的经济发展经验表明，经济发展的重要体现之一便是第三产业比例的上升。而库兹涅茨在1955年提出的收入分配倒U型假说的主要内容就是，发展中国家的收入分配往往会随着经济发展水平的提高出现先扩大后缩小的变化趋势。从回归方程可以得知，作为衡量经济发展结果的重要指标——第三产业比重与城乡居民收入差距呈正相关，这无疑可以从一个侧面证明库兹涅茨倒U型的存在，当然，从结果中也可以看出，目前我国正处于库兹涅茨倒U型的左边。

6.3 社会流动效应

社会流动是指社会成员从一种社会地位或职业地位向另一种社会地位或职业的移动。这种变动可以是从一个社会阶级或阶层向另一个阶级或阶层的转移，也可以是同一阶级或阶层内部在职业或一般活动空间等方面的流动。[①] 因为社会流动通常会导致人们社会地位或职业地位的变化，从而影响了人们对于社会阶级或阶层的划分，因此社会流动又和社会分层紧密联系在一起。

由于教育可以提高个人的人力资本，有助于个人在社会中谋求更好的职位，取得更高的地位，因而对社会流动提供了较强的激励作用。但本部分的分析表明，城乡基础教育差异对城乡间的社会流动产生了一些不利影响，进入初级劳动市场的正式通道变窄，大部分农民只能通过非正式通道进入次级劳动市场谋求工作。

6.3.1 教育、社会地位与城乡社会流动

根据社会学的"先赋性——后致性"经典研究范式，个人社会地位的获得通常受个人社会资本与人力资本的共同影响。前者是先赋的，即个人的社会地位是与生俱来的或自然得到的，如个人会因自己的性别、年龄、种族、家庭背景或所处的社会制度等原因而自然获得某种社会地位；后者是后致的（或言后赋的），即个人的社会地位不是通过先天因素，而是个人通过努力学习和锻炼而获得，如因个人的智力、能力、知识、思想等而获得某种社会地位。

由于个人的地位直接决定了其在社会分层中的位置，因此，社会分层学家认为，如果大多数社会成员在等级有序的阶层结构中获得的社会位置，主要由阶级出身和家庭背景所决定，这个社会就是封闭型社会（或传统型社会），在这种社会中，子女主要继承着父亲的阶级位置，阶级继承是社会成员获得社会地位的主要形式；如果大多数社会成员的阶层位置主要取决于自己后天的努力（如自己学习得到的受教育水平和技术技能等），这个社会就是开放型社会（或现代型社会），在这种社会中，子女的社会地位主要由自己努力取得的人力资本所决定，代内流动是社会成员获得社会地位的主要

---

① 刘豪兴：《社会学概论》，高等教育出版社 2003 年版，第 270 页。

形式。当然，正如许多社会学家已经认识到的那样，任何社会、任何国家在自己历史的具体时点上，都不可能处于完全封闭或完全开放的两极，而可能介于这两极之间的某一点上。也即是说，无论是在封闭型社会，还是在开放型社会，个人获得社会地位的两种途径都会存在，只不过是两种途径所占的比例不同罢了。

根据这种封闭型社会与开放型社会的划分标准，中国似乎更符合封闭型社会的特征。众所周知，尽管中国早已废除了封建等级制度，但却为了迅速实现工业化，在20世纪50年代转而推行了严格的户籍管理制度，在这种制度下，城市与农村被人为地完全割裂开来，城市与农村的社会运行秩序几乎是在完全封闭的状态下运行。家庭出身（如户口性质、政治面貌、阶级成分）等先赋性因素在城乡社会分层中起到了举足轻重的作用。比如，同一个孩子，如果生在城市，拥有非农业户口，就可以接受免费的义务教育，享用良好的办学条件和优秀的师资设施，就有机会升入优秀的高中乃至大学，谋求一份体面的工作，甚至可以成为国家干部，享受免费的医疗保障——这一切都意味着较高的社会地位。同样，其子女也就可以基础教育、升学、就业、医疗、保障等各方面享受到较之农民的许多福利……如此循环往复。而如果生在农村，拥有农业户口，也就意味着不可能享受到城市中的所有福利，教育要自己出钱，生病要自己付费，养老要依靠儿子，就业要依仗土地，因此，大部分的农村孩子只能继承父业，一辈一辈地依靠土地生活，在土地上开始作为农民的代代循环（见图6-6）。

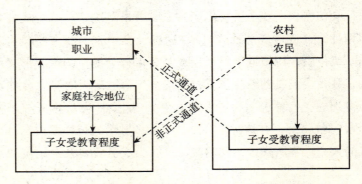

图6-6 教育与城乡社会流动关系示意图

表6-9说明的是城乡居民接受同种教育水平的不同职业分布，这足以说明，城乡之间先赋性因素在决定个人社会地位中的重要作用。

表6-9　　城镇和乡村不同教育水平人口的职业分布　　单位：%

类别	小学及以下		初中		高中或中专		大专及以上	
	城镇	农村	城镇	农村	城镇	农村	城镇	农村
单位负责人和专业人员	1.15	0.14	3.96	0.62	10.86	4.25	29.34	33.17
办事人员和有关人员	2.92	0.18	7.81	0.57	26.20	4.72	50.62	31.17
商业、服务人员	26.88	1.91	46.53	4.83	50.78	9.74	18.75	10.39
生产人员	69.05	97.77	41.70	93.98	12.16	81.29	1.29	25.27
合计	100.00	100.00	100.00	100.00	100.00	100.00	100.00	100.00

注：单位负责人和专业人员是指国家机关、党群组织、企业、事业单位负责人和专业技术人员；生产人员包括农林牧副渔业生产人员、生产运输设备操作人员及有关人员，以及不便分类的其他从业人员。

资料来源：2000年第五次全国人口普查表长表抽样数据。转引自蔡昉主编：《中国人口与劳动问题报告No.5（2004）》，社会科学文献出版社2005年版，第256页。

尽管在户籍管理严格的中国，先赋性的社会资本对个人地位的获得有十分重要的影响，但这并没有否定人力资本个人发展的影响。尽管所占比例很小，但后致性因素确实为个人社会地位的获得、为城乡之间的社会流动开辟了一条通道。[①] 其中，教育是最为重要也是最为公平的一种方式。

只要农民的孩子学习足够优秀、能考入大学，其个人身份就自然发生了转变——由农业户口转变为非农业户口。毕业后，其可以以非农业户口的身份在城市中谋求一份工作，从此开始作为城市人的生活。尽管他改变的只是个人及其后代的命运，对父辈家庭的身

_____

① 在户籍管理制度十分严格的时代，农业人口转变为非农业人口的通道通常只有参军与升学两种。即使是与城市居民联姻，也不能改变其农村户口的身份，根据1977年《公安部关于户口迁移的规定》，"与市、镇职工、居民结婚的农村人口（包括上山下乡知识青年），应在农村参加集体生产劳动，不得迁入市、镇，其子女也应在农村落户。"而在原来的志愿兵兵役制度下，在履行完一定年数的兵役义务后，政府也会负责给其安排一份在城市的工作，其身份也就可以相应地由农民转为"吃公粮"的市民。因此，在农村，许多农民把让其子女参军入伍、转为志愿军也作为实现从农民转变为市民的一条重要途径。

份没有丝毫的影响，但这足以激励数以亿计的农民在教育上的慷慨投资，因为他们深知做农民的辛苦，为使其子女不再重走自己的老路，哪怕这种通道的希望很渺茫，他们也愿意投资，希望通过提高子女的受教育水平，得以跳出"农门"，开始一个作为城市人的教育——职业——社会地位的循环。这也可以从一个侧面解释为什么农村学校大多将升学率看得很重，应试教育在农村仍十分流行的现象。考虑到这种通道是受社会承认的，最简便公平的实现由农民转变为市民的途径，因此，笔者在这里将其命名为正式通道，与之相对应，将不通过该正式通道进入城市工作的途径称为非正式通道（见图6-6）。

6.3.2 城乡基础教育差异对城乡社会流动的影响

根据二元劳动力市场理论，城市中的劳动力市场可以分为初级劳动市场与次级劳动市场，处于不同劳动力市场的就业人员，享有不同的工资水平、福利待遇与晋升机会。与目前中国城乡分治、公私有别的二元社会经济结构相匹配，城乡基础教育的差异使得能够进入初级劳动力市场的正式通道越发狭窄，大部分的农民只能由非正式通道进入次级劳动力市场谋求工作。

6.3.2.1 城乡基础教育差异与正式通道

前面已经分析过，农村地区流向城市的正式通道是目前最公平也是最常见的方式。自20世纪70年代末恢复高考制度以来，无数的农民把升入大学作为摆脱农民身份的主要手段。但是，上述自小学（见表4-3）、初中至高中（见表6-1）阶段城乡入学率与升学率的差距，以及生均经费、办学条件和师资力量等因素造成的教育质量差距逐层累积的结果，与现行高考制度中录取分数线的划分客观上偏向于城市等原因相互联动，最终造成了大学生出生地域向城市集中，农村大学生比例下降的事实。

尽管笔者目前还无法掌握全国性的时序数据资料，但从一些较为微观的调查结果中可以窥见一斑。根据张玉林（2003）委托他人对清华大学与北京大学1990~1999年间农村大学生比例的调查，发现两所全国重点大学中农村大学生的比例一直在降低，到1999年已不足20%（见表6-10）。

表6-10　　　清华大学与北京大学本科生中农村学生比例

年份	清华大学			北京大学		
	招生数（人）	农村学生（人）	比例（%）	招生数（人）	农村学生（人）	比例（%）
1990	1 994	433	21.7			
1991	2 031	385	19.0			
1992	2 080	381	18.3	1 810	403	22.3
1993	2 210	352	15.9	910	168	18.5
1994	2 203	407	18.5			
1995	2 241	451	20.1	2 089	436	20.9
1996	2 298	431	18.8	2 164	425	19.6
1997	2 320	452	19.5	2 211	420	19.0
1998	2 462	510	20.7	2 240	415	18.5
1999	2 663	506	19.0	2 425	396	16.3

资料来源：张玉林：《分级办学制度下的教育资源分配与城乡教育差距——关于教育机会均等问题的政治经济学探讨》，载《中国农村观察》，2003年第1期，第10~22页。

在1999年底，《中国青年报》还曾披露了一份关于中国公民高等教育的报告。报告对北京多所高校2 000余名学生的抽样调查中发现，这些学生里，28%来自北京，30%来自北京以外的城市，24%来自全国各地不出名的城镇，18%（确切数值是17.7%）来自农村。也就是说，城乡大学生的比例分别是82.3%和17.7%。而在20世纪80年代，高校中农村生源还占30%多。对此，我们可以形成这样一个判断，从绝对意义上看，由于近年来高校的扩招，农村孩子上大学的绝对人数没有减少，甚至还有可能增加；但从相对意义上看，农村孩子在大学生源中的比例在明显下降，与1980

年代相比几乎下降了近一半。①

6.3.2.2　城乡基础教育差异与非正式通道

尽管农业科技进步为农业生产率的提高作出了较大的贡献，但中国传统的精耕细作劳动方式已经将土地的产出效率提高到几乎最大化，在农业科技很难取得突破性进步的情况下，农村富余了大量的劳动力。为维持生存，他们想方设法向城市流动，但实际上，能够通过正式通道进入城市的农村居民还是少数，整体平均初中一年级（7.33年）的学历水平（见表6－3）仅仅使农民克服了流动的障碍，很难对农民向上层的流动提供更多的帮助。大部分的农民只能经由非正式通道流入城市，他们尽管生活在城市，但却处于最底层，没有医疗和失业保障，没有向上晋升的机会。

尽管有户籍制度的严格限制，但这种非正式通道自建国起就一直没有间断过。只不过随着改革开放政策的推行，户籍制度的弊端日渐显现，并逐渐为社会各界所诟病。为顺应社会发展的趋势，中国政府在不同的省份开始了户籍制度松动的改革，虽然改革力度与改革内容远远小于人们的期望值，但相比之前的严格管理，户口对人的限制已是大为减少。与此同时，政府对进城农民的态度也发生了大的变化，这可从对其的称谓中略见一斑，最初政府将由非正式通道流入城市的农民称为"盲流"，随后"农民工"、"民工"成为其新的代名词，现在"进城务工从业人员"成为其新的称谓。但称谓的改变并没有改变其在城市劳动市场中的地位，由于其平均学历较低，有的甚至是文盲，他们只能在次级劳动市场中寻找城市居民不愿从事的工作。

根据劳动保障部培训就业司、国家统计局农调队的调查统计，

---

① 《中国大学生生源农村孩子的比例为何越来越少?》，http：//www.cqok.com/Article/xy/qg/200511/1259.html。

在1998年外出就业的农村劳动力行业分布中，工业①、建筑业、服务业和商饮业是4个最为集中的行业（见图6-7），在这四个行业中就业的农村劳动力约占总数的60%以上，而在城市劳动力市场上，这些行业都具有次级劳动力市场的基本特征，即工资较低，工作条件差，就业不稳定，缺乏个人升迁机会。教育对劳动回报的关系并不明显，其作用仅仅体现在帮助克服流动的障碍和作出就业选择上（见表6-11）。

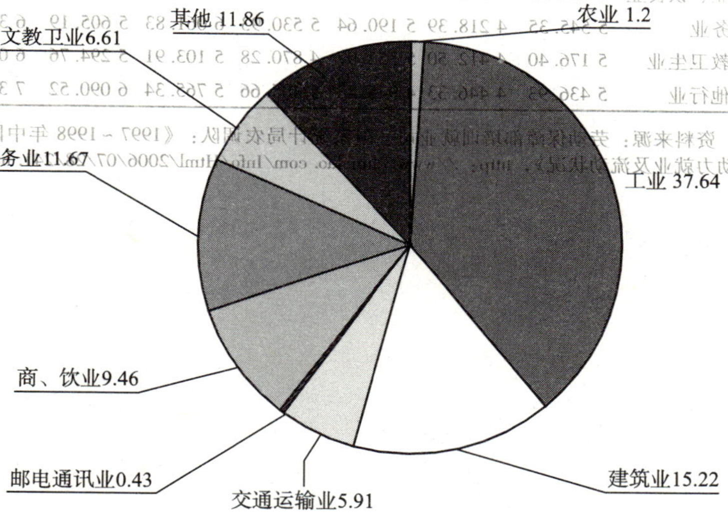

图6-7 1998年农村劳动力外出就业行业分布图

资料来源：劳动保障部培训就业司、国家统计局农调队：《1997～1998年中国农村劳动力就业及流动状况》，http://www.chinalao.com/Info/Html/2006/07/28/241.html。

---

① 工业生产活动包括下列两个方面：一是对自然资源的开采，如采矿、晒盐、森林采伐等，禽兽捕捞现列入畜牧业和渔业中，不列入工业中；二是对农副产品、工业品的加工和对工业品的修理，对农副产品的加工，如碾米、磨粉、酿酒、榨油、轧花、缫丝、屠宰、药材加工等；对工业产品的加工，如炼铁、炼钢、轧钢、制碱、机器制造、木材加工、防止、印染、服装加工等；对工业品的修理，如修理机械设备等。

143

表 6 – 11　　　　　1998 年分行业分受教育程度的农村转移

劳动力人均收入　　　　　　单位：元/人

	平均	文盲	小学	初中	高中	中专	大专以上
平均	5 807.50	4 755.84	5 578.44	5 783.98	6 259.90	5 771.23	6 822.50
农业	4 851.26	5 214.55	3 989.59	5 183.10	5 184.62	3 058.17	5 866.67
工业	5 667.46	4 876.77	5 454.40	5 611.34	6 266.05	6 173.52	7 368.80
建筑业	5 518.81	3 891.48	5 259.12	5 446.42	6 491.97	7 179.58	9 391.00
交通运输业	8 551.41	10 372.52	7 828.37	8 600.23	8 977.65	8 604.82	13 047.78
邮电通讯业	7 300.36	N. A.	8 013.69	7 013.10	8 069.57	6 291.67	7 500.00
商业、饮食业	6 395.55	4 346.60	6 788.99	6 275.43	6 777.31	5 900.54	6 464.00
服务业	5 545.35	4 218.39	5 190.64	5 530.93	6 061.83	5 605.19	6 380.48
文教卫生业	5 176.40	4 412.50	5 352.97	4 870.28	5 103.91	5 294.76	6 013.99
其他行业	5 436.93	4 446.33	4 948.43	5 405.66	5 765.34	6 090.52	7 387.66

　　资料来源：劳动保障部培训就业司、国家统计局农调队：《1997～1998 年中国农村劳动力就业及流动状况》，http：//www.chinalao.com/Info/Html/2006/07/28/241.html。

第 7 章

城乡基础教育均等化供给的
制度创新

笔者认为，在建设和谐社会与社会主义新农村的过程中，农村基础教育首当其冲。但是农村基础教育的发展不应仅仅局限于农村本身，而是应"跳出农村"，与城市基础教育统筹考量，从城乡基础教育均等化发展的角度重构我国的基础教育体制。考虑到中国特殊的国情，笔者建议中国的基础教育应实行"以中央为主"的新体制。

7.1 城乡基础教育发展的均等化原则

2006 年 9 月 1 日施行的新修订的《义务教育法》，不仅明确规定"义务教育是国家必须予以保障的公益性事业。实施义务教育，不收学费、杂费"，而且更重要的是，新《义务教育法》没有将城市与农村的义务教育分别对待，而是一视同仁，表明我国分割已久的城乡义务教育体制有望从"双轨"向"单轨"转变，从各自封闭独立运行向统筹协调发展转变。

为此，笔者建议，城乡基础教育差异问题的解决不应仅仅着眼于改善农村基础教育的发展，而是应跳出农村，从城乡统筹发展的角度，对城乡的基础教育实行均等化供给，以保证公民社会福利水平的提高，从而促进社会公平的实现。

关于城乡基础教育均等化的内容，笔者认为，至少应包括以下三个方面的内容，即免费受教育的机会均等，全国范围内保证相同的最基本的办学条件，并且允许存在一定的地区差距。

7.1.1 免费受教育机会均等

具体来说，免费受教育机会均等又可以分拆成"免费"和"均等"两方面的含义。

其一，"免费"是指不论是城市居民，还是农村居民，都不必为其个人或其子女所接受的基础教育直接承担成本补偿或融资责任。由于基础教育属于政府供给的主要公共服务之一，因此，居民或企业缴纳的税收应是其主要的资金来源，从这个意义上说，居民也为基础教育承担了一些成本补偿或融资责任，但这种责任或义务只是"间接"的，而不是一种"直接"的服务与收费交换。

1986年的《义务教育法》虽规定了义务教育免收学费的基本原则，但囿于当时财力所限以及认识水平等原因，该法还赋予了政府可以通过征收城乡教育费附加、杂费以及鼓励农民捐资、集资等手段来弥补办学成本，保障教学秩序正常运行。尽管当时该法只是做出了这一简单的原则性的规定，但却大大改变了此后中国的基础教育融资实践。虽然说义务教育"不仅是国家、政府对公民的义务，也是公民对国家、对社会的义务"，但在农村，政府对农民的义务一直忽略不谈，农民对政府的义务却被突出强调。虽然农民有保障适龄儿童入学的义务，但这里更为强调的"义务"却是要为基础教育提供资金，且这种基础教育出资人的义务可以被任意放大。当政府的财力不足以保证基础教育运行时，出于稳定社会秩序、满足政绩考核要求的目的，向农民伸手要钱就成为政府理所当然的一种选择。由此造成农村教育费附加的征收数额逐渐增大，本是农民自发捐资、集资的行为也逐渐被演化成了强制性的农民义务，农民的教育负担逐年加重，甚至有些年份、有些地区农民直接承担的教育费附加、捐资、集资等非财政性融资比例要大于政府的财政性教育支出。政府在农村基础教育融资方面的缺位、对农民履行基础教育融资义务的过于强调，直接造成了"人民教育人民办"、"农村教育农民办"的局面。

与之相反，在城市，尽管有城市教育费附加的有关规定，但其主要针对缴纳增值税、消费税与营业税的生产企业和单位征收，而且通过税负转嫁等手段，税收负担最终由产品或服务的最终消费者承担，因此，可以说，城市中的居民除杂费外，不必直接为基础教育承担融资责任。

这样一来，城市与农村形成了基础教育的两重天局面，农民子女要上学，需自己出钱办学、聘请教师；而城市子女上学，则基本可以免费，完全由财政负担办学任务。这种人为造成的制度性的差异直接造成了人们在起点上的不公平，并成为人们经常诟病的对象。好在这种差异在经历了 15 年后①，终于在人们的经常性批判中开始松动，并随着农村税费改革的推行逐渐改进。2006 年颁布施行的新《义务教育法》明确了基础教育是"国家必须予以保障的公益性事业"，并规定基础教育"不收学费和杂费"，不管具体实施情况如何，这标志着我国的基础教育终于在 20 年后迈进了免费的大门。

其二，"均等"是指我国居民，不论是其身份如何，出生哪里，在接受基础教育的机会上永远都是平等的，也即任何个人，不论其出生在城市或是农村；也不论其是在城市中有一份稳定、体面的工作，或是在农村从事农业生产，抑或是脱离农村土地进城从业、务工，其本人或其子女都有权利享受到平等的免费的基础教育，而且，这种权利是任何机构和个人都不可以阻止或剥夺的作为居民的基本权利之一。

---

① 这里 15 年的计算周期是从 1986 年《义务教育法》颁布施行起，到 2000 年开始推行农村税费改革止。当然这只是一个大致的计算。

事实上，尽管宪法赋予了公民，特别是儿童有受教育的权利，而且这种权利也被写入 1986 年的《义务教育法》，但户口登记制度造成的城乡分治却一直在持续，农民与市民在享受基础教育的机会上还存在巨大的差别。特别是，随着城乡人口流动的频繁和加剧，由农村进入城市从业务工的农民越来越多，但就是由于缺少城市户口，他们的子女却难以进入城市的公办学校接受免费的基础教育。为进入城市学校学习，他们不得不花高价、缴纳高昂的赞助费或借读费，但大部分打工农民由于收入水平有限，交不起相关费用，只好让其子女进入条件相对简陋的打工子弟学校，或是送回老家成为"留守儿童"，或干脆让其随父母一起在街头、菜市场游戏玩耍，从而培养出"新一代"的文盲。

同是一个国家的公民，却仅仅因为一纸户口的不同，其子女就要承受如此天壤之别的待遇。众多的打工者为城市的发展作出了自己的贡献，但却因为没有城市户口而不能享受城市社会经济发展所带来的文明成果，不能让其子女进入自己曾经付出汗水和努力所建造起来的城市公办学校学习、接受教育，这不能不说是一种尴尬。

尽管相关政策的制定部门可能会摆出诸多的苦衷，但这些苦衷的背后反映的其实正是巨大的城乡差异，因此，尽管新《义务教育法》明确了进城务工子女的教育实行流入地方政府管理的原则，但这种原则性的规定如何落实，如何保证这种均等的受教育权利和机会，还要有许多工作要做。

7.1.2　最基本办学条件相同

基础教育对于一个国家和民族的重要性毋庸置疑，因此，许多国家都将义务教育作为一种义务、一种强迫性教育，我国同样如此。在我国这样一个人口众多、疆域辽阔、各民族、各地区差异悬殊的国家中，如何保障基础教育的全国统一性至关重要。

为实现基础教育的均等化，保证全国的统一性，笔者认为，必须保证全国各地的最基本办学条件相同，即不论是在城市或是在农村，不论是在东部沿海地区还是在西部边疆地区，不论是汉族聚居区还是多民族聚居区，各地方的基础教育的最基本办学条件必须相同。

所谓"最基本办学条件"，主要是指为保证基础教育顺利进行所必需的最低水平的各种物质和师资条件，如要举办基础教育，全国各地必须保证要有统一的最低水平的教学及教学服务设施，最低水平配置的教师资源以及最低水平的经费保障等等内容。

但实际上，城乡之间基础教育的办学条件相差悬殊，城市学校中集中了几乎全国最优秀的教师资源，其校舍建设也往往是大手笔、高投入，多媒体、微机室、语音室、风雨操场等高标准的办学条件屡见不鲜，许多设施已经赶上甚至超过了欧美发达国家。而在农村，由于工资待遇普遍较差且缺乏保障，因而农村学校难以留住优秀的教师，许多成功的青年教师也多以各种手段调往城市学校；就教学条件来说，农村学校较之城市则要差许多，二者根本不在一个档次上。许多学校至今仍保持着"一个教师、一支粉笔、一块黑板"的原始的教学状态，更有些学校的办学条件甚至差得可怜，学校中"缺少课桌凳、粉笔按支发、有电不敢开灯"等现象①也绝不在少数，由此造成了"城市中的学校像欧洲，而农村的学校像非洲"的悬殊差异局面。

在新的《义务教育法》中，有关生均公用经费和教科书标准的要求得到了强调，但笔者认为这虽是基础教育发展的重要内容，但却不足以反映全部的基本办学条件。因此，笔者建议，在未来城乡基础教育的发展中，应由国家有关部门首先公布统一的最基本办学条件国家标准，具体应包括学校建设标准、图书仪器标准、教学大纲标准、教学规范标准、公用经费标准以及教师配置标准等。各地的基础教育办学条件只允许高于此国家标准，而不准低于国家标准。由于此国家标准可以保证基本的基础教育的正常运行，因此，在全国各地基础教育学校满足最基本办学条件的前提下，全国各地的居民就可以享受到内容大致相同的、基本的基础教育服务。

---

① 石岩、实习生、肖毅灵、钱芙蓉：《中国教育的公平之痒》，载《南方周末》2005 年 3 月 10 日。

7.1.3 允许地区差异存在

基础教育的均等化并不意味着全国的基础教育完全一致，毫无二样。相反，基础教育的均等化应允许在全国办学条件基本一致的基础上，存在一定的地区差异。

前文已经分析过，基础教育的均等化要求最基本的办学条件应全国一致，但在满足此条件的基础上，由于特殊的自然、社会及经济等因素的存在，可能会对各地区的基础教育产生一些不同的影响，从而造成各个地区的基础教育又存在一定的差别。

其一，基础教育身处地方，不可避免地要反映地方的特殊需求。由于中国疆域广阔，民族众多，各个地方的自然环境、社会环境可能会存在诸多差异，因而，不同地区的基础教育就会必然出现差异的情况。比如，在一个多民族聚居的地区，考虑到民族发展的需要和尊重民族生活习惯等因素，此地的基础教育就可能会在教材的选择、教师语言文字的培训、教学时间的安排、教学设施的建设以及教育的运行成本等各方面不同于单纯以汉族为主要民族的地区。在这种情况下，就要谨慎考虑到各地特殊的情况，有针对性地安排教育支出与教学运行，切不可简单地按照全国一个标准执行基础教育的政策。

其二，各地财政收入能力的差别必然会在基础教育发展上得到充分的反映。由于各地的资源禀赋不同，各地的经济发展水平也就各不相同，从而可以提供的财政收入也就存在差别，但在均等化的目标下，即使财力相对薄弱的地区也能完成基础教育的责任，而那些财力比较充足的地区则完全可以提供更高更好的条件，从而产生基础教育的地区差异。比如，对那些经济基础相对比较薄弱的地区来说，尽管其财政收入能力可能不能完全支付基础教育的发展责任，但通过上级政府或中央政府的转移支付等手段，可以提高其履行基础教育的能力，从而实现国家的基本标准。而对那些经济基础相对比较富裕的地区来说，其财政收入在满足国家的基本办学条件之外还有足够的剩余可以投入到基础教育之中，因而，这些地区的基础教育办学条件可能就要高于全国基本水平。

总而言之，基础教育地区差异存在的前提和基础必须是满足国家的最基本办学条件，因而这种差异是一种在全国实现基础教育均等化基础上的地区差异，是可以被接受的。

7.2 基础教育管理体制创新

如前所述，"以县为主"的基础教育管理体制，虽对县乡政府的职责进行了明确的划分，客观上对于保证教师工资发放确实起到了一定的积极作用，但其本质上仍不可避免地带有分散体制的弊端，不同区县经济实力与财力水平的差异必然在基础教育的发展中得到充分的体现。而且，"以县为主"将所有的基础教育事权全部赋予县级政府，即县级政府不仅是基础教育的直接管理主体，而且也是基础教育的主要投资主体。虽然该体制也涉及省级政府及中央政府的基础教育职责，但更多的只是原则性规定，缺乏可操作性。因此，从大多数学者以及笔者本人的实际调研情况来看，"以县为主"的基础教育管理体制尽管短期内较之"以乡为主"体制取得了显著的成效，但由于缺乏足够的财力支持以及稳定的制度框架作保障，其运行中也逐渐暴露出许多先天不足的缺陷，"以县为主"政策在实际运用中"走样"、"异化"，"以县为主"实际上是"以县代乡镇为主"的情况时有发生。

针对"以县为主"基础教育管理体制的诸多缺陷与弊端，在深刻批判的基础上，学界和实际工作部门都提出了诸多不同的解决思路与方案①，尽管各种思路在具体设计上存在许多甚至是根本性的差别，但相同的一点是都对县级以上政府和中央政府的基础教育事

① 归纳起来不外乎有三种方案：一是由中央政府负责义务教育或只负责其中的教师工资部分；二是改由省级政府来负责，中央给予转移支付；三是继续由县级政府负责，中央和省政府给予转移支付。

权进行了强调，都要求其或通过转移支付加大地方财力（收入途径），或通过直接负责部分基础教育（支出途径）等形式参与到基础教育的供给中。

笔者认为，基础教育的事权应包括供给与生产两方面，其中，前者主要涉及资金的筹集问题，而后者则主要涉及资金的具体运用和管理。一般来说，高层次政府具有财力优势，而基层政府具有信息优势，因此，基础教育的供给主体（或资金来源主体）应主要由高层次政府承担，而生产的主体则主要应由基层政府承担。但从我国基础教育管理体制改革思路来看，我们更多地强调供给与生产主体的合一，而忽视了不同级次政府在供给与生产的优势互补。而且，在面临基础教育经费紧张问题时，我们主要考虑的不是从供给与生产相分离、不同级次政府相互补充的思路进行创新，而是着力寻求一个比目前政府财力更好的替代者。"以乡为主"变为"以县为主"，也只是简单地将由乡镇政府承担的供给与生产任务完全交给县级政府来承担。因此，从以往的体制改革和变迁中可以看出，我国的基础教育事权划分过于单一，要么同时是供给与生产的主体，要么几乎没有任何具体的责任。这样一来，在改革之初虽可以暂时保证改革的效果，但终究不是长久的可持续的解决办法。

相对于县级政府而言，中央政府无论是在财力水平，还是在平衡城乡发展的能力等方面都要更强，但考虑到中国人口众多、地区复杂、各地差异悬殊的特殊国情，省级政府和县级政府在有关基础教育的信息掌握方面要更为客观、真实与迅捷，部分基础教育事宜由省级政府和县级政府来承担要较之完全由中央政府更有效率。同时，考虑到新的《义务教育法》关于"将义务教育全面纳入财政保障范围"、"义务教育经费投入实行国务院和地方各级人民政府根据职责共同负担"的法律精神，并借鉴世界大多数国家有关基础教育发展中"投资主体上收，管理重心下移"的经验，笔者认为，中国基础教育的发展应既要发挥中央政府的平衡均等能力，又要发挥地方政府在信息、效率方面的优势，从城乡基础教育均等化发展的角度出发进行制度创新，构建一个"供给与生产主体分离、分级互补，投入以中央为主、分项分级共担，宏观管理以省为主、具体管理以县为主"的新的基础教育管理体制。（考虑到叙述以及与之前比较的方便，以下简称"以中央为主"。）

7.2.1 "以中央为主"的依据与优势

"以中央为主"的基础教育管理体制，相对于以往的"以乡为主"和"以县为主"，主要有以下三个方面的优势。

7.2.1.1 可以更好地解决基础教育的外溢性问题

随着中国城市化进程的不断加快和户口登记制度的不断放松，城乡之间的交流日渐频繁，由农村向城市转移就业的劳动力不断增多，根据劳动与社会保障部的统计，1997 年从农村转移的劳动力的数量为 8 315 万，占全部农村劳动力数量的 18.09%，到 2000 年，转移的农村劳动力数量就已经突破 1 亿，达到 11 340 万人，占全部农村劳动力的比重也较 1997 年增加了 5 个多百分点，达到 23.64%（见表 7 - 1）。

表 7 - 1　　　　　　　　农村劳动力转移情况

项目 \ 年份	2000	1999	1998	1997
农村劳动力数量（万人）	47 962	46 897	46 432	45 962
转移劳动力数量（万人）	11 340	10 107	9 547	8 315
占全部劳动力比重（%）	23.64	21.55	20.56	18.09
转移劳动力比重变化（比上年）（%）	+2.09	+0.99	+2.47	NA

注：NA 表示无数据。
资料来源：http://www.chinalao.com。

农村人口流动给全社会的发展带来诸多的问题，其中较为突出的是基础教育收益外溢性的补偿问题。由于大多数农民都是在当地接受由财政供给的义务教育（尽管农民个人也为基础教育付出了部分成本），而转移出去的农村劳动力却在外地，或在利用本地基础教育所形成的人力资本为自己赚取收益的同时也为当地发展间接作出贡献，或通过消费、投资等方式为当地的经济发展作出直接的贡献。虽然许多农民工通过向家乡汇款等方式将本地基础教育的收益带回本地，但总体而言，基础教育收益大部分还是被留在了外地，从而使得劳动力的输入地陷入"基础教育投资越多——外出流动越快——本地经济越不发达——财力越薄弱"的恶性循环境地。

从近年来农民外出流动的去向和区域趋势来看，跨乡流动、跨县流动，甚至跨省流动的比例越来越高。由表7-2可知，1997年农村劳动力在一省范围内流动和就业的比例高达82.1%，到2000年该比例迅速下降到75%；相应地，跨省流动的比例也由17.8%上升至24.9%。

可以预见，随着市场经济的不断发展，农民外出流动，特别是跨省流动的比例会越来越高。在这种情况下，如果继续沿用"以县为主"的管理体制，则难以完全解决基础教育收益的外溢性问题，从而大大弱化地方政府投资基础教育的积极性。因此，笔者认为，通过建立"以中央为主"的体制，投入以中央为主，省政府、县政府按相应比例承担一定责任，则可以较好地解决因农村人口流动而带来的基础教育收益的外溢性问题。

表7-2　　　农村转移劳动力的就业地域分布比例和数量 单位：万人；%

年份	总计	省内				省外	国外
		合计	乡内	县内乡外	省内县外		
2000	11 338.4	8 505	5 205	1 622	1 678	2 824	9.4
	100.0	**75.0**	45.9	14.3	14.8	**24.9**	**0.1**
1999	10 106.6	7 982	4 903	1 582	1 497	2 115	9.6
	100.0	**79.0**	48.5	15.7	14.8	**20.9**	**0.1**
1998	9 546.5	7 675	4 611	1 718	1 346	1 862	9.5
	100.0	**80.4**	48.3	18.0	14.1	**19.5**	**0.1**
1997	8 313.3	6 825	4 423	1 288	1 114	1 480	8.3
	100.0	**82.1**	53.2	15.5	13.4	**17.8**	**0.1**

资料来源：http://www.chinalao.com。

7.2.1.2 可以更好地解决县乡基础教育财力不足的问题

1994年的分税制财政体制改革虽在中央和地方之间进行了事权与财权的划分，但省以下的财政体制却一直缺少稳定的法律基础，这成为当时改革的一大缺陷，并为以后的省以下政府事权财权的不断变动提供了便利和条件。2000年以来，我国的财政管理体制又进行了一系列的微调改革，其中一个十分引人注目的事情就是财权的层层上收，即从全国层次来看，财力逐渐向中央集中，而在地方层次来说，财力又逐渐向省级财政集中。

1994年分税制改革之初，中央财政收入比重比地方财政高11.4个百分点。但此后中央财政收入比重开始迅速下降，如何提高中央财政收入比重成为当时的重要课题。此后，经过近十年的改革与调整，中央财政收入比重稳步提高，到2004年，该比重上升至54.9%，比地方财政高近10个百分点（见图7-1）。

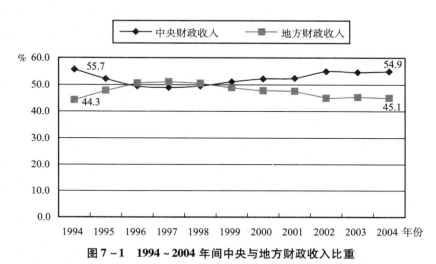

图7-1 1994~2004年间中央与地方财政收入比重

资料来源：《中国统计年鉴（2005）》。

应该说，财政管理体制改革的初衷是为了加强中央政府的宏观调控能力，促进市场公平竞争，加快区域协调发展，缩小地区差距。这些改革在客观上确实造成了县乡等地方财政收入的减少，中央财力水平的相对增加。但这里问题的关键不在于财权的层层上收，而在于许多公共服务的支出事权并随财权的变化而相应上移。在农村税费改革期间，基础教育的供给责任虽发生了变化，但也只是由乡镇政府转变为县政府，基础教育财权与事权不对等的局面依然没有改变，因而，在实行"以县为主"的体制后，农村基础教育的经费保障仍继续出现问题也就不足为奇了。

以笔者所处的山东省为例进行说明。为配合国家关于所得税收入分享改革，促进市场公平竞争，加快区域协调发展，缩小地区差距，2002 年 3 月，山东省政府出台了新的关于所得税与营业税收入的分享改革方案①，决定对现行的按企业隶属关系划分所得税和营业税收入的办法进行改革，从 2002 年起对一般企业所得税和个人所得税收入实行中央、省与市按比例分享②；同时，对地方营业税收入实行省与市按比例分享③。这一改革方案的推出，使得中央政府和省政府成为最大的受益者，而由于企业所得税和营业税变成共享税种，使得本就深受农村税费改革减收影响的县乡政府更是雪上加霜，许多地方基础教育运行的困难程度日益加重。

"以中央为主"的体制，则可以很好地改变这一局面。正是基于中央政府掌握了绝大多数的财权这一事实，将主要的基础教育事权交给中央政府负责，可以实现财权与事权的大致对等，从而促进基础教育的均等化发展。

---

① 具体内容请参阅山东省人民政府关于印发《山东省所得税和营业税收入分享改革方案》的通知（鲁政发［2002］21 号）。

② 所得税的分享比例：一般企业所得税收入，2002 年中央分享 50%、省级分享 10%、市分享 40%；2003 年中央分享 60%、省级分享 8%、市分享 32%。个人所得税收入，2002 年中央分享 50%、市分享 50%；2003 年中央分享 60%、市分享 40%。特殊企业所得税和储蓄存款利息所得个人所得税收入，2002 年中央分享 50%、省级分享 50%；2003 年中央分享 60%、省级分享 40%。中国石油化工股份公司成员企业所得税收入，2002 年中央分享 50%、省级分享 35%、市分享 15%；2003 年中央分享 60%、省级分享 28%、市分享 12%。

③ 营业税的分享比例：省级为 20%，市为 80%。

7.2.1.3　可以更好地统筹平衡基础教育的发展

基础教育的统筹平衡发展，实际上就是基础教育资源的均等配置问题。传统的"以乡为主"和"以县为主"体制虽可以发挥县乡政府对基层信息的充分掌握的优势，但由于所处层次较低，难以从全局统筹考虑基础教育学校的布局规划、教师资源的配置以及教育经费的支出等等问题。如果由中央政府完全负责，则虽可以发挥在全国范围内调动资源的优势，但却未免造成制度运行的成本过高。而笔者所积极倡导的"以中央为主"体制在强调中央投入为主的同时，还特别强调了各级政府之间的责任共担，这样一来，就可以充分调动地方政府的积极性，避免中央政府支出对地方支出的"挤出效应"①。因此，"以中央为主"的体制能兼顾中央政府与地方政府进行配置的优点，既可以避免完全由中央政府负责所带来的信息不对称问题，也可以解决主要以地方政府（县乡）为主所带来的效率损失与资源浪费问题。

7.2.2　投入以中央为主、分项分级共担

7.2.2.1　主要内容

实际上，实行"以中央为主"的体制并不意味着全部的基础教育投资都是由中央政府负担，地方政府并不承担任何责任。相反，笔者所倡导的"以中央为主"除要求中央政府承担主要责任外，还特别强调了省级政府和县级政府要各负其责，这实际上是一种以中央政府投资为主导，但在不同地区、不同投资项目上实行中央政府、省政府和县政府分担不同比例的体制。

具体来说，"以中央为主"的基础教育管理体制主要包括以下

---

①　这里的"挤出效应"是指由于完全依靠中央政府投入，地方政府对基础教育的关注程度和积极性就会下降，失去对基础教育投入的动力，完全"坐等"中央政府的投入，从而不利于基础教育的发展。

几个方面的内容。

第一，确定基础教育的最基本办学条件国家标准。如前所述，基本办学条件的国家标准是实现全国基础教育均等化（不仅仅是城乡之间，还包括地区之间的均等化）的重要前提。因此，必须由国务院或受托的教育部根据对基础教育运行的实际调研情况，在综合考虑全国各地不同的发展状况、物价水平、民族聚居、风俗习惯等因素的基础上，结合各地财政的承受能力，公布最低的基础教育办学条件标准，各地的基础教育只允许高于国家标准，而不得低于国家标准。

笔者认为，从经费支出的角度考虑，基础教育的最基本办学条件可以分成三类，即人员经费部分、公用经费部分和基建经费部分，其中人员经费主要是指用于人员方面的经费支出，具体又包括教师的基本工资、补助工资、其他工资和职工福利费、社会保障费内容；公用经费主要是指用于公用性质的经费支出，具体又包括公务费、业务费、设备购置费、修缮费、招待费等内容；基建经费主要是指用于学校基本建设方面的经费支出。

考虑到数据计算的难易程度，笔者认为，以经费数作为衡量基础教育的最基本条件，无论是在可接受程度还是在运用的方便性方面都更有优势。再考虑到全国各地的可比性，笔者建议，国家应公布最基本的生均人员经费、生均公用经费和生均基建经费标准。以此生均经费标准为基础，再乘以当年基础教育阶段的在校生数，就得到了标准的基础教育经费数额，也即基础教育的基本办学条件的经费标准（见表7－3）。

表7－3   基础教育办学条件测算方程

方程编号	测算内容
F7－1	全部人员经费＝生均人员经费×基础教育阶段在校生数
F7－2	全部公用经费＝生均公用经费×基础教育阶段在校生数
F7－3	全部基建经费＝生均基建经费×基础教育阶段在校生数
F7－4	生均经费＝生均人员经费＋生均公用经费＋生均基建经费
F7－5	基础教育基本办学条件＝生均经费×基础教育阶段在校生数

第二，确定人员经费的分担比例。考虑到人员经费是我国基础教育经费支出的最大头，一般都在 70% ~ 80%，有的地区甚至达到 80% 以上。因此，笔者认为，基础教育均等化的重要前提就是人员经费的均等化，为此，笔者建议人员经费应完全由中央政府负责。这样，不仅可充分发挥中央政府的财力优势，实现财力与事权的对等，而且，还可以发挥中央政府的宏观调控能力，从而促进基础教育的均等化发展。

第三，确定公用经费的分担比例。从前文关于公用经费的内容来看，公用经费是基础教育得以正常运转的重要保障，是人员经费外的第二大支出内容。在将人员经费全部交由中央政府负责后，笔者建议，应根据地区的不同，实行不同的分担比例。

需要说明的是，在地区划分的标准上，笔者并没有采用传统的东中西部地区划分办法，而是借鉴了国家在执行"贫困地区义务教育工程"时所采用的"三片"地区的划分办法，即根据经济发展水平和覆盖人口比例的不同，将中国划分为"一片"地区、"二片"地区和"三片"地区①。针对这"三片"地区，实行不同的分担比例。考虑到"一片"地区多属沿海地区，经济基础雄厚，财源广泛，省级财政收入也比较丰裕，因此，完全由省级财政承担基础教育的公用经费没有问题；"二片"地区一般都处于国家的中部，经济发展水平虽比不上"一片"地区，但财力也算充足，由省级政府负担公用经费也应没有问题；"三片"地区多是西部贫困省区，经济比较落后，财政收入能力较弱，因此，建议由中央政府和省级政府各负担 50%。

第四，确定基建经费的分担比例。基础教育不仅仅是省政府的责任，由于学校最终都由地方管理，因此也应充分调动地方的积极性。在确定了由省级财政负担基础教育的公用经费以后，基建经费

---

① 具体来说，"一片"地区包括北京、天津、上海、广州、江苏、浙江、山东、辽宁、吉林等 9 省市；"二片"地区包括河北、陕西、黑龙江、安徽、福建、江西、河南、湖北、湖南、四川、重庆、海南、山西等 13 省市；"三片"地区包括内蒙古、广西、贵州、云南、西藏、甘肃、青海、宁夏、新疆等 9 省区。

可适当交由其他地方政府，如县级政府来承担。具体说，在"一片"地区，可由县级政府全部负担基建经费；在"二片"和"三片"地区，地方财政往往比较困难，因此建议由省级财政和县级财政各负担50%。

关于"以中央为主"的新基础教育管理体制在各级政府间的事权划分，笔者总结在表7-4中。

表7-4　　"以中央为主"体制在各级政府间的事权划分

支出项目 ＼ 地区	"一片"地区	"二片"地区	"三片"地区
人员经费	中央财政	中央财政	中央财政
公用经费	省财政	省财政	中央财政50% 省财政50%
基建经费	县财政	省财政50% 县财政50%	省财政50% 县财政50%

下面，笔者根据2004年的全国数据，进行"以中央为主"体制的相关测算，以验证该体制的可行性。

7.2.2.2　基本办学条件标准的测算

由前文分析可知，测算的最重要前提是要有基础教育最基本办学条件的国家标准，但考虑到目前国内尚无此类标准，因此，笔者首先提出自己设计的基本办学条件标准。

笔者以生均教育经费作为测算的基础，根据前文，生均教育经费又可以分解为生均人员经费、生均公用经费和生均基建经费等三类。另外，考虑到本书所分析的基础教育主要涉及小学和初中阶段，因此，根据基础教育所处阶段的不同，确定不同的生均经费标准。

关于标准经费的测算方法，笔者主要参考了沈百福和李芙蓉（2004）的研究。具体来说，在人员经费的测算上，根据教师的平均年收入额、专任教师与学生比例，测算出生均专任教师的工资支出，再按专任教师工资的1/3比例测算职工及退休人员的工资，二者加总即可得到生均教师的工资支出，以此工资支出为基础，略加调整，就可测算出生均人员经费的标准。根据国内外不同学者的研究以及自己的亲身调研，笔者认为，初中阶段的人员经费大体应为 1 000 元左右，而小学阶段的人员经费大约应在 900 元左右。就生均公用经费来说，在参考国内不同省份的具体数额的基础上，笔者认为，初中阶段应为 350 元左右，小学阶段应为 200 元左右。而关于基建经费的标准测算，笔者采用了将生均人员经费与生均公用经费加总之和 10% 的比例测算法。由此，笔者就得到了如下的基础教育生均经费标准（见表 7 - 5）。

表 7 - 5　　　　　　　　基础教育生均经费（测算）　　　　单位：元；%

经费项目\\ 教育阶段	生均人员经费	生均公用经费	生均基建经费	生均教育经费
小学	900	200	110（100）	1 155（1 200）
（比例）	75.00	16.67	8.33	100.00
初中	1 000	350	135（150）	1 485（1 500）
（比例）	66.67	23.33	10.00	100.00

注：因为估算、四舍五入等原因，括号内为测算数。

需要说明的是，在笔者的测算模型中，小学人员经费的比例占到 75%，而初中人员经费的比例占到 66.67%，与笔者的实际调研结果相比有些偏低，这主要是因为在笔者调研一些贫困地区，基础教育的经费划拨并未按此三项标准进行，特别是公用经费和基建经费比例过低、数额过小，从而造成了人员经费所占比例过高，有些甚至达到 80% 以上的局面。

如此一来，我们就得到了基础教育阶段的生均经费标准，即小学为生均 1 200 元，初中为生均 1 500 元。应该说，这一经费只是最低的保证基础教育正常运行的标准，是基础教育发展的底线，比国内许多发达省份的实际支出都要少得多。以 2004 年各地区实际生均预算内教育经费支出为例，初中标准只是相当于北京（4 747 元）的 30%、上海（7 014 元）的 20%，而小学标准还不足北京（4 292 元）的 1/4、上海（6 733 元）的 1/5。

国际上通用的衡量基础教育经费的指标是生均教育经费支出占人均 GDP 的比重（又称生均教育经费指数），如果从该指标来看，则该标准（小学1 200元、初中1 500元）只相当于一般发展中国家的水平（和巴西、智利的水平大致相当），但与发达国家相比又相去甚远（见表7-6）。根据OECD统计，OECD国家小学阶段生均公共教育支出占人均GDP的比重为19.0%，初中阶段则达到24.1%，远远高于中国11.4%和14.2%的水平。所以说，这标准仅是最低的基础教育保障水平，如果连这个水平也难以实现，则基础教育的均等化发展根本就无从谈起。

表7-6 不同国家基础教育阶段生均教育支出占人均GDP比重 单位：%

国家	小学生均经费/人均GDP	初中生均经费/人均GDP	公共教育经费比例	小学生均公共经费/人均GDP	初中小学生均公共经费/人均GDP
中国				11.4	14.2
澳大利亚	18	25	83.7	14.8	21.0
法国	17	30	92.4	16.1	28.2
日本	23	26	91.3	20.7	23.7
韩国	21	33	79.3	16.8	26.3
英国	20	25	86.5	17.1	21.3
美国	22	26	91.3	20.3	23.5
OECD平均	20	26	92.7	19.0	24.1
EU19国平均	19	25	94.6	18.4	24.0
巴西	11	14	NA	NA	NA
智利	18	19	68.3	12.5	13.0

注：NA表示资料缺失。
资料来源：中国的数据系笔者根据2004年全国人均GDP数据（10 561元）测算而得，国外的数据主要根据OECD，Education at a Glance 2006，table B1.4，table B2.3计算而得。

7.2.2.3　分项经费及分级共担的测算

根据笔者所测算的基础教育阶段生均经费标准，再乘以当年基础教育阶段的在校生数，就得到了标准的基础教育经费支出总额，与当年实际预算内教育支出相比，就得到了相关的经费差额或超额情况（见表7-7）。

表7-7是根据2004年实际在校生数量和实际预算内经费支出数据计算而得，从中可以看出，按照笔者所设计的经费支出标准，从地区分布看，全国有20个省区的基础教育都存在经费缺口，其

中大部分集中在"二片"和"三片"地区；而且缺额的情况具有连续性，基本上如果小学阶段经费缺额，则初中阶段同样存在缺额现象。而在经费超额的 11 个省区中，除内蒙古、西藏、青海、新疆 4 个省区属于"三片"地区，受国家特殊照顾政策影响外，其余 7 个省市全部处于经济相对比较发达、财力丰厚的"一片"地区。这一方面充分说明了我国的基础教育一直处于低标准的运行状态，许多省区还达不到基本的办学条件标准，另一方面也说明由地方政府负责的基础教育管理体制难以真正实现基础教育的均等、健康发展，中央政府必须担负起主要的责任。

表 7－7　　按标准计算的基础教育阶段经费差额或超额情况　　单位：元

地区	小学			初中		
	在校生	生均差	总差额	在校生	生均差	总差额
北京	516 042	3 091.84	1 595 519 297	386 511	3 246.75	1 254 904 589
天津	554 844	1 729.53	959 619 343.3	400 568	1 226.1	491 136 424.8
河北	5 470 049	－89.78	－491 100 999.2	4 035 302	－418.73	－1 689 702 006
山西	3 592 007	－243.64	－875 156 585.5	1 927 068	－419.36	－808 135 236.5
内蒙古	1 658 154	434.29	720 119 700.7	1 092 223	32.67	35 682 925.41
辽宁	2 794 330	255.07	712 749 753.1	1 675 350	231.35	387 592 222.5
吉林	1 741 380	159.34	277 471 489.2	1 148 001	－137.06	－157 345 017.1
黑龙江	2 315 394	682.94	1 581 275 178	1 863 607	－0.31	－577 718.17
上海	542 898	5 532.55	3 003 610 330	522 475	5 514.04	2 880 948 049
江苏	5 282 096	451.09	2 382 700 685	3 677 793	4.35	15 998 399.55
浙江	3 443 066	1 068.1	3 677 538 795	1 800 749	1 332.04	2 398 669 698
安徽	6 237 115	－348.05	－2 170 827 876	3 540 957	－690.44	－2 444 818 351
福建	2 869 442	161.71	464 017 465.8	1 861 259	－129.39	－240 828 302
江西	3 862 115	－327.77	－1 265 885 434	2 178 942	－616.02	－1 342 271 851
山东	6 278 002	－36.81	－231 093 253.6	4 392 406	－118.7	－521 378 592.2
河南	10 140 634	－537.48	－5 450 387 962	5 906 674	－726.62	－4 291 907 462
湖北	4 749 500	－352.89	－1 676 051 055	3 319 842	－513.05	－1 703 244 938
湖南	4 325 557	－112.18	－485 240 984.3	3 528 584	－477.11	－1 683 522 712
广东	10 496 221	175.13	1 838 203 184	4 495 550	429.06	1 928 853 389
广西	4 705 591	－269.59	－1 268 580 278	2 410 467	－532.85	－1 284 417 341
海南	1 001 835	－156.91	－157 197 929.9	439 092	－247.61	－108 723 570.1
重庆	2 718 999	－435.85	－1 185 075 714	1 254 784	－492.37	－617 817 998.1
四川	7 365 754	－427.17	－3 146 429 136	3 614 111	－649.5	－2 347 365 095
贵州	4 794 083	－479.01	－2 296 413 698	2 049 364	－678.28	－1 390 042 614
云南	4 406 482	12.51	55 125 089.82	1 930 879	－150.37	－290 346 275.2

续表

地区	小学			初中		
	在校生	生均差	总差额	在校生	生均差	总差额
西藏	326 952	1 528. 56	499 765 749.1	109 148	3 329. 82	363 443 193.4
陕西	3 709 746	−341. 23	−1 265 876 628	2 192 280	−562. 23	−1 232 565 584
甘肃	3 155 535	−317. 33	−1 001 345 922	1 344 797	−506. 09	−680 588 313. 7
青海	512 586	333. 21	170 798 781.1	223 162	185. 64	41 427 793. 68
宁夏	677 738	−236. 54	−160 312 146. 5	269 277	−146. 01	−39 317 134. 77
新疆	2 218 109	340. 28	754 778 130. 5	1 158 801	30. 54	35 389 782. 54

注：正数表示高于基本的人员经费标准，负数表示差额情况。

资料来源：在校生数来自《中国统计年鉴》（2005），中国统计出版社2005年版；生均预算内教育经费数来自《中国教育经费统计年鉴》（2005），中国教育出版社2005年版。其余为笔者测算而得。

下面，笔者根据前文设计的测算标准和分担比例，分项进行测算。

首先看人员经费的测算情况。

根据前文测算的基础教育生均经费标准（表7-5），以及基础教育经费在不同级次政府之间的分担比例（表7-4），以2004年统计的小学与初中在校生数为基础，笔者对不同省区基础教育的人员经费进行了测算（见表7-8）。

表7-8　　　　　　　　**基础教育人员经费测算**　　　　　　单位：元

	小学人员经费	初中人员经费	人员经费合计	中央政府承担
全国	101 216 030 400	64 750 006 000	165 966 036 400	165 966 036 400
北京	464 437 800	386 511 000	850 948 800	850 948 800
天津	499 359 600	400 568 000	899 927 600	899 927 600
河北	4 923 044 100	4 035 302 000	8 958 346 100	8 958 346 100
山西	3 232 806 300	1 927 068 000	5 159 874 300	5 159 874 300
内蒙古	1 492 338 600	1 092 223 000	2 584 561 600	2 584 561 600
辽宁	2 514 897 000	1 675 350 000	4 190 247 000	4 190 247 000
吉林	1 567 242 000	1 148 001 000	2 715 243 000	2 715 243 000
黑龙江	2 083 854 600	1 863 607 000	3 947 461 600	3 947 461 600
上海	488 608 200	522 475 000	1 011 083 200	1 011 083 200
江苏	4 753 886 400	3 677 793 000	8 431 679 400	8 431 679 400
浙江	3 098 759 400	1 800 749 000	4 899 508 400	4 899 508 400
安徽	5 613 403 500	3 540 957 000	9 154 360 500	9 154 360 500

	小学人员经费	初中人员经费	人员经费合计	中央政府承担
福建	2 582 497 800	1 861 259 000	4 443 756 800	4 443 756 800
江西	3 475 903 500	2 178 942 000	5 654 845 500	5 654 845 500
山东	5 650 201 800	4 392 406 000	10 042 607 800	10 042 607 800
河南	9 126 570 600	5 906 674 000	15 033 244 600	15 033 244 600
湖北	4 274 550 000	3 319 842 000	7 594 392 000	7 594 392 000
湖南	3 893 001 300	3 528 584 000	7 421 585 300	7 421 585 300
广东	9 446 598 900	4 495 533 000	13 942 131 900	13 942 131 900
广西	4 235 031 900	2 410 467 000	6 645 498 900	6 645 498 900
海南	901 651 500	439 092 000	1 340 743 500	1 340 743 500
重庆	2 447 099 100	1 254 784 000	3 701 883 100	3 701 883 100
四川	6 629 178 600	3 614 111 000	10 243 289 600	10 243 289 600
贵州	4 314 674 700	2 049 364 000	6 364 038 700	6 364 038 700
云南	3 965 833 800	1 930 879 000	5 896 712 800	5 896 712 800
西藏	294 256 800	109 148 000	403 404 800	403 404 800
陕西	3 338 771 400	2 192 280 000	5 531 051 400	5 531 051 400
甘肃	2 839 981 500	1 344 797 000	4 184 778 500	4 184 778 500
青海	461 327 400	223 162 000	684 489 400	684 489 400
宁夏	609 964 200	269 277 000	879 241 200	879 241 200
新疆	1 996 298 100	1 158 801 000	3 155 099 100	3 155 099 100

公用经费、基建经费的测算方法与人员经费的测算相同，限于篇幅，这里不再赘述。具体测算数额参见附表 12、附表 13。

7.2.2.4 测算小结

由此，我们就得到了根据最低标准计算的全国及各地区基础教育的总经费，以及其在不同级次政府间的分担情况（见表 7-9）。

表 7-9　　　　各地区基础教育总经费及其在不同
级次政府间分担的测算　　　单位：元

	基础教育总经费	省级政府分担	县级政府分担	中央政府分担
全国	232 079 716 200	48 565 975 000	13 449 261 150	170 064 480 050
北京	1 199 016 900	238 487 250	109 580 850	850 948 800
天津	1 266 664 800	251 167 600	115 569 600	899 927 600
河北	12 617 011 800	3 082 515 600	576 150 100	8 958 346 100

续表

	基础教育总经费	省级政府分担	县级政府分担	中央政府分担
山西	7 201 010 400	1 717 005 650	324 130 450	5 159 874 300
内蒙古	3 628 119 300	521 778 850	164 824 425	2 941 516 025
辽宁	5 866 221 000	1 145 238 500	530 735 500	4 190 247 000
吉林	3 811 657 500	750 076 350	346 338 150	2 715 243 000
黑龙江	5 573 883 300	1 370 881 475	255 540 225	3 947 461 600
上海	1 435 190 100	291 445 850	132 661 050	1 011 083 200
江苏	11 855 204 700	2 343 646 750	1 079 878 550	8 431 679 400
浙江	6 832 802 700	1 318 875 350	614 418 950	4 899 508 400
安徽	12 795 973 500	3 064 185 475	577 427 525	9 154 360 500
福建	6 235 218 900	1 508 395 575	283 066 525	4 443 756 800
江西	7 902 951 000	1 891 579 100	356 526 400	5 654 845 500
山东	14 122 211 400	2 792 942 500	1 286 661 100	10 042 607 800
河南	21 028 771 800	5 045 494 950	950 032 250	15 033 244 600
湖北	10 679 163 000	2 598 307 850	486 463 150	7 594 392 000
湖南	10 483 544 400	2 581 037 450	480 921 650	7 421 585 300
广东	19 338 764 700	3 672 680 750	1 723 952 050	13 942 131 900
广西	9 262 409 700	1 308 455 400	416 064 575	7 537 889 725
海南	1 860 840 000	437 072 850	83 023 650	1 340 743 500
重庆	5 144 974 800	1 213 032 950	230 058 750	3 701 883 100
四川	14 260 071 300	3 377 435 675	639 346 025	10 243 289 600
贵州	8 826 945 600	1 231 453 450	393 406 450	7 202 085 700
云南	8 184 096 900	1 143 692 050	365 140 025	6 675 264 825
西藏	556 064 400	76 329 800	24 533 700	455 200 900
陕西	7 740 115 200	1 859 155 500	349 908 300	5 531 051 400
甘肃	5 803 837 500	809 529 500	258 636 525	4 735 671 475
青海	949 846 200	132 678 400	42 366 450	774 801 350
宁夏	1 217 201 100	168 979 950	54 082 675	994 138 475
新疆	4 399 932 300	622 416 600	197 815 525	3 579 700 175

根据测算，2004 年，按照最基本办学条件的经费标准，一共需要经费 2 321 亿元，其中小学 1 350 亿元，初中 971 亿元。而 2004 年实际的基础教育经费是 2 708 亿元（小学 1 699 亿元、初中 1 009 亿元），其中财政预算内经费是 1 969 亿元（小学 1 261 亿元、初中 708 亿元）。预测经费比 2004 年实际教育支出少 387 亿元，比预算

内经费多 352 亿元，其中小学多 89 亿元，初中多 263 亿元（见表 7 – 10）。

表 7 – 10　　　　2004 年实际财政预算内教育经费支出情况

	预算内教育经费支出 （亿元）	中央财政支出 （亿元）	地方财政支出 （亿元）
小学	707. 94932	0. 2853	1 260. 7694
初中	1 261. 05025		707. 94932
合计	1 968. 99957	0. 2853	1 968. 71872
比例（%）	100. 00	0. 01	99. 99

资料来源：《教育经费统计年鉴》（2005），第 8、16、18 页。

　　在传统的"地方负责，以县（乡）为主"体制下，地方政府对基础教育要全面负责，这种"负责"不仅体现在基础教育的管理方面，还体现在基础教育的筹资方面上。由于地方财政安排的支出中包含了中央财政和上一级财政的各种转移支付，因此，从表 7 – 10 中我们难以分清这 1 969 亿元预算内教育经费支出具体在中央与各级地方政府之间的分担比例状况。但从国务院发展研究中心《县乡财政与农民负担》课题组 2001 年发表的调查结果中，关于地方财政的负担比例情况，我们不难窥见一斑（见图 7 – 2）。

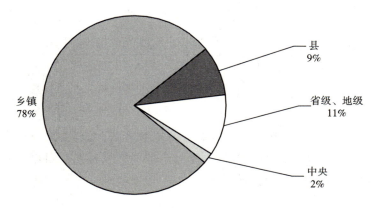

图 7 – 2　不同级次政府负担基础教育比例情况

国务院发展研究中心课题组的调研结果表明，在基础教育的事权分担比例上，从中央政府到省、市、县、乡政府，逐渐变大，形成了典型的"金字塔"状的结构。即在农村义务教育的投入，中央财政只负担了2%，省地负担约11%，县财政负担约9%，乡镇一级的负担竟高达78%左右。这种"金字塔"状的融资结构与实际财政收入分配的"倒金字塔"状结构完全颠倒过来！尽管这只是在农村税费改革初期"以乡为主"体制时的调研结果，虽然现在基础教育的重心已经上收到县里，变成"以县为主"，但笔者认为，地方负责的体制没有根本扭转，地方基层财政负担大部分基础教育事权、中央与省级财政只负担少部分的局面就不会发生根本性的变化。

正是基于事权与财权相对等以及城乡基础教育均等化的考虑，笔者设计了这一"以中央为主"的基础教育管理体制，从该体制的测算中可以发现，中央、省与县级财政的负担比例发生了巨大的变化（见表7-11、图7-3）。

表7-11　　　　测算的不同级次政府承担不同项目
经费数额及比例情况　　　　单位：亿元；%

	人员经费		公用经费		基建经费		全部教育经费	
	绝对额	比例	绝对额	比例	绝对额	比例	绝对额	比例
中央政府	1 659.66	100.00	40.98	9.08			1 700.64	73.28
省级政府			410.57	90.92	75.09	35.83	485.66	20.92
县级政府					134.49	64.17	134.49	5.80
合　　计	1 659.66	100.00	451.55	100.00	209.59	100.00	2 320.80	100.00

从表7-11和图7-3中可以看出，这种"以中央为主"体制的融资结构呈现出明显的"倒金字塔"状，即中央、省与县级财政的负担比例逐级降低，中央财政负担比例最高，为73.28%，省级次之，为20.92%，县级最低，仅为5.80%。这种趋势可以基本与财政收入的分配格局相对应。

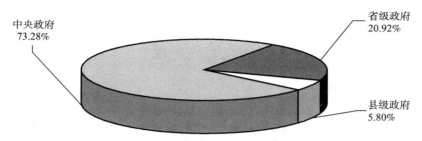

图 7 - 3　测算的不同级次政府分担比例

　　从可操作性上来说，由中央财政承担 73.28% 的基础教育经费，虽从承担比例上高于中央财政收入占全部财政收入的比重；但从占中央财政收入额的比例来说，1 700 多亿元的支出也只是占到中央财政收入的 11.73%。再者，考虑到近几年连续的过千亿元的财政增收现实①，由中央财政承担应不难实现（见表 7 - 12）。省级政府的财力由于这两年财政体制的调整已经大有增长，而且大部分省区省本级财政收入都已经占到全部地方财政收入的 20% 左右的规模，只不过由于之前一直强调"以县（乡）为主"，因此，中央与省级

表 7 - 12　　1994～2004 年间中央与地方财政收入及比例情况　单位：亿元

年份	财政总收入	中央财政收入		地方财政收入	
		收入额	比例	收入额	比例
1994	5 218.10	2 906.50	55.7	2 311.60	44.3
1995	6 242.20	3 256.62	52.2	2 985.58	47.8
1996	7 407.99	3 661.07	49.4	3 746.92	50.6
1997	8 651.14	4 226.92	48.9	4 424.22	51.1
1998	9 875.95	4 892.00	49.5	4 983.95	50.5
1999	11 444.08	5 849.21	51.1	5 594.87	48.9
2000	13 395.23	6 989.17	52.2	6 406.06	47.8
2001	16 386.04	8 582.74	52.4	7 803.30	47.6
2002	18 903.64	10 388.64	55.0	8 515.00	45.0
2003	21 715.25	11 865.27	54.6	9 849.98	45.4
2004	26 396.47	14 503.10	54.9	11 893.37	45.1

资料来源：《中国统计年鉴》（2005）。

① 2004 年全部财政收入增收 4 641 亿元，2005 年增收 5 235 亿元。

财政都同样面临财政支出结构的调整问题。而对县级财政来说，由于大部分的基础教育事权都已经上收至中央和省级政府，县级财政的压力已经是大为减轻，从而可以更好地集中精力，做好基础教育的管理工作，促进基础教育的均等发展。

当然，这只是保证一般情况下基础教育均等发展所需基本经费进行的测算。除此之外，还应考虑针对特殊情况下的基础教育经费支持，即应考虑建立以中央和省政府为主、分比例承担的，针对特殊地区（如贫困地区、民族地区）和特殊时期（如各种自然灾害时期）的基础教育专项转移支付。但由于数据原因，笔者还无法对此专项转移支付的数额进行测算。

7.2.3　宏观管理以省为主、具体管理以县为主

在一个多级次政府架构的国家中，基础教育的管理事权与供给事权一样，同样存在一个在政府之间的划分问题。考虑到我国的特殊国情，笔者将基础教育的管理事权具体又细分为规划管理方面的责任和具体生产管理方面的职责。针对不同的管理事权，并考虑到不同级次政府之间的优势互补，笔者建议，我国的基础教育管理事权划分应坚持"规划管理以省为主、具体管理以县为主"的原则，即将基础教育的有关区域规划方面的职责交由省级政府承担，而关于基础教育发展的一些具体生产管理方面的任务由县级政府承担。这一原则实际上也正是新《义务教育法》有关"义务教育实行国务院领导，省、自治区、直辖市人民政府统筹规划实施，县级人民政府为主管理的体制"的规定的具体体现。

"规划管理以省为主"，主要是利用了省级政府在本省范围内统筹平衡的能力，由省级人民政府承担一些有关基础教育发展的布局规划等方面的事宜。具体来说，省级政府应主要承担以下职责：统筹制定全省范围内基础教育学校的布局规划；核定全省范围内的教师编制，确定年度教师的引入和培训计划；审核本省范围内的学区调整计划以及中小学学校，特别是农村中小学学校的合并计划等等事宜。

"具体管理以县为主",则借鉴了世界上大多数国家的基础教育管理都是由最接近基础教育学校的基层政府来承担的经验,[1] 将主要的有关基础教育的具体生产、教学、管理方面的任务交由县级政府承担。具体来说,县级政府主要应承担以下方面的职责:中小学教师工资的发放;中小学校长的聘任和管理;本县范围内教学计划及学期计划的确定;年度基建计划的申请及具体建设;年度教师引入计划申请;学区调整及学校合并计划的申请等等方面。

由于之前的不论是"以乡为主"还是"以县为主"体制,都过多地强调了县乡政府在基础教育筹资和管理方面的责任,县乡政府不仅是基础教育的具体管理主体,更是主要的资金投入主体,后者的责任几乎占据了县级政府的主要精力,对具体生产教学管理方面的事项根本无暇顾及。因此,在实行"以中央为主"、主要的资金投入责任由中央政府和上级政府承担以后,县级政府的筹资压力大为减轻,从而可以将主要的精力投向如何改进县级区域内基础教育的管理,如何促进基础教育的统筹均等发展方面上来。

7.3 相关配套制度改革

中国基础教育的均等发展,不仅在于自身管理体制的变革,还需其他相关制度的创新予以配合。由于下面每一项制度的改革都要涉及诸多内容,考虑到研究主题及篇幅问题,笔者在这里只是简单地提出与基础教育均等发展相关的大致的改革建议。

7.3.1 改革户口登记制度

前文已经分析过,户口登记制度是新中国成立初期赶超型发展战略选择的必然结果,其确实曾经为中国的工业化基础做出了积极

---

① 如美国的学区、法国的市镇、日本的市町村,都是负责基础教育具体生产管理责任的最基层政府。

的贡献。但是，为此，我们的社会发展也付出了巨大的代价，其中最重要的后果之一就是造成了中国城乡之间的巨大的不公平，依附于户口登记制度所形成的二元社会结构，社会经济生活中又形成了诸多的二元，譬如二元的基础教育制度、二元的劳动用工制度、二元的社会保障制度等等。同是一个国家的居民，同样履行依法纳税的义务，却仅仅是因为一纸户口的不同，就要忍受经济社会生活中方方面面的差别，这是多么大的不公平。因此可以说，户口登记制度是造成目前城乡分治局面的根本原因。要实现城乡各方面的统筹发展，特别是基础教育的均等发展，户口登记制度的改革势在必行。

但笔者认为，户口登记制度改革的难点不在于户口登记制度本身的改革，而在于改革依附于户口制度之上的其他福利性质的制度安排，如基础教育制度、劳动用工制度和社会保障制度等。如果这些不公平的福利性制度安排没有得到根本性的改变，即便是在全国范围内实行了统一的户口登记制度，将"农业户口"和"非农业户口"的字眼取消，全部改成"居民户口"的形式，那么进城务工就业的农民依然无法进入到城镇社会保障系统的覆盖范围之中，其子女依然无法享受城市公立学校的免费教育。这样的改革，表面上貌似公平，但实际上的差别依然存在，不公平的局面依然没有改变。因此，要实现中国城乡的统筹发展，必须将户口登记制度的改革与现行的基础教育、社会保障、劳动用工等制度的改革同步进行，只有将这些制度安排中人为设立的不平等障碍统统消除，真正确保公民（居民）平等权利的实现，户口登记制度的改革才真正有意义，城乡统筹发展的愿望才能真正实现；否则，单纯的统一户口登记将流于形式，尽管表面不存在城乡的区别，但事实上的城乡分治现象依然存在。

由于本书研究的重点在于城乡基础教育的均等发展问题，因此，这里笔者只探讨与基础教育相关的改革建议。在笔者所设计的"以中央为主"的基础教育管理体制框架下，基础教育经费中的70%左右的支出——人员经费由中央政府负担，省以下政府只负担相应的公用经费和基建经费。由于基层政府不再主要负担基础教育的融资责任，而只是负责具体基础教育的管理事宜，因而可有足够的精力促进基础教育的均等发展；更为重要的一点是，由于基础教育的经费与在校生的数量息息相关，地方基层政府必将有动力和积极性去推动基础教育的普及工作。因此，这种体制不仅有助于解决基础教育的外溢性问题，而且还在很大程度上消除了人口流动，特别是农民向城市流动（尤其是跨省流动）的障碍，为确保进城务工农民子女就近入学提供了保障。具体操作形式上，笔者建议实行基础教育的"教育券"制度。教育券由人口流出地政府负责签发，由流动人口交给就近入学的学校，学校汇总到县级政府，再由县政府负责向省财政和中央财政申请调整在校生基数，实现教育经费随人口的流动而转移。这样一来，既保证了流动人口子女平等受教育机会和权利的实现，又使得流入地学校有了充足的财力保证，从而有助于真正实现基础教育的均等发展。

7.3.2 改革政府层级制度

除一些城市国家和地区之外，世界上大多数的国家和地区都实行多级政府架构的组织形式，而且一般都保持三级或准三级政府的形式，即一般都由中央—省（或州）—地方三级政府组成。尽管我国的宪法只明文规定了中央—省—县—乡的四级政府组织形式，但随着地区一级逐渐被"实化"，在与市合并后，也演化成实际上的一级政府，从而我国的组织变成了世界上独有的五级政府架构模式，即一共包括中央—省—市（地级）—县—乡（镇）五级政府[①]。

如此多层级的政府组织形式，产生了诸多成本与效率方面的问题，但就本书所研究的基础教育方面来说，主要表现为以下两个方面。其一，政府级次过多，造成行政运转成本高、行政效率低下。

---

① 实际上，如果算上一些副省级、副地级等形式，则中国的政府架构就变得更加复杂，并不是单纯几级就能够说得清楚。

由于我国的中央政府与地方政府之间以及地方政府之间并没有实行完全的行政性分权，更多地采用的是垂直方式的管理，从而造成了在从中央到乡镇的每级政府中，都设有相应的教育管理部门和具体的基础教育管理机构。这些众多的机构和人员的自身消耗无疑会产生较高的行政运行成本；而且，由于多采用向上负责制，几乎所有有关基础教育发展的事宜都要层层向上汇报，再逐级向下转批，从而造成教育行政决策的效率低下。其二，政府级次过多，影响了转移支付的效率。政府级次虽多，但真正对基础教育负责的政府却主要是县乡两级政府，而这两级政府的财力恰恰又是这五级政府中最弱的，由此造成了基础教育财力与事权不相匹配的局面。尽管中央和上级政府给予了大量的教育转移支付，但就是因为政府的层级过多，转移支付资金在层层的转拨中，挤占、挪用、缺乏监督等现象十分普遍，从而直接影响了转移支付的效率。比如，根据 2005 年审计署对中央转移支付的审计，发现在抽查的 20 个省市区中，中央转移支付编入地方预算的只有 3 444 亿元，仅占到中央实际转移支付的 7 733 亿元中的 44%，中央转移支付有一半以上没有纳入地方的财政预算，完全脱离了人大的监督，有的还脱离了政府的监督。用原审计署审计长李金华的话说就是，"中央转移支付渠道很长，从中央部门一直流到一个村，可水渠是要渗水的，有的时候水流到村里面就没有了。"①

为降低行政运转成本和提高行政效率，与笔者前面所设计的"以中央为主"的管理体制相对接，促进基础教育的均等发展，笔者建议，应借鉴世界上大多数国家政府架构组织形式的经验，将目前我国的政府组织层级由五级改成三级。具体来说，主要有以下两个方面的内容。

第一，逐步"虚化"地级政府，恢复其省级派出机构的本来属性，同时做到"市县同级"。地区一级政府本来就是省级的派出机构，但在与市级合并后，却成为正式的一级政府级次，从而

---

① 郭鲲:《李金华:中央的钱流到村里渠道长"渗水"多》，载《京华时报》2006年 6 月 4 日。

无形之中又多出一整套的政府机构和人员，增大了行政运转的成本。为此，应逐渐对其"虚化"，使其恢复省级派出机构的本来性质，同时实行市、区、县同级，都归省直接领导，实行"省管县"，这样不仅可以降低行政运行的成本，而且还可以提高行政运行的效率。

第二，逐步虚化乡镇级政府，使其成为县级的派出机构。农村税费改革取消了大部分的农业特产税和农业税，从而割断了大多数乡镇政府的主要财力来源；而近年来推行的行政部门垂直管理，也使得诸多行政部门不再继续在乡镇一级设立独立的管理机构，大部分乡镇一级的金库已经被撤销；再加上农村税费改革期间大力推行的"乡财县管"实践，使得乡镇政府实际上已经被"虚化"。因此，将乡镇一级虚化的阻力已经大为减少，乡镇在改为县级的派出机构后，人大、政协、政法委和其他"七站八所"等机构和人员都可以进行简化，其主要责任是协助县级政府对基础教育学校进行管理，维持社会治安等等职责。

如此，三级政府架构的雏形——中央、省级和县级三级就已形成，正与笔者前文所设计的"以中央为主"体制中基础教育供给与管理的主体相对应。

三级架构的组织形式，除可以节约行政成本，提高行政效率外，更重要的优势在于可以促进我国财政管理体制的完善。众所周知，1994 年的分税制财政体制改革只是大致划分了中央与地方之间的财权与事权，省以下的体制几乎没有涉及，而且许多原有体制的痕迹还被保留下来，因而并不是彻底的分税制。经过十多年的不断微调，目前我国实行的财政管理体制中事权与财权划分不清、不对等的问题越发突出，突出表现在事权被层层下放、而财力却被逐级上收，由此造成一方面承担主要公共服务（如基础教育、公共卫生等）供给职责的地方政府财力过小，不足以保证供给职责的顺利履行；另一方面，在税种的划分上，共享税过多、独立税种过少。其原因除立法层次过低、法律效力差以外，政府层级过多也是非常重要的因素之一。正是因为政府层级多，使得事权难以完全在五级政府之间进行明确划分，每级政府都将责任下推，造成主要公共服务的供给最终只能由最基层的、再无法下推的地方政府承担；而财权的划分也不能采取完全的分税种的形式，而只能实行税种共享、按比例分配的办法，从而也就难以完全发挥分税制财政管理体制的优势。

但三级政府的组织框架为实行真正的分税制财政管理体制提供了充分的条件。由于只有三级政府，使得事权的划分可以以较低的成本在不同级次政府间进行，从而大大减少了由于讨价还价以及相互推诿所造成的交易成本；而且，财权的划分也可以以真正的"分税种"形式进行，在充分考虑不同级次政府所承担的事权、不同税种的特性以及不同级次政府组织财政收入的能力优势的基础上，赋予不同级次政府不同的主体税种及其相应的税收管理权，从而真正实现事权与财权的对等。

如此一来，笔者所设计的"以中央为主"的基础教育管理体制，再加上户口登记制度、政府层级制度、财政管理体制等相关制度的改革和创新，就为基础教育的均等发展提供了充分的条件和保障。

附　　表

附表1　　　　　**1956～2003 年间美国联邦教育支出情况**　　单位：百万美元

年份	当年价格			2003 年价格		
	全部联邦 教育支出	预算内 教育支出	预算内基础 教育支出	全部联邦 教育支出	预算内 教育支出	预算内基础 教育支出
1956	5 354.7	5 331.0	1 942.6	29 506.5	29 375.9	10 704.30
1970	13 359.1	12 526.5	5 830.4	60 062.1	56 318.9	26 213.50
1975	24 691.5	23 288.1	10 617.2	77 518.4	73 112.6	33 332.50
1980	39 349.5	34 493.5	16 027.7	83 127.6	72 869.2	33 859.20
1985	47 753.4	39 027.9	16 901.3	74 816.7	61 146.2	26 479.80
1988	54 078.7	43 454.4	18 564.9	78 072.1	62 734.0	26 801.60
1989	59 537.4	48 269.6	19 809.5	82 888.9	67 201.7	27 579.10
1990	62 811.5	51 624.3	21 984.4	84 662.5	69 583.5	29 632.30
1991	70 375.6	57 599.5	25 418.0	90 891.1	74 390.6	32 827.80
1992	74 481.1	60 483.1	27 926.9	93 005.1	75 525.7	34 872.50
1993	84 741.5	67 740.6	30 834.3	103 185.5	82 484.4	37 545.40
1994	92 781.5	68 254.2	32 304.4	110 729.1	81 457.3	38 553.30
1995	95 810.8	71 639.5	33 623.8	111 611.1	83 453.8	39 168.80
1996	96 833.0	71 327.4	34 391.5	110 286.6	81 237.3	39 169.70
1997	103 259.8	73 731.8	35 478.9	115 380.0	82 386.1	39 643.20
1998	107 810.5	76 909.2	37 486.2	119 273.1	85 086.3	41 471.70
1999	113 417.2	82 863.6	39 937.9	123 609.4	90 310.1	43 526.90
2000	119 541.6	85 944.2	43 790.8	127 001.0	91 307.1	46 523.30
2001	130 668.5	94 846.5	48 530.1	135 648.0	98 460.9	50 379.50
2002	150 192.5	109 361.5	52 754.1	153 309.5	111 631.1	53 848.90
2003	171 033.6	124 736.6	59 655.7	171 033.6	124 736.6	59 655.70

　　资料来源：U. S. Department of Education, Federal Support for Education FY1980 to FY2003, August 2004.

附表2 　　　　　　1919～2003 年间美国各级政府对
基础教育投资情况

年份	合计 （千美元）	联邦		州		地方	
		绝对数 （千美元）	比重 （%）	绝对数 （千美元）	比重 （%）	绝对数 （千美元）	比重 （%）
1919～1920	970 121	2 475	0.3	160 085	16.5	807 561	83.2
1929～1930	2 088 557	7 334	0.4	353 670	16.9	1 727 553	82.7
1939～1940	2 260 527	39 810	1.8	684 354	30.3	1 536 363	68.0
1941～1942	2 416 580	34 305	1.4	759 993	31.4	1 622 281	67.1
1943～1944	2 604 322	35 886	1.4	859 183	33.0	1 709 253	65.6
1945～1946	3 059 845	41 378	1.4	1 062 057	34.7	1 956 409	63.9
1947～1948	4 311 534	120 270	2.8	1 676 362	38.9	2 514 902	58.3
1949～1950	5 437 044	155 848	2.9	2 165 689	39.8	3 115 507	57.3
1951～1952	6 423 816	227 711	3.5	2 478 596	38.6	3 717 507	57.9
1953～1954	7 866 852	355 237	4.5	2 944 103	37.4	4 567 512	58.1
1955～1956	9 686 677	441 442	4.6	3 828 886	39.5	5 416 350	55.9
1957～1958	12 181 513	486 484	4.0	4 800 368	39.4	6 894 661	56.6
1959～1960	14 746 618	651 639	4.4	5 768 047	39.1	8 326 932	56.5
1961～1962	17 527 707	760 975	4.3	6 789 190	38.7	9 977 542	56.9
1963～1964	20 544 182	896 956	4.4	8 078 014	39.3	11 569 213	56.3
1965～1966	25 356 858	1 996 954	7.9	9 920 219	39.1	13 439 686	53.0
1967～1968	31 903 064	2 806 469	8.8	12 275 536	38.5	16 821 063	52.7
1969～1970	40 266 923	3 219 557	8.0	16 062 776	39.9	20 984 589	52.1
1970～1971	44 511 292	3 753 461	8.4	17 409 086	39.1	23 348 745	52.5
1971～1972	50 003 645	4 467 969	8.9	19 133 256	38.3	26 402 420	52.8
1972～1973	52 117 930	4 525 000	8.7	20 699 752	39.7	26 893 180	51.6
1973～1974	58 230 892	4 930 351	8.5	24 113 409	41.4	29 187 132	50.1
1974～1975	64 445 239	5 811 595	9.0	27 060 563	42.0	31 573 079	49.0
1975～1976	71 206 073	6 318 345	8.9	31 602 885	44.4	33 284 840	46.7
1976～1977	75 332 532	6 629 498	8.8	32 526 018	43.2	36 177 019	48.0
1977～1978	81 443 160	7 694 194	9.4	35 013 266	43.0	38 735 700	47.6

续表

年份	合计 （千美元）	联邦		州		地方	
		绝对数 （千美元）	比重 （%）	绝对数 （千美元）	比重 （%）	绝对数 （千美元）	比重 （%）
1978～1979	87 994 143	8 600 116	9.8	40 132 136	45.6	39 261 891	44.6
1979～1980	96 881 165	9 503 537	9.8	45 348 814	46.8	42 028 813	43.4
1980～1981	105 949 087	9 768 262	9.2	50 182 659	47.4	45 998 166	43.4
1981～1982	110 191 257	8 186 466	7.4	52 436 435	47.6	49 568 356	45.0
1982～1983	117 497 502	8 339 990	7.1	56 282 157	47.9	52 875 354	45.0
1983～1984	126 055 419	8 576 547	6.8	60 232 981	47.8	57 245 892	45.4
1984～1985	137 294 678	9 105 569	6.6	67 168 684	48.9	61 020 425	44.4
1985～1986	149 127 779	9 975 622	6.7	73 619 575	49.4	65 532 582	43.9
1986～1987	158 523 693	10 146 013	6.4	78 830 437	49.7	69 547 243	43.9
1987～1988	169 561 974	10 716 687	6.3	84 004 415	49.5	74 840 873	44.1
1988～1989	192 016 374	11 902 001	6.2	91 768 911	47.8	88 345 462	46.0
1989～1990	208 547 573	12 700 784	6.1	98 238 633	47.1	97 608 157	46.8
1990～1991	223 340 537	13 776 066	6.2	105 324 533	47.2	104 239 939	46.7
1991～1992	234 581 384	15 493 330	6.6	108 783 449	46.4	110 304 605	47.0
1992～1993	247 626 168	17 261 252	7.0	113 403 436	45.8	116 961 481	47.2
1993～1994	260 159 468	18 341 483	7.1	117 474 209	45.2	124 343 776	47.8
1994～1995	273 149 449	18 582 157	6.8	127 729 576	46.8	126 837 717	46.4
1995～1996	287 702 844	19 104 019	6.6	136 670 754	47.5	131 928 071	45.9
1996～1997	305 065 192	20 081 287	6.6	146 435 584	48.0	138 548 321	45.4
1997～1998	325 925 708	22 201 965	6.8	157 645 372	48.4	146 078 370	44.8
1998～1999	347 377 993	24 521 817	7.1	169 298 232	48.7	153 557 944	44.2
1999～2000	372 943 802	27 097 866	7.3	184 613 352	49.5	161 232 584	43.2
2000～2001	401 355 325	29 100 183	7.3	199 583 097	49.7	172 672 045	43.0
2001～2002	419 501 976	33 144 633	7.9	206 541 793	49.2	179 815 551	42.9
2002～2003	440 157 299	37 515 909	8.5	214 277 407	48.7	188 363 983	42.8

资料来源：National Center for Education, Digest of Education Statistics 2005, p. 252 table 152.

附表3　　　　1985～2004年间农民负担基础教育融资情况

单位：亿元；%

年份	国家财政用于教育支出合计①	对农村基础教育的预算内事业性经费拨款**②	农村基础教育经费③	农村教育费附加***④	教育费附加占全部教育预算内拨款比重⑤=④/①	农民捐、集资办学经费⑥	学杂费⑦	农民负担基础教育融资总额⑧=④+⑤+⑥
1985	226.83	NA	NA	1.12	0.49	NA	NA	NA
1986	274.72	NA	NA	11.52	4.19	NA	NA	NA
1987	293.93	NA	NA	21.31	7.25	NA	NA	NA
1988	356.66	NA	NA	28.40	7.96	NA	NA	NA
1989	412.39	NA	NA	37.00	8.97	NA	NA	NA
1990	462.45	NA	NA	52.10	11.27	NA	NA	NA
1991	532.39	NA	NA	47.00	8.83	NA	NA	NA
1992	621.71	NA	NA	55.00	8.85	NA	NA	NA
1993	754.90	207.80	NA	63.32	8.39	40.70	29.70	NA
1994	1 018.78	286.80	485.50	79.63	7.82	52.60	41.60	NA
1995	1 196.65	325.10	611.30	112.89	9.43	99.20	54.90	NA
1996	1 415.71	384.70	738.95	147.41	10.41	111.72	69.00	259.13
1997	1 545.82	429.01	788.67	164.53	10.64	85.81	80.09	250.34
1998	1 726.30	460.99	811.99	165.02	9.56	53.04	88.62	218.06
1999	1 927.32	526.29	862.07	162.46	8.43	34.20	93.83	196.66
2000	2 179.52	597.66	919.98	151.97	6.97	26.42	100.25	178.39
2001	2 636.84	775.64	1 102.27	132.94	5.04	23.55	112.94	156.49
2002	3 105.99	969.09	1 266.04	66.96	2.16	18.21	123.79	85.17
2003	3 351.32	1 076.35	1 365.26	44.63	1.33	11.53	134.26	56.15
2004	3 851.10	1 298.02	1 644.77	35.72	0.93	8.91	152.59	44.63

注：NA表示无数据。

* 国家财政用于教育的支出包括预算内教育支出和农村教育费附加支出。

** 对农村基础教育的预算内事业性经费拨款是根据每年《中国教育经费统计年鉴》中对农村初中和农村小学的数据计算而得。

*** 1991年之前的农村教育费附加包括城市教育费附加与农村教育费附加两个部分。

资料来源：《中国财政年鉴》(2005)、《中国教育经费统计年鉴》(1993～2005)、《中国统计年鉴》(1986～2005)。

附表4　　　　　2001年各地区分城乡义务教育生均
教育经费支出情况

单位：元

	生均教育经费支出				生均教育经费支出			
	城镇小学	农村小学	城镇初中	农村初中	城镇小学	农村小学	城镇初中	农村初中
全国	1 483.98	797.60	1 955.03	1 013.65	953.11	558.36	1 120.00	666.70
北京	4 313.28	2 793.79	5 695.23	3 519.42	2 598.73	2 276.42	3 123.30	2 590.09
天津	2 534.66	1 382.64	3 374.81	1 467.90	1 941.24	1 096.91	2 355.27	1 275.17
河北	933.77	611.08	1 260.89	798.69	704.23	454.28	840.35	561.98
山西	966.01	835.95	1 558.53	1 048.85	674.30	598.73	928.06	763.03
内蒙古	1 357.93	1 225.30	1 556.97	1 074.41	873.43	837.13	987.19	777.38
辽宁	1 479.88	896.93	1 984.09	1 129.89	920.52	595.41	1 174.95	735.72
吉林	1 568.84	1 150.79	2 053.50	1 344.62	886.95	726.19	1 112.19	827.37
黑龙江	1 520.31	1 323.69	1 667.69	981.00	1 236.72	1 140.50	1 254.50	773.33
上海	5 885.70	3 604.68	5 488.54	4 047.03	4 002.24	3 170.93	3 487.81	3 253.65
江苏	1 721.22	1 055.63	2 780.50	1 492.74	1 080.05	726.11	1 400.73	897.96
浙江	2 178.02	1 674.18	2 982.72	2 367.64	1 216.57	1 000.64	1 475.75	1 192.87
安徽	1 062.82	583.56	1 607.67	701.93	706.87	453.33	842.35	506.53
福建	1 489.39	975.09	1 811.55	1 128.97	973.48	744.18	1 026.95	801.32
江西	880.03	705.71	1 140.73	822.19	621.10	517.51	640.96	541.33
山东	1 654.26	888.02	1937.2	1 044.97	1 063.73	574.94	1 057.16	672.82
河南	850.85	471.51	1 230.47	716.40	530.98	319.43	687.18	453.28
湖北	1 082.55	530.46	1 622.96	966.40	653.06	313.75	862.26	533.34
湖南	1 057.58	737.44	1 484.24	926.69	635.57	433.31	714.79	497.39
广东	2 191.38	1 157.23	2 424.38	1 581.50	1 334.13	606.89	1 391.49	833.87
广西	1 159.46	696.15	1 323.97	873.15	836.67	543.44	756.34	608.38
海南	1 046.02	766.16	2 015.26	1 194.21	730.78	579.54	1 096.37	750.65
重庆	999.90	651.75	1 382.03	810.56	570.70	421.85	731.11	557.09
四川	1 337.16	752.99	1 688.81	886.43	708.66	478.11	820.42	563.16
贵州	887.43	484.57	1 281.11	603.73	696.35	409.13	819.07	484.11
云南	1 190.35	924.82	1 699.72	1 142.51	919.57	795.37	1 231.25	954.98
西藏	2 626.07	1 621.6	4 252.84	2 419.35	2 423.53	1 555.39	4 119.58	2 419.35
陕西	797.25	607.23	1 097.04	823.62	586.73	443.65	736.32	611.93
甘肃	1 160.14	616.44	1 415.99	824.28	925.41	515.05	994.02	652.32
青海	1 395.80	1 080.41	1 866.49	1 121.12	1 109.12	989.85	1 579.39	1 036.96
宁夏	1 229.63	879.91	1 611.94	1 281.52	938.91	782.11	1 165.64	1 056.41
新疆	1 839.51	1 225.39	2 402.27	1 325.52	1 239.19	955.80	1 507.67	1 062.94

资料来源：中国教育与人力资源问题报告课题组，《从人口大国迈向人力资源强
国》，高等教育出版社2003年版。

附表 5　　　　　　2001 年各地区分城乡义务教育生均预算内

教育事业费与公用经费支出情况　　　　单位：元

| | 生均预算内事业费支出 | | | | 生均预算内公用经费支出 | | | |
	城镇小学	农村小学	城镇初中	农村初中	城镇小学	农村小学	城镇初中	农村初中
全国	922.81	550.96	95.39	28.12	145.86	44.95	1 078.30	656.18
北京	2 541.04	2 276.42	740.04	317.41	1 022.10	689.20	3 041.15	2 590.09
天津	1 937.36	1 096.91	149.57	130.21	522.72	284.90	2 341.26	1 275.17
河北	699.03	451.03	46.43	17.61	70.64	31.67	829.97	559.21
山西	668.30	597.29	40.79	18.16	89.64	32.35	896.32	757.22
内蒙古	845.96	827.68	73.35	46.34	107.25	53.43	933.03	766.99
辽宁	920.46	591.99	120.20	10.87	160.28	72.17	1 172.95	735.51
吉林	875.62	717.41	101.99	46.99	158.04	74.96	1 089.16	811.12
黑龙江	1 225.34	1 111.19	86.13	58.68	112.44	54.30	1 250.36	761.80
上海	3 969.79	3 161.64	981.54	344.54	946.13	484.10	3 456.49	3 242.90
江苏	1 069.55	723.05	63.58	24.08	119.95	36.92	1 364.78	892.00
浙江	1 195.71	996.29	108.12	72.31	189.65	124.81	1 408.30	1 140.94
安徽	697.95	436.81	34.96	17.34	64.99	30.65	822.38	485.81
福建	956.41	742.55	89.75	21.02	144.10	49.31	1 013.84	795.61
江西	613.69	510.32	16.30	18.60	25.48	24.77	623.12	526.39
山东	1 059.38	573.25	81.96	24.39	95.28	25.48	1 045.27	671.29
河南	525.68	318.20	28.30	8.51	64.81			450.62
湖北	646.82	311.17	37.70	13.41	57.62			527.46
湖南	628.37	430.74	33.46	13.70	53.46			493.89
广东	1 133.77	596.06	201.38	61.86	228.45			799.49
广西	819.05	532.74	32.55	20.67	40.34			579.86
海南	728.78	564.18	97.31	22.58	191.46			731.55
重庆	558.74	409.88	41.83	12.68	78.82			542.73
四川	700.40	473.06	59.84	21.88	79.83			558.51
贵州	680.09	390.74	28.57	7.33	75.82			454.38
云南	910.80	788.20	106.49	64.58	199.89			933.20
西藏	2 212.56	1 353.83	273.67	146.07	253.16			2 419.35
陕西	574.84	439.93	21.45	17.93	44.87			604.47
甘肃	893.84	504.70	43.09	17.54	60.95			640.17
青海	1 035.89	949.88	49.86	47.10	117.77			1 004.96
宁夏	930.01	757.32	116.67	51.59	164.37			1 007.94
新疆	1 207.45	952.92	138.66	42.65	196.40			1 055.47

资料来源：同附表4。

附表6

1999～2004年中国城乡中小学代课教师情况

单位：人；%

小学	1999年		2000年		2001年		2002年		2003年		2004年	
级次	绝对数	比重	绝对数	比重	绝对数	比重	绝对数	比重	绝对数	比重	绝对数	比重
城市	28 450	4.02	26 667	4.82	25 705	4.41	26 707	5.58	32 004	7.52	34 066	8.95
县镇	81 370	11.48	68 601	12.40	39 715	6.81	35 139	7.34	27 208	6.39	24 951	6.56
农村	596 715	84.22	456 161	82.42	515 394	88.43	415 164	86.67	364 645	85.63	319 597	83.97
合计	708 534	100.00	553 429	100.00	582 815	100.00	479 012	100.00	425 860	100.00	380 618	100.00

中学	1999年		2000年		2001年		2002年		2003年		2004年	
级次	绝对数	比重	绝对数	比重	绝对数	比重	绝对数	比重	绝对数	比重	绝对数	比重
城市	13 731	11.95	15 848	14.90	23 528	18.71	26 942	22.17	31 246	25.81	36 406	29.71
县镇	26 294	22.89	26 139	24.58	35 240	28.02	37 332	30.71	35 960	29.71	36 629	29.89
农村	72 847	63.42	62 377	58.64	65 005	51.68	55 269	45.47	51 835	42.82	47 500	38.76
合计	114 871	100.00	106 364	100.00	125 774	100.00	121 545	100.00	121 044	100.00	122 539	100.00

资料来源：《中国教育统计年鉴》（1999～2004）。

附表7　　　　　　**1977～2001 年山东省某市农民人均**

纯收入及农民负担情况　　　　单位：元；%

年份	农民人均纯收入	农民人均纯收入增长速度	农民人均负担额*	农民负担占农民上年人均纯收入比重	农民人均负担增长速度
1977	71.40	NA	NA	NA	NA
1978	85.50	19.75	NA	NA	NA
1979	116.60	36.37	NA	NA	NA
1980	167.20	43.40	NA	NA	NA
1981	205.70	23.03	NA	NA	NA
1982	279.40	35.83	NA	NA	NA
1983	323.10	15.64	NA	NA	NA
1984	339.00	4.92	NA	NA	NA
1985	335.00	-1.18	NA	NA	NA
1986	366.00	9.25	NA	NA	NA
1987	434.00	18.58	NA	NA	NA
1988	529.00	21.89	24.94	5.75	NA
1989	518.00	-2.08	33.01	6.24	32.36
1990	577.00	11.39	33.68	6.50	2.03
1991	617.00	6.93	41.75	7.24	23.96
1992	669.00	8.43	49.47	8.02	18.49
1993	859.00	28.40	38.54	5.76	-22.09
1994	1 199.00	39.58	68.00	7.92	76.44
1995	1 590.00	32.61	109.92	9.17	61.65
1996	1 890.00	18.87	110.28	6.94	0.33
1997	2 053.00	8.62	114.00	6.03	3.37
1998	2 182.00	6.28	94.47	4.60	-17.13
1999	2 272.68	4.16	101.71	4.66	-7.66
2000	2 359.95	3.84	98.34	4.33	-3.31
2001	2 485.01	5.30	125.64	5.32	27.76

　　注：*指国家政策内农民负担，包括农民缴纳的税款和集体的提留和摊派。NA 表示无数据。

附表 8

山东省各市农村教师工资管理及发放情况

地市	全市农村教师人均月工资（元）			县域内统一工资情况			县数（个）	纳入县本级财政预算情况		按省标准计算2005年拖欠（万元）
	2005年	2004年	增加额	县数（个）	县市区			县市区		
					1个标准（个）	2个标准（个）		1个标准纳入（个）	2个标准纳入（个）	
全省				132	68	64	105	59	46	35 089
济南	1 373	1 177	196	9	历下、市中、槐荫、天桥、长清、商河	章丘、历城、济阳	9	历下、市中、槐荫、长清、商河	章丘、历城、济阳	
青岛	1 794	1 548	246	10	市南、市北、四方、崂山、黄岛、城阳、胶南、胶州	即墨	10	市南、市北、李沧、四方、崂山、黄岛、城阳、胶南、胶州	即墨	
淄博	1 955	1 492	463	8	张店、临淄、周村、桓台、沂源、淄川、博山	高青	5	张店、临淄、周村、桓台、沂源		
枣庄	1 003	783.8	219	5	市中、峄城、薛城、山亭、台儿庄		4		峄城、山亭、薛城、台儿庄	4 428
东营	1 960	1 584	376	5	东营、广饶、河口、垦利	利津	3	东营、广饶、河口		

续表

地市	全市农村教师人均月工资（元）			县域内统一工资情况			纳入县市级本级财政预算情况			按省标准计算2005年拖欠（万元）
	2005年	2004年	增加额	县数（个）	1个标准（个）	2个标准（个）	县数（个）	县市区 1个标准纳入（个）	县市区 2个标准纳入（个）	
烟台	1 752	1 431	318	12	所辖各县市区		9	芝罘、福山、海阳、莱阳、莱州、龙口、招远、长岛		
潍坊	1 166	1 024	142	10	奎文、坊子、寿光、诸城	寒亭、昌邑、高密、昌乐、潍城	10	奎文、坊子、寿光、诸城	寒亭、昌邑、高密、昌乐、潍城	
济宁	1 068	927	141	12	市中、兖州、邹城、嘉祥、任城、梁山、微山	鱼台、金乡、汶上、泗水、曲阜	4	市中、兖州、邹城、嘉祥		12 048
泰安	991	847	144	6	泰山	岱岳、新泰、肥城、宁阳、东平	6	泰山	岱岳、新泰、肥城、宁阳、东平	
威海	2 243	1 780	463	4	所辖各县市区		4	所辖各县市区		
日照	1 296	1 000	296	4	岚山、东港	五莲、莒县	4	岚山、东港	五莲、莒县	
莱芜	1 607	1 265	342	2	所辖各县市区		2	所辖各县市区		35 090
临沂	957	881	76	12	兰山、罗庄、临沭	河东、郯城、苍山、莒南、沂水、平邑、蒙阴、费县、沂南	3	兰山、罗庄、临沭		

续表

地市	全市农村教师人均月工资（元）			县域内统一工资情况			纳入县本级财政预算情况			按省标准计算2005年拖欠（万元）
	2005年	2004年	增加额	县数（个）	县市区 1个标准（个）	2个标准（个）	县数（个）	县市区 1个标准纳入（个）	2个标准纳入（个）	
德州	840	615	225	11	庆云	临邑、德城、禹城、齐河、平原、夏津、武城、宁陵、乐陵县	11	庆云	临邑、德城、齐河、平原、夏津、乐陵、陵县、禹、平、武、宁、东	5 655
聊城	928	848	80	7	临清、高唐、阳谷	莘县、冠县、东阿、茌平	6	临清、高唐、阳谷	莘县、冠县、东阿	
滨州	1 204	1 057	148	6	邹平	滨城、阳信、无棣、博兴、沾化	6	邹平	滨城、阳信、无棣、博兴、沾化	
菏泽	876	603	273	9	郓城、东明	牡丹、曹县、成武、巨野、单县、鄄城、定陶	9	郓城、东明	牡丹县、成武、曹县、巨野、单县、鄄城、定陶	12 959

注：（1）农村中小学教师工资县域内执行三种或以上标准的8个县（市、区）为：平阴县、平度市、莱西市、滕州市、安丘市、临朐县、聊城市东昌府区、惠民县。菏泽市农村教师人均月工资为2005年调资后的数据。

（2）表来源：《山东省人民政府办公厅转发省教育厅关于2005年度教育工作综合督导评估情况的报告的通知》，http://www.shandong.gov.cn/art/2006/07/17/art_8745_2430.html。

附表9　　1996～2004年中国中小学毕业生数、招生数情况

单位：人

年份	小学毕业生数				初中招生数			
	全国	城市	县镇	农村	全国	城市	县镇	农村
1996	19 340 813	2 726 018	3 458 567	13 156 228	17 607 019	2 848 036	4 421 252	10 337 731
1997	19 601 379	2 663 904	3 635 969	13 301 506	18 055 897	2 774 647	4 643 374	10 637 876
1998	21 174 376	2 942 751	4 087 279	14 144 346	19 613 640	3 081 293	5 087 299	11 445 048
1999	23 137 366	3 292 056	4 616 602	15 228 708	21 496 821	3 453 372	5 689 309	12 354 140
2000	24 191 773	3 478 149	5 037 549	15 676 075	22 633 039	3 703 475	6 270 774	12 658 790
2001	23 968 966	3 254 837	4 490 348	16 223 781	22 578 798	3 599 933	7 797 421	11 181 444
2002	23 519 240	3 250 742	4 501 415	15 767 083	22 522 972	3 636 555	8 077 791	10 808 626
2003	22 678 857	3 179 926	4 265 248	15 233 683	21 953 113	3 591 798	7 725 374	10 635 941
2004	21 351 726	3 028 051	3 702 044	14 561 631	20 782 272	3 474 648	7 064 699	10 242 925

年份	初中毕业生数				高中招生数			
	全国	城市	县镇	农村	全国	城市	县镇	农村
1996	12 790 377	2 271 643	3 360 071	7 158 663	2 822 297	1 001 502	1 372 064	448 731
1997	14 423 756	2 659 382	3 888 305	7 876 069	3 226 143	1 193 956	1 550 445	481 742
1998	15 801 833	2 893 359	4 262 615	8 645 859	3 595 520	1 367 038	1 713 380	515 102
1999	15 898 024	2 743 332	4 241 585	8 913 107	3 963 239	1 519 240	1 892 528	551 471
2000	16 070 868	2 645 492	4 387 459	9 037 917	4 726 861	1 764 846	1 458 461	643 581
2001	17 069 774	2 732 509	6 010 981	8 326 284	5 579 790	1 929 572	1 760 160	663 713
2002	18 798 695	3 159 163	6 862 333	8 777 199	6 767 049	2 345 345	1 989 907	776 413
2003	19 955 825	3 488 014	7 093 950	9 373 861	7 521 264	2 698 002	2 411 586	814 224
2004	20 703 868	3 616 176	6 935 778	10 151 914	8 215 096	2 917 762	2 875 761	959 722

资料来源：根据《中国统计年鉴》1997～2005年各年计算而得。

附表10　　　　　　　人力资本存量效应计量分析变量及数据

	H_r	H_u	HRatio	F_r	F_u	FRatio	D1	D2
北京	8.122 1	11.246 1	1.384 6	5.824 2	9.821 7	1.686 4	1	0
天津	7.573 2	10.657 0	1.407 2	2.319 0	3.896 7	1.680 4	1	0
河北	7.555 4	10.289 1	1.361 8	1.208 1	1.474 5	1.220 5	0	1
山西	7.754 0	9.531 6	1.229 3	1.228 9	1.154 5	0.939 5	0	1
内蒙古	6.849 5	9.693 4	1.415 2	2.259 6	1.673 8	0.740 8	0	0
辽宁	7.597 2	9.740 6	1.282 1	1.871 7	2.450 1	1.309 0	1	0
吉林	7.446 1	9.973 3	1.339 4	1.912 4	2.022 4	1.057 5	1	0
黑龙江	7.595 0	9.316 9	1.226 7	1.753 6	1.526 8	0.870 7	0	1
上海	7.880 2	10.533 1	1.336 6	6.935 2	10.082 4	1.453 8	1	0
江苏	6.954 5	8.578 6	1.233 5	1.893 9	3.260 3	1.721 5	1	0
浙江	6.994 5	9.630 8	1.376 9	3.654 3	4.256 6	1.164 8	1	0
安徽	6.655 9	9.076 7	1.363 7	0.991 9	1.502 0	1.514 2	0	1
福建	6.492 0	8.656 4	1.333 4	1.650 8	2.332 6	1.413 0	1	0
江西	7.108 6	9.447 7	1.329 1	1.080 4	1.166 8	1.079 9	0	1
山东	6.903 3	8.836 8	1.280 1	1.465 4	1.855 0	1.265 9	1	0
河南	7.546 0	9.753 2	1.292 5	0.816 0	1.099 3	1.347 2	0	1
湖北	6.890 9	9.740 6	1.413 5	1.076 1	1.871 1	1.738 8	0	1
湖南	7.412 5	9.337 1	1.259 6	1.290 3	1.778 6	1.378 4	0	1
广东	7.123 3	9.004 5	1.264 1	1.790 5	2.687 9	1.501 0	1	0
广西	7.206 3	9.935 0	1.378 7	1.034 7	1.493 4	1.443 3	0	0
海南	7.431 9	9.705 2	1.305 9	1.290 1	1.165 2	0.903 2	0	0
重庆	6.218 5	8.537 8	1.373 0	1.248 9	2.083 1	1.667 9	0	1
四川	6.667 5	9.261 5	1.389 0	1.163 4	1.720 7	1.479 1	0	1
贵州	6.020 6	9.599 4	1.594 4	0.776 2	1.059 4	1.364 9	0	0
云南	6.136 1	8.676 6	1.414 0	1.480 3	1.704 4	1.151 4	0	0
陕西	7.182 5	10.087 8	1.404 5	1.006 5	1.070 3	1.063 4	0	1
甘肃	6.084 1	10.131 5	1.665 2	0.998 7	1.146 8	1.148 3	0	0
青海	5.373 5	9.220 7	1.715 9	1.644 5	1.742 5	1.059 9	0	0
宁夏	6.185 2	9.945 3	1.607 9	1.299 3	1.680 3	1.293 3	0	0
新疆	7.195 4	10.198 6	1.417 4	1.879 3	1.670 8	0.888 8	0	0

注：H_r 表示农村居民平均受教育年限（年）。H_u 表示城市居民平均受教育年限（年）。HRatio 表示城乡人力资本存量差异。F_r 表示农村基础教育生均经费支出（千元）。F_u 表示城市基础教育生均经费支出（千元）。FRatio 表示城乡基础教育生均经费差异。D1 表示"一片"地区。D2 表示"二片"地区。

资料来源：《中国教育经费统计年鉴》（2005），中国教育出版社 2005 年版；《中国教育统计年鉴》（2005），中国教育出版社 2005 年版；《中国统计年鉴》（2005），中国统计出版社 2005 年版。

附表 11   城乡基础教育差距对收入分配影响分析相关变量

地区	HRatio	yRatio	LRatio	indus3
北京	1. 384 623 201	2. 534 358 376	4. 222 129 646	0. 600 013
天津	1. 407 189 997	2. 284 508 11	1. 401 039 604	0. 432 975
河北	1. 361 818 251	2. 507 460 561	0. 232 465 422	0. 315 113
山西	1. 229 253 533	3. 051 771 215	0. 443 598 281	0. 321 771
内蒙古	1. 415 192 713	3. 116 591 274	0. 508 102 785	0. 322 091
辽宁	1. 282 132 108	2. 421 295 537	0. 800 618 351	0. 410 885
吉林	1. 339 391 797	2. 613 868 729	0. 662 721 257	0. 344 107
黑龙江	1. 226 716 992	2. 485 941 408	0. 720 868 952	0. 294 157
上海	1. 336 646 713	2. 360 888 047	2. 274 762 749	0. 478 552
江苏	1. 233 528 777	2. 204 933 278	0. 395 857 753	0. 348 739
浙江	1. 376 897 426	2. 447 214 789	0. 372 799 133	0. 389 754
安徽	1. 363 698 434	3. 005 377 597	0. 186 337 995	0. 355 403
福建	1. 333 395 89	2. 732 777 04	0. 385 809 137	0. 384 088
江西	1. 329 064 015	2. 712 680 885	0. 270 607 333	0. 339 966
山东	1. 280 085 581	2. 690 803 625	0. 315 785 509	0. 321 993
河南	1. 292 513 008	3. 017 807 192	0. 184 288 255	0. 300 877
湖北	1. 413 542 757	2. 776 029 782	0. 379 069 807	0. 363 738
湖南	1. 259 635 225	3. 036 722 794	0. 219 565 484	0. 399 483
广东	1. 264 091 229	3. 121 402 376	0. 465 729 272	0. 368 077
广西	1. 378 744 152	3. 769 695 52	0. 179 815 976	0. 367 597
海南	1. 305 890 257	2. 745 505 542	0. 465 831 234	0. 396 576
重庆	1. 372 974 687	3. 673 094 294	0. 240 853 445	0. 395 00
四川	1. 389 041 337	3. 060 765 843	0. 193 290 09	0. 377 022
贵州	1. 594 443 319	4. 253 169 56	0. 139 675 15	0. 341 183
云南	1. 414 018 685	4. 758 562 266	0. 182 951 936	0. 351 737
西藏	1. 069 396 904	4. 892 295 006	0. 275 803 369	0. 523 00
陕西	1. 404 496 549	4. 014 129 176	0. 322 131 222	0. 371 669
甘肃	1. 665 227 532	3. 982 654 675	0. 249 393 415	0. 333 145
青海	1. 715 949 064	3. 739 005 981	0. 425 504 741	0. 388 337
宁夏	1. 607 915 185	3. 111 084 361	0. 419 922 355	0. 338 438
新疆	1. 417 385 128	3. 342 379 463	0. 884 513 998	0. 338 786

资料来源:《中国统计年鉴》(2005)。

附表 12　　　　　　　基础教育公用经费及其分担的测算　　　　单位：元

	小学	初中	合计	省级政府	中央政府
全国	22 492 451 200	22 662 502 100	45 154 953 300	41 056 509 650	4 098 443 650
比例	49.82	50.18	100.00	90.92	9.08
北京	103 208 400	135 278 850	238 487 250	238 487 250	
天津	110 968 800	140 198 800	251 167 600	251 167 600	
河北	1 094 009 800	1 412 355 700	2 506 365 500	2 506 365 500	
山西	718 401 400	674 473 800	1 392 875 200	1 392 875 200	
内蒙古	331 630 800	382 278 050	713 908 850	356 954 425	356 954 425
辽宁	558 866 000	586 372 500	1 145 238 500	1 145 238 500	
吉林	348 276 000	401 800 350	750 076 350	750 076 350	
黑龙江	463 078 800	652 262 450	1 115 341 250	1 115 341 250	
上海	108 579 600	182 866 250	291 445 850	291 445 850	
江苏	1 056 419 200	1 287 227 550	2 343 646 750	2 343 646 750	
浙江	688 613 200	630 262 150	1 318 875 350	1 318 875 350	
安徽	1 247 423 000	1 239 334 950	2 486 757 950	2 486 757 950	
福建	573 888 400	651 440 650	1 225 329 050	1 225 329 050	
江西	772 423 000	762 629 700	1 535 052 700	1 535 052 700	
山东	1 255 600 400	1 537 342 100	2 792 942 500	2 792 942 500	
河南	2 028 126 800	2 067 335 900	4 095 462 700	4 095 462 700	
湖北	949 900 000	1 161 944 700	2 111 844 700	2 111 844 700	
湖南	865 111 400	1 235 004 400	2 100 115 800	2 100 115 800	
广东	2 099 244 200	1 573 436 550	3 672 680 750	3 672 680 750	
广西	941 118 200	843 663 450	1 784 781 650	892 390 825	892 390 825
海南	200 367 000	153 682 200	354 049 200	354 049 200	
重庆	543 799 800	439 174 400	982 974 200	982 974 200	
四川	1 473 150 800	1 264 938 850	2 738 089 650	2 738 089 650	
贵州	958 816 600	717 277 400	1 676 094 000	838 047 000	838 047 000
云南	881 296 400	675 807 650	1 557 104 050	778 552 025	778 552 025
西藏	65 390 400	38 201 800	103 592 200	51 796 100	51 796 100
陕西	741 949 200	767 298 000	1 509 247 200	1 509 247 200	
甘肃	631 107 000	470 678 950	1 101 785 950	550 892 975	550 892 975
青海	102 517 200	78 106 700	180 623 900	90 311 950	90 311 950
宁夏	135 547 600	94 246 950	229 794 550	114 897 275	114 897 275
新疆	443 621 800	405 580 350	849 202 150	424 601 075	424 601 075

附表13 　　　　　　基础教育基建经费及其分担的测算 　　　　　单位：元

	小学	初中	合计	省级政府	县政府
全国	11 246 225 600	9 712 500 900	20 958 726 500	7 509 465 350	13 449 261 150
比例	53. 66	46. 34	100. 00	35. 83	64. 17
北京	51 604 200	57 976 650	109 580 850		109 580 850
天津	55 484 400	60 085 200	115 569 600		115 569 600
河北	547 004 900	605 295 300	1 152 300 200	576 150 100	576 150 100
山西	359 200 700	289 060 200	648 260 900	324 130 450	324 130 450
内蒙古	165 815 400	163 833 450	329 648 850	164 824 425	164 824 425
辽宁	279 433 000	251 302 500	530 735 500		530 735 500
吉林	174 138 000	172 200 150	346 338 150		346 338 150
黑龙江	231 539 400	279 541 050	511 080 450	255 540 225	255 540 225
上海	54 289 800	78 371 250	132 661 050		132 661 050
江苏	528 209 600	551 668 950	1 079 878 550		1 079 878 550
浙江	344 306 600	270 112 350	614 418 950		614 418 950
安徽	623 711 500	531 143 550	1 154 855 050	577 427 525	577 427 525
福建	286 944 200	279 188 850	566 133 050	283 066 525	283 066 525
江西	386 211 500	326 841 300	713 052 800	356 526 400	356 526 400
山东	627 800 200	658 860 900	1 286 661 100		1 286 661 100
河南	1 014 063 400	886 001 100	1 900 064 500	950 032 250	950 032 250
湖北	474 950 000	497 976 300	972 926 300	486 463 150	486 463 150
湖南	432 555 700	529 287 600	961 843 300	480 921 650	480 921 650
广东	1 049 622 100	674 329 950	1 723 952 050		1 723 952 050
广西	470 559 100	361 570 050	832 129 150	416 064 575	416 064 575
海南	100 183 500	65 863 800	166 047 300	83 023 650	83 023 650
重庆	271 899 900	188 217 600	460 117 500	230 058 750	230 058 750
四川	736 575 400	542 116 650	1 278 692 050	639 346 025	639 346 025
贵州	479 408 300	307 404 600	786 812 900	393 406 450	393 406 450
云南	440 648 200	289 631 850	730 280 050	365 140 025	365 140 025
西藏	32 695 200	16 372 200	49 067 400	24 533 700	24 533 700
陕西	370 974 600	328 842 000	699 816 600	349 908 300	349 908 300
甘肃	315 553 500	201 719 550	517 273 050	258 636 525	258 636 525
青海	51 258 600	33 474 300	84 732 900	42 366 450	42 366 450
宁夏	67 773 800	40 391 550	108 165 350	54 082 675	54 082 675
新疆	221 810 900	173 820 150	395 631 050	197 815 525	197 815 525

参 考 文 献

[1] 安东尼·B·阿特金森、约瑟夫·E·斯蒂格里茨：《公共经济学》，上海三联书店、上海人民出版社 1994 年版。

[2] 奥茨：《财产税与地方政府财政》，中国税务出版社 2005 年版。

[3] 奥斯特罗姆、帕克斯和惠特克：《公共服务的制度建构》，上海三联书店 2000 年版。

[4] 彼得·M·杰克逊：《公共部门经济学前沿问题》，中国税务出版社 2000 年版。

[5] 财政部税政司：《地方税改革与税收政策研究》，中国财政经济出版社 2000 年版。

[6] 财政部税政司：《农业税收研究与农村税费改革》，中国财政经济出版社 2002 年版。

[7] 曹荣湘：《泰伯特模型》，社会科学文献出版社 2004 年版。

[8] 柴彭颐、赵作欢：《现阶段中国农民负担合理性研究》，中国农业出版社 2000 年版。

[9] 陈国良：《教育财政国际比较》，高等教育出版社 2000 年版。

[10] 陈锡文：《中国县乡财政与农民增收问题研究》，山西经济出版社 2003 年版。

[11] 程漱兰：《中国农村发展：理论与实践》，中国人民大学出版社 1999 年版。

[12] 杜善学等：《中国农村税费改革研究与实践》，人民日报出版社 2001 年版。

[13] 樊丽明：《中国公共品市场与自愿供给分析》，上海人民

出版社 2005 年版。

[14] 费雪：《州和地方财政学》，中国人民大学出版社 2000 年版。

[15] 高培勇：《"费改税"经济学界如是说》，经济科学出版社 1999 年版。

[16] 顾明远、檀传宝：《2004：中国教育发展报告——变革中的教师与教师教育》，北京师范大学出版社 2004 年版。

[17] 国家行政学院：《基础教育：政策与制度热点》，山东大学出版社 2005 年版。

[18] 哈维·罗森：《财政学》，中国人民大学出版社 2000 年版。

[19] 黄佩华：《中国地方财政问题研究》，中国检察出版社 1999 年版。

[20] 黄佩华、迪帕克：《中国：国家发展与地方财政》，中信出版社 2003 年版。

[21] 贾康：《税费改革研究文集》，经济科学出版社 2000 年版。

[22] 李彬：《乡镇公共物品制度外供给分析》，中国社会科学出版社 2004 年版。

[23] 李秉龙、张立承、乔娟等：《中国农村贫困、公共财政与公共物品》，中国农业出版社 2004 年版。

[24] 李华：《中国农村：公共品供给与制度创新》，经济科学出版社 2005 年版。

[25] 李双成、孙文基、宋义武：《费改税》，中国审计出版社 2000 年版。

[26] 林万龙：《中国农村社区公共产品供给制度变迁研究》，中国财政经济出版社 2003 年版。

[27] 刘茂松：《农业产业发展的制度分析》，中国财政经济出版社 2002 年版。

[28] 刘宇飞：《当代西方财政学》，北京大学出版社 2000

年版。

[29] 刘云龙:《民主机制与民主财政——政府间财政分工国际分工方式》,中国城市出版社2001年版。

[30] 卢洪友:《公共商品供给制度研究》,中国财政经济出版社2003年版。

[31] 罗纳德·J·奥克森:《治理地方公共经济》,北京大学出版社2005年版。

[32] 马骏:《论转移支付——政府间财政转移支付的国际经验及对中国的借鉴意义》,中国财政经济出版社1998年版。

[33] 迈克尔·麦金尼斯:《多中心与地方公共经济》,上海三联书店2000年版。

[34] 曼库尔·奥尔森:《国家兴衰探源经济增长、滞胀与社会僵化》,商务印书馆2001年版。

[35] 平新乔:《财政原理与比较财政制度》,上海三联书店、上海人民出版社1995年版。

[36] 秦晖:《农民中国:历史反思与现实选择》,河南人民出版社2003年版。

[37] 荣敬本、崔之元等:《从压力型体制向民主合作体制的转变——县乡两级政治体制改革》,中央编译出版社1998年版。

[38] 山东省教育厅:《山东教育发展论坛》,山东教育出版社2005年版。

[39] 上海财经大学公共政策研究中心:《2004年中国财政发展报告》,上海财经大学出版社2004年版。

[40] 世界银行:《2006年世界发展报告:公平与发展》,清华大学出版社2006年版。

[41] 宋圭武:《中国乡村发展研究》,中国经济出版社2004年版。

[42] 宋洪远等:《中国乡村财政与公共管理研究》,中国财政经济出版社2004年版。

[43] 苏明:《农村经济发展与财政政策选择》,中国财政经济

出版社 2003 年版。

[44] 席恒：《公与私：公共事业运行机制研究》，商务印书馆 2003 年版。

[45] 项中新：《均等化：基础理念与制度安排》，中国经济出版社 2000 年版。

[46] 徐小青：《中国农村公共服务》，中国发展出版社 2002 年版。

[47] 徐勇：《乡村治理与中国政治》，中国社会科学出版社 2003 年版。

[48] 许彬：《公共经济学导论——以公共产品为中心的一种研究》，黑龙江人民出版社 2003 年版。

[49] 姚洋：《转轨中国：审视社会公正和平等》，中国人民大学出版社 2004 年版。

[50] 约·肯·加尔布雷思：《经济学和公共目标》，商务印书馆 1980 年版。

[51] 张馨、杨志勇、郝联峰等：《当代财政与财政学主流》，东北财经大学出版社 2000 年版。

[52] 中华人民共和国财政部：《中国农民负担史》（第四卷），中国财政经济出版社 1991 年版。

[53] 钟晓敏：《政府间财政转移支付论》，立信会计出版社 1998 年版。

[54] 周金玲：《义务教育及其财政制度研究》，经济科学出版社 2005 年版。

[55] 朱钢、张元红、张军等：《聚焦中国农村财政——格局、机理与政策选择》，山西经济出版社 2000 年版。

[56] 阿兰·卡利、李兴业：《19 世纪初以来法国基础教育投资和学校政策的地方分权》，载《法国研究》，2004 年第 2 期，第 24~40 页。

[57] 白海军、徐海俊：《我国户籍制度改革发展现状及对策分析》，载《河北大学学报（哲学社会科学版）》，2006 年第 2 期，

第 51~54 页。

　　［58］白雪梅：《教育与收入不平等：中国的经验研究》，载《管理世界》，2004 年第 6 期，第 53~58 页。

　　［59］鲍传友：《中国城乡义务教育差距的政策审视》，载《北京师范大学学报（社会科学版）》，2005 年第 3 期，第 16~24 页。

　　［60］鲍劲翔：《安徽省农村税费改革后义务教育情况调查报告》，载《经济研究参考》，2002 年第 75 期，第 25~34 页。

　　［61］北京市邓小平理论研究中心课题组：《中国共产党党员队伍社会成分的历史考察》，载《中国特色社会主义研究》，2002 年第 1 期，第 46~51 页。

　　［62］财政部农业司《公共财政覆盖农村问题研究》课题组：《公共财政覆盖农村问题研究报告》，载《农业经济问题》，2004 年第 7 期，第 48~56 页。

　　［63］蔡拔平、左晓荣：《简论我国城乡义务教育的断裂及弥合对策》，载《当代经济论坛》，2006 年第 4 期，第 33~35 页。

　　［64］蔡昉、杨涛：《城乡收入差距的政治经济学》，载《中国社会科学》，2000 年第 4 期，第 11~22 页。

　　［65］曹阳：《全球化背景下的中国城乡劳动流动与城乡居民收入差距》，载《学术论坛》，2005 年第 1 期，第 86~92 页。

　　［66］陈丹：《教育公平理论在法国教育中的实践》，载《法国研究》，2004 年第 1 期，第 208~213 页。

　　［67］陈家刚：《法治框架下德国地方治理：权力、责任与财政——以德国莱茵—法尔茨州 A 县为例的分析》，载《公共管理学报》，2006 年第 3 卷第 2 期，第 13~20 页。

　　［68］陈闻君：《人力资本、就业机会与我国农村劳动力迁移》，载《经济与管理》，2004 年第 18 卷第 8 期，第 46~47 页。

　　［69］陈永正、陈家泽：《论中国乡级财政》，载《中国农村观察》，2004 年第 5 期，第 60~68 页。

　　［70］成德宁：《论城市偏向与农村贫困》，载《武汉大学学报（哲学社会科学版）》，2005 年第 58 卷第 2 期，第 255~260 页。

[71] 程漱兰、周文根、张海洋:《农民收入政策演变的国际比较》,载《中国软科学》,1998年第11期,第79~85页。

[72] 程伟:《我国农村人力资本投资现状对农业剩余劳动力转移的影响分析——来自于2004~2005年我国农民工流动就业的调研》,载《人口与经济》,2006年第3期,第44~49页。

[73] 楚成亚、刘祥军:《当代中国城市偏向政策的政治根源》,载《当代世界社会主义问题》,2002年第4期,第75~81页。

[74] 段成荣、梁宏:《关于流动儿童义务教育问题的调查研究》,载《人口与经济》,2005年第1期,第11~17页。

[75] 樊纲:《论公共收支的新规范——我国乡镇"非规范收入"若干个案的研究与思考》,载《经济研究》,1995年第6期,第34~43页。

[76] 樊华强:《从教育平等反思我国义务教育投资体制》,载《当代教育论坛》,2005年第11期,第17~18页。

[77] 范丽萍、李祥云:《国外义务教育财政制度研究综述》,载《福建教育学院学报》,2002年第10期,第75~78页。

[78] 范先佐:《构建"以省为主"的农村义务教育财政体制》,载《华中师范大学学报(人文社会科学版)》,2006年第2期,第113~118页。

[79] 方建锋:《让每一个孩子享受公平的教育——义务教育均衡化发展概述》,载《教育发展研究》,2005年第2B期,第39~45页。

[80] 冯文全、夏茂林:《农村基础教育资源的使用效率问题及对策研究》,载《天津师范大学学报(基础教育版)》,2006年第7卷第2期,第25~28页。

[81] 高秉雄、陈国申:《西方基层政府的合并浪潮及对我国的启示》,载《社会主义研究》,2006年第2期,第96~100页。

[82] 高如峰:《重构中国农村义务教育财政体制的政策建议》,载《教育研究》,2004年第7期,第18~25页。

[83] 高如峰:《对农村义务教育各级政府财政责任分工的建

议方案》，载《教育研究》，2005 年第 3 期，第 17 ~ 22 页。

[84] 高如峰：《法国义务教育的特别扶持制度》，载《外国教育研究》，1999 年第 6 期，第 32 ~ 35 页。

[85] 高如峰：《义务教育公共投资水平和效益的国际比较》，载《教育研究》，2002 年第 6 期，第 9 ~ 11、37 页。

[86] 高如峰：《义务教育投资的国际比较与政策建议》，载《教育研究》，2001 年第 5 期，第 3 ~ 10 页。

[87] 高如峰：《中国农村义务教育财政体制的实证分析》，载《教育研究》，2004 年第 5 期，第 3 ~ 10 页。

[88] 葛乃旭：《重建我国政府间转移支付制度的构想》，载《财贸经济》，2005 年第 1 期，第 61 ~ 67 页。

[89] 巩真：《教育均等化政策对收入差异影响的国际比较——美、韩经验借鉴和中国问题分析》，载《陕西师范大学学报（哲学社会科学版)》，2006 年第 35 卷第 2 期，第 117 ~ 123 页。

[90] 顾欣炜、于专宗：《教育与中国社会的阶层流动》，载《兰州学刊》，2004 年第 5 期，第 209 ~ 212 页。

[91] 关松林：《国外普及义务教育的经验与思考》，载《外国教育研究》，1998 年第 1 期，第 28 ~ 33 页。

[92] 广东省价格成本调查队：《2002 年广东中小学教育培养成本调查分析》，载《粤港澳价格》，2003 年第 12 期，第 25 ~ 27 页。

[93] 郭丛斌、侯华伟：《教育规模及教育机会公平对收入分配的影响》，载《北大教育经济研究》，2005 年第 3 卷第 1 期，第 1 ~ 9 页。

[94] 郭建如：《基础教育财政体制变革与农村义务教育发展研究：制度分析的视角》，载《社会科学战线》，2003 年第 5 期，第 157 ~ 163 页。

[95] 郭剑雄：《人力资本、生育率与城乡收入差距的收敛》，载《中国社会科学》，2005 年第 3 期，第 27 ~ 37 页。

[96] 郭新力：《国外政府实施义务教育的模式及启示》，载

《学习与实践》，2006年第4期，第69~72页。

　[97] 郭耀邦、盛阳荣：《大力推进基础教育的均衡化发展——来自浙江的报告》，载《教育发展研究》，2003年第9期，第27~30页。

　[98] 国家计委宏观经济研究院课题组：《农村税费改革问题研究》，载《经济研究参考》，2001年第24期，第2~20页。

　[99] 韩洪文：《我国义务教育投资体制变迁轨迹分析》，载《首都经济贸易大学学报》，2006年第1期，第45~47页。

　[100] 韩嘉玲：《北京市流动儿童义务教育状况调查报告（及续)》，载《青年研究》，2001年第8、9期，第1~7、10~18页。

　[101] 何李方：《"分级办学，分级管理"——农村义务教育体制探析》，载《池州师专学报》，2005年第19卷第1期，第104~108页。

　[102] 胡士华：《教育对我国农村劳动力流动影响研究》，载《经济问题》，2005年第10期，第40~42页。

　[103] 黄丙志：《我国农村人力资本投资与农民收入增长》，载《华东理工大学学报（社会科学版)》，2005年第2期，第57~61页。

　[104] 黄祖辉、许昆鹏：《农民工及其子女的教育问题与对策》，载《浙江大学学报（人文社会科学版)》，2006年第36卷第4期，第3~9页。

　[105] 贾康、白景明：《县乡财政解困与财政体制创新》，载《经济研究》，2002年第2期，第3~9页。

　[106] 江明融：《公共服务均等化论略》，载《中南财经政法大学学报》，2006年第3期，第43~47页。

　[107] 江文涛：《农村义务教育投资的地区差异》，载《财经科学》，2006年第3期，第86~95页。

　[108] 蒋鸣和：《中国农村义务教育投资：基本格局和政策讨论》，载《教育科学研究》，2001年第2期，第17~22页。

　[109] 蒋中一、戴洪生：《降低农村初中辍学率和义务教育体

制的改革》，载《中国人口科学》，2005 年第 4 期，第 59～99 页。

[110] 焦建国：《农村教育与二元经济社会结构——城乡教育比较与我国教育当前急需解决的问题》，载《学习与探索》，2005 年第 3 期，第 171～178 页。

[111] 教育部、国家统计局、财政部：《2004 年全国教育经费执行情况统计公告》，载《教育发展研究》，2006 年第 18 期，第 84～87 页。

[112] 旷乾：《制度变迁中的义务教育财政——上世纪 90 年代以来我国义务教育财政体制研究综述》，载《上海教育科研》，2005 年第 4 期，第 6～9 页。

[113] 雷晓宁：《我国城乡差距的质变及政策含义》，载《改革》，2005 年第 4 期，第 23～27 页。

[114] 李爱良：《农村义务教育管理体制的困境与变革》，载《教育发展研究》，2006 年第 5 期，第 48～51 页。

[115] 李华：《城乡公共品供给均等化与转移支付制度的完善》，载《财政研究》，2005 年第 11 期，第 38～40 页。

[116] 李家坦：《农村教育费附加收、支、管情况剖析》，载《江苏教育研究》，2000 年第 3 期，第 40～41 页。

[117] 李恺、李崇光：《农村劳动力收入水平与农村人力资源开发实证研究》，载《经济问题探索》，2005 年第 1 期，第 88～90 页。

[118] 李通屏：《家庭人力资本投资的城乡差异分析》，载《社会》，2002 年第 7 期，第 11～14 页。

[119] 李文利、曾满超：《美国基础教育"新"财政》，载《教育研究》，2002 年第 23 卷第 5 期，第 84～89 页。

[120] 李晓茜：《加拿大的均等化转移支付》，载《中国财政》，2002 年第 11 期，第 62～63 页。

[121] 李彦龙、孟凡峰：《关于我国义务教育财政体制的思考》，载《经济论坛》，2005 年第 24 期，第 94～95 页。

[122] 栗玉香：《建立义务教育财政"低保"制度的思路》，

载《北京科技大学学报（社会科学版）》，2006 年第 1 期，第 148 ~ 153 页。

[123] 梁平、冯驰：《乡镇合并的动力机制、效果分析及对策建议》，载《南方农村》，2005 年第 1 期，第 43 ~ 46 页。

[124] 刘艺容、杨继莲：《农村居民教育投资困境及对策分析》，载《吉首大学学报（社会科学版）》，2004 年第 25 卷第 1 期，第 108 ~ 110 页。

[125] 刘应杰：《中国城乡关系演变的历史分析》，载《当代中国史研究》，1996 年第 2 期，第 1 ~ 10 页。

[126] 刘泽云：《政府如何为农村义务教育买单？——农村义务教育财政体制改革新论》，载《华中师范大学学报（人文社会科学版）》，2005 年第 3 期，第 17 ~ 22 页。

[127] 刘泽云：《西方发达国家的义务教育财政转移支付制度》，载《比较教育研究》，2003 年第 1 期，第 35 ~ 40 页。

[128] 龙卓舟、陈达：《日本的转移支付制度及其借鉴》，载《新疆财经学院学报》，2002 年第 3 期，第 26 ~ 28 页。

[129] 吕旺实、贾康、石英华：《义务教育财政投入的不同建议比较》，载《经济研究参考》，2006 年第 4 期，第 2 ~ 26 页。

[130] 马远军、张小林、梁丹、梅思思：《国外城乡关系研究动向及其启示》，载《经济问题探索》，2006 年第 1 期，第 45 ~ 50 页。

[131] 满莉、徐浩然、章仁俊：《美德日三国政府间转移支付制度及启示》，载《审计与经济研究》，第 19 卷第 6 期，第 46 ~ 48 页。

[132] 孟旭、樊香兰：《发达国家义务教育投入的成功经验》，载《基础教育参考》，2004 年第 5 期，第 8 ~ 9 页。

[133] 民盟杭州市委课题组：《杭州市城乡义务教育公平问题调查报告》，载《杭州研究》，2005 年第 3 期，第 29 ~ 32 页。

[134] 聂荣鑫：《关于拖欠教师工资的理性思考——一则案例引起的反思》，载《现代中小学教育》，2003 年第 1 期，第 1 ~

3 页。

[135] 聂盛：《关于城乡教育投资收益率的比较》，载《人口与经济》，2005 年第 4 期，第 38～41、50 页。

[136] 钱民辉：《教育真的有助于向上社会流动吗——关于教育与社会分层的关系分析》，载《社会科学战线》，2004 年第 4 期，第 194～200 页。

[137] 乔·史蒂文斯：《集体选择经济学》，上海三联书店 1999 年版。

[138] 乔宝云、范剑勇、冯兴元：《中国的财政分权与小学义务教育》，载《中国社会科学》，2005 年第 6 期，第 37～46 页。

[139] 秦岭：《从农村劳动力受教育程度分析农民增收问题》，载《南京人口管理干部学院学报》，2004 年第 20 卷第 1 期，第 14～18 页。

[140] 冉幕娟、吴永球、陈永丽：《城乡教育不平等与收入差距关系研究》，载《山西财经大学学报（高等教育版）》，2006 年第 9 卷第 1 期，第 70～75 页。

[141] 商丽浩：《审视美国学区教育筹资制度》，载《比较教育研究》，2004 年第 5 期，第 29～32、90 页。

[142] 邵新顺：《义务教育办学体制：功能性缺陷、历史性分析和发展对策》，载《山东教育学院学报》，2006 年第 3 期，第 16～20 页。

[143] 沈百福、李芙蓉：《我国部分省（区）义务教育财政投入缺口分析》，载《教育发展研究》，2004 年第 7～8 期，第 1～5 页。

[144] 沈百福、王红：《2000～2002 年我国义务教育完成率和义务教育经费问题分析》，载《教育发展研究》，2003 年第 9 期，第 1～6 页。

[145] 沈百福、愈诗秋：《中国省级地方教育投资的区域比较研究》，载《教育与经济》，1994 年第 4 期，第 1～15 页。

[146] 石金明：《关于构建我国教育经费筹措新体制的探讨》，

载《教育财会研究》，2003 年第 3 期，第 21～25 页。

[147] 史永跃、吴湘玲：《法国财政管理体制分析及其借鉴》，载《社会科学论坛》，2005 年第 11 期，第 69～71 页。

[148] 宋梅：《教育在社会流动中的作用》，载《康定民族师范高等专科学校学报》，2004 年第 3 卷第 4 期，第 52～53 页。

[149] 宋振远、李舒：《是包袱，还是责任？拷问"农民工子女上学难"》，载《长安》，2006 年第 7 期，第 51～52 页。

[150] 谭崇台：《论发展经济学的发展》，载《上海行政学院学报》，2000 年第 1 期，第 67～76 页。

[151] 汤林春：《外国义务教育的演变、性质及其启示》，载《教育评论》，1997 年第 6 期，第 53～54 页。

[152] 陶勇：《农村公共产品供给与农民负担问题探索》，载《财贸经济》，2001 年第 10 期，第 74～77 页。

[153] 滕建华：《农村人力资本投资与农村劳动力流动的相关性分析》，载《农业技术经济》，2004 年第 4 期，第 30～34 页。

[154] 汪柱旺：《构建"以国为主"的农村义务教育投入体制》，载《改革与战略》，2004 年第 12 期，第 81～82 页。

[155] 王德、郭洁：《乡镇合并与行政区划调整的新思路和新方法》，载《城市规划汇刊》，2002 年第 6 期，第 72～75 页。

[156] 王德文：《中国农村义务教育：现状、问题和出路》，载《中国农村经济》，2003 年第 11 期，第 4～11 页。

[157] 王放：《中国城镇化进程中的流动人口子女受教育问题》，载《中国青年研究》，2005 年第 9 期，第 27～31 页。

[158] 王国敏、周庆元：《农民增收与农村基础教育：理论分析与实证研究》，载《四川大学学报（哲学社会科学版)》，2006 年第 3 期，第 45～50 页。

[159] 王红：《对分散型义务教育筹资体制的反思：问题与改革》，载《现代教育论丛》，2003 年第 6 期，第 17～26 页。

[160] 王焕清：《农村义务教育经费负担主体研究》，载《湖湘论坛》，2006 年第 1 期，第 65～66 页。

[161] 王磊：《我国政府间转移支付制度对公共服务均等化的影响》，载《经济体制改革》，2006 年第 1 期，第 21～26 页。

[162] 王蓉：《我国义务教育投入之公平性研究》，载《经济学季刊》，2003 年第 2 卷第 2 期，第 453～468 页。

[163] 王蓉：《教育水平的差异与公共教育资源分配的不平等》，载《北大教育经济研究》，2004 年第 2 卷第 3 期，第 1～26 页。

[164] 王仕军、刘玉红：《农村孩子也需要好教师——对农村教师进城热的思考》，载《中小学管理》，2003 年第 8 期，第 40 页。

[165] 王晓辉：《法国义务教育的财政体制》，载《全球教育展望》，2002 年第 31 卷第 1 期，第 71～76 页。

[166] 王志刚：《耕地、收入和教育对农村劳动力转移的影响》，载《农业技术经济》，2003 年第 5 期，第 10～13 页。

[167] 魏后凯、杨大利：《地方分权与中国地区教育差异》，载《中国社会科学》，1997 年第 1 期，第 98～113 页。

[168] 吴方卫、张锦华：《教育平等的地区分化与地区分化下的教育平等——对我国农村劳动力受教育状况的一个考察》，载《财经研究》，2005 年第 31 卷第 6 期，第 5～115 页。

[169] 吴开俊：《我国义务教育投资体制的缺陷与对策》，载《上饶师专学报》，1997 年第 17 卷第 4 期，第 65～69 页。

[170] 武新灵、李洪锁、彭淑彦：《劳动力素质与农村劳动力转移相关性研究》，载《河北大学成人教育学院学报》，2004 年第 6 卷第 4 期，第 33～36 页。

[171] 肖建华、刘学之：《有限政府与财政服务均等化》，载《中央财经大学学报》，2005 年第 6 期，第 6～10 页。

[172] 刑志杰：《关于教育收益率研究的国际比较》，载《北大教育经济研究》，2004 年第 2 卷第 1 期，第 1～12 页。

[173] 熊健：《税费改革对农村义务教育投入的影响与对策》，载《农业经济问题》，2004 年第 1 期，第 69～71 页。

[174] 徐培娥：《法国的地方财政税收管理制度》，载《欧

洲》，1997年第3期，第84~86页。

[175] 徐诗举：《公共产品均等化：政府间转移支付制度的目标》，载《内蒙古财经学院学报》，1997年第1期，第44~45页。

[176] 杨成铭：《国际人权法中受教育权的性质：权利或义务?》，载《法学评论》，2004年第6期，第67~72页。

[177] 杨亚敏：《中美农村义务教育财政投资体制的比较与借鉴》，载《保山师专学报》，2005年第24卷第1期，第5~11页。

[178] 叶碧英：《转型期，弱势群体向上流动的障碍——教育不公》，载《理论界》，2006年第4期，第133~134页。

[179] 叶兴庆：《论农村公共产品供给体制的改革》，载《经济研究》，1997年第6期，第57~62页。

[180] 易翠枝、刘峰：《基础教育入学率、收入与〈义务教育法〉》，载《湖南社会科学》，2006年第2期，第149~151页。

[181] 郁建兴、金蕾：《法国地方治理体系中的市镇联合体》，载《中共浙江省委党校学报》，2006年第1期，第23~29页。

[182] 宰守鹏、严明：《法国的义务教育》，载《广东财政》，2002年第12期，第62~63页。

[183] 曾维涛：《以国为主的农村义务教育投入体制思考》，载《求索》，2005年第11期，第146~148页。

[184] 张德元：《"以民为主"、"以县为主"与"以国为主"——论我国农村义务教育体制的变迁与现实选择》，载《重庆工商大学学报：西部经济论坛》，2003年第4期，第66~69页。

[185] 张冬平、白菊红：《农村劳动力受教育水平差异分析》，载《中国农村观察》，2003年第1期，第2~10页。

[186] 张海峰：《城乡教育不平等与收入差距扩大——基于省级混合截面数据的实证分析》，载《山西财经大学学报》，2006年第4期，第31~38页。

[187] 张乐天：《农村劳动力转移中的教育作用与问题——澳大利亚、马来西亚、中国、孟加拉四国比较研究》，载《比较教育研究》，2005年第1期，第68~73页。

[188] 张立承:《基层财政运行压力:农村义务教育管理体制改革困境分析——对农业县(市)基层财政的案例研究》,载《北京大学教育评论》,2004年第2卷第3期,第53~59页。

[189] 张路雄:《困境与出路:现代化市场化进程中的中国教育体制》,载《社会科学论坛》,2006年第8期,第49~71页。

[190] 张汝立:《我国的城乡关系及其社会变迁》,载《社会科学战线》,2003年第3期,第241~244页。

[191] 张首祥:《农村义务教育管理体制:进展、问题、建议》,载《基础教育参考》,2005年第1期,第4~8页。

[192] 张素蓉:《农村基础教育质量城乡差异因果分析及对策研究》,载《四川师范大学学报(社会科学版)》,1997年第24卷第1期,第9~16页。

[193] 张维平、徐兴旺:《对修订中的义务教育法建立义务教育经费保障机制的建议》,载《重庆社会科学》,2006年第4期,第93~96页。

[194] 张秀英:《城乡二元义务教育体制与乡镇负债——兼论农村义务教育的可持续发展》,载《兰州大学学报(社会科学版)》,2005年第33卷第2期,第102~105页。

[195] 张学敏:《我国义务教育经费投入体制的变迁》,载《教育科学》,2003年第19卷第4期,第4~7页。

[196] 张玉林:《分级办学制度下的教育资源分配与城乡教育差距》,载《中国农村观察》,2003年第1期,第10~22页。

[197] 张忠福:《农村义务教育的发展应"以国为主"》,载《中小学教师培训》,2004年第1期,第61~63页。

[198] 赵宝廷:《从公共品定义的视角看公共品供给效率问题》,载《求索》,2006年第6期,第67~68页。

[199] 赵岚:《人口流动与农村基础教育可持续发展》,载《当代教育科学》,2004年第5期,第24~27页。

[200] 赵丽霞、武在争:《农村义务教育投入的国际比较及启示》,载《天津市教科院学报》,2005年第2期,第27~30页。

［201］周逸先、崔玉平：《农村劳动力受教育与就业及家庭收入的相关分析》，载《中国农村经济》，2001 年第 4 期，第 60～67 页。

［202］朱云：《中外教育投入比较》，载《财富时代》，2004年第 8 期，第 20～23 页。

［203］邹泓、屈智勇、张秋凌：《中国九城市流动儿童发展与需求调查》，载《青年研究》，2005 年第 2 期，第 1～7 页。

［204］邹泓、屈智勇、张秋凌：《中国九城市流动儿童生存和受保护状况调查》，载《青年研究》，2004 年第 1 期，第 1～8 页。

［205］Arnott, Richard J & Gersovitz, Mark. 1986. Social Welfare Underpinnings of Urban Bias and Unemployment. *Economic Journal*, *Royal Economic Society*, 1986, Vol. 96 Issue382：413－324.

［206］Ashutosh Varshney. 1993. Introduction：urban bias in perspective. *Journal of Development Studies*, Vol. 29, No. 4.

［207］Ashutosh Varshney（ed.）1993. Beyond Urban Bias. London：Frank Cass.

［208］Atkinson, Anthony and Joseph Stiglitz. 1980. Lectures on Public Economics. London：McGraw-Hill.

［209］Anthony B. Atkinson. 1970. On the measurement of inequality. *Journal of Economic Theory*, Vol. 2 Issue 3：244－263.

［210］Alexander W. Cappelen and Bertil Tungoddeny. 2003. Local autonomy and interregional equality-Fiscal equalization with balanced budgets. Discussion Paper 24/2002, http：//www. nhh. no/sam/respubl/2002/dp24. pdf.

［211］Andrew Reschovsky. 1994. Fiscal Equalization and School Finance. *National Tax Journal*, Vol. 47, No. 1：185－197.

［212］Bates, R H. 1981. Markets and states in tropical Africa：the political basis of agricultural policies. University of California press, Berkeley.

［213］Bates, R H. 1993. "Urban Bias"：a fresh look, in

Ashutosh Varshney （ed.） Beyond Urban Bias，Frank Cass，pp. 219 – 228.

［214］ Bev Dahlby . 2001. The Incentive Effects of Fiscal Equalization Grants. Paper presented at the AIMS/MEI/FCPP Conference on "Equalization：Welfare Trap or Helping Hand?"

［215］ Bewley，Truman F. 1981. A Critique of Tiebout's Theory of Local Public Expenditures. *Econometrica*，Vol. 49：713 –740.

［216］ Black Errol and Silver Jim. 2004. Equalization：Financing Canadians' Commitment to Sharing and Social Solidarity. http：//www. policyalternatives. ca/documents/Nova_Scotia_Pubs/NSequalization. pdf.

［217］ Catherine Hull and Bob Searle. 2004. The impact of Equalization on Service Delivery. Working Paper 04 – 12.

［218］ Charles M. Tiebout. 1956. A pure theory of local expenditures. *Journal of political Economy*，Vol. 64：416 –424.

［219］ Christian Schultz and Tomas Sjöström. 2001. Local public goods，debt and migration. *Journal of Public Economics*，Vol. 80：313 – 337.

［220］ Dennis Tao Yang. 1999. Urban-biased policies and rising income inequality in China. *The American Economic Review*，Vol. 89，No. 2：306 –310.

［221］ Dethier，J （ed.）. 2000. Governance，decentralization and reforms in China，India，and Russia. Boston：Kluwer Academic Publishers.

［222］ Ekaterina V. Zhuravskaya. 2000. Incentives to provide local public goods：fiscal federalism，Russian style. *Journal of Public Economics*，Vol. 76：337 –368.

［223］ Fay，M. and Opal，C. 2000. Urbanization without growth：a not so uncommon phenomenon. World Bank Working Paper No. 2412.

［224］ Fay，M，and Charlotte Opal. 1999. Urbanization without Growth：A not So Uncommon Phenomenon World Bank Policy Research

Working Paper No. 2412.

［225］ Gilles Duranton and Stéphance Déo. 1999. Financing productive local public goods. *Journal of Urban Economics*, Vol. 45: 264 - 286.

［226］ Harris, John R and Todaro, Michael P. 1970, Migration, Unemployment and Development: A Two-Sector Analysis. *American Economic Review*, Vol. 60 Issue1: 126 - 142.

［227］ Harvey S. Rosen. 1986. Studies in State and Local Public Finance. The University of Chicago Press.

［228］ Harvey S. Rosen. 1997. The Fiscal Behavior of State and Local Governments: selected papers of Harvey S. Rosen. Edward Elgar Publishing Limited.

［229］ Jack M. Mintz. Provincial Fiscal Equalization and Territorial Formula Financing: Expert Review Panel Consultation at the C. D. http://www. eqtff-pfft. ca/english/documents/FinalReport-Toronto. pdf.

［230］ James M. Buchanan. 1950. Federalism and Fiscal Equity. *The American Economic Review*, Vol. 40, No. 4: 583 - 599.

［231］ James M. Buchanan. 1952. Federal Grants and Resource Allocation. *The Journal of Political Economy*, Vol. 60, No. 3: 208 - 217.

［232］ James M. Buchanan and Charles Goetz. 1972. Efficiency limits of fiscal mobility: An assessment of the Tiebout model. *Journal of Public Economics*, Issue 4: 25 - 43.

［233］ James M. Buchanan. 1980. The Public Finances, An introductory textbook. Richard D. Irwin Inc.

［234］ Jim Marshall. 2006. Issues in Equalization: a Discussion. SIPP Public Policy Paper No. 45.

［235］ Jorn Tattso. 1998. Fiscal Federalism and State-Local Finance. Edward Elgar Publishing Limited.

［236］ Joseph E. Stiglitz. 1982. The theory of local public goods twenty-five years after Tiebout: A perspective. NBER working paper

No. 954.

［237］Joseph E. Stiglitz. 2000. Economics of the public sector, third edition. W. W. Norton & Company.

［238］Lewis, W. A. 1954. Economic development with unlimited supplies of labour. *Manchester School of Economics and Social Studies*, Vol. 22: 139 – 191.

［239］Lipton, M. 1977. Why poor people stay poor: urban bias in world development. Harvard University press, Cambridge, MA.

［240］Lipton, M. 1993. Urban bias: of consequences, classes and causality. *Journal of Development Studies*, Vol. 29, Issue 4: 229 –258.

［241］Lipton, M. 1993, Urban bias: of consequences, classes and causality, in Ashutosh Varshney (ed.) Beyond Urban Bias, Frank Cass.

［242］Lipton, M. 1997. Poverty: are there holes in the consensus? *World Development*, Vol. 25 Issue7: 1003 – 1008.

［243］Lipton, M. 1968. Strategy for agriculture: urban bias and rural planning, in Streeten, P. and Lipton, M. (ed.) The Crisis of Indian Planning, London: Oxford University Press.

［244］Lipton, M. 1977. Why Poor People Stay Poor: A Study of Urban Bias in World Development. London: Temple Smith.

［245］Lipton, M. 1984. Urban bias revisited. *Journal of Development Studies*, Vol. 20 Issue3: 139 – 166.

［246］L Ruzicka and H Hansluwka. 1982. Mortality Transition in South and East Asia: Technology Confronts Poverty. *Population and Development Review*, No. 3: 567 –588.

［247］Malkin, J. , & Wildavsky, A. （1991）. Why the traditional distinction between public and private goods should be abandoned. Journal of Theoretical Politics, Vol. 3 No. 4, 355 –378.

［248］M Moore. 1993. Economic Structure and the Politics of Sectoral Bias: East Asian and Other Cases. *Journal of Development Studies*,

Vol. 29, No. 4.

［249］Musgrave, Richard A. 1993. Who Should Tax, Where, and What? in Charles E. McLure, Jr. (ed.) Tax Assignment in Federal Countries, Canberra: Centre for Research on Federal Financial Relations, Australian National University, pp. 2 – 19.

［250］Musgrave, Richard A. 1939. The voluntary exchange theory of public economy. *Quarterly Journal of Economics*, Vol. 53, Issue 2: 213 – 237.

［251］Musgrave, Richard A. 1961, Approaches to a Fiscal Theory of Political Federalism, in *Public Finance: Needs Sources and Utilization*, National Bureau of Economic Research, New York, Princeton: Princeton University Press, pp. 97 – 122.

［252］Oates, Wallace E. 1998. "Introduction" in Wallace E. Oates, (ed), *The Economics of Fiscal Federalism and Local Finance* (North Hampton, Mass.: Edward Elgar Publishing, Inc.), pp. xiii – xix.

［253］Oates, Wallace E., 1996. Taxation in a Federal System: The Tax-Assignment Problem. *Public Economics Review*, Vol. 1, No. 1: 35 – 60.

［254］Oi, Jean C. 1992. Fiscal Reform and the Economic Foundations of Local State Corporatism in China. *World Politics*, Vol. 45, No. 1: 99 – 126.

［255］Phillip J. Bryson and Gary C. Cornia. The Property Tax—a Missed Opportunity for Fiscal Decentralization in Transition Countries? The Czech and Slovak Cases. http://unpan1.un.org/intradoc/groups/public/documents/NISPAcee/UNPAN009016.pdf.

［256］Paul DiMaggio, Eszter Hargittai, Coral Celeste, and Steven Shafer. 2003. From Unequal Access to Differentiated Use: A Literature Review and Agenda for Research on Digital Inequality. Working Paper 29. http://www.russellsage.org/programs/proj_reviews/si/revdimaggio01.pdf.

［257］ Pang Xiao-min. 2000. The conception framework of Asian urban development in transition. *The Journal of Chinese Geography*, Vol. 10, No. 2: 159 – 167.

［258］ Paul A. Samuelson. 1954. The pure theory of public expenditure. *The Review of Economics and Statistics*, Vol. 36, Issue 4: 387 – 389.

［259］ Paul A. Samuelson. 1955. Diagrammatic exposition of a theory of public expenditure. *The Review of Economics and Statistics*, Vol. 37, Issue 4: 350 – 356.

［260］ Romeo M. Bautista, Sherman Robinson, Finn Tarp and Peter Wobst. 1998. Policy bias and agriculture: partial and general equilibrium measures. TMD Discussion Paper No. 25.

［261］ Ronan Paddison and Stephen Bailey. 1988. Local Government Finance. Routledge.

［262］ Stuart Corbridge and Gareth A. Jones. The Continuing Debate about Urban Bias: The Thesis, Its Critics, Its Influence, and Implications for Poverty Reduction. http: //www. passlivelihoods. org. uk/site_files/files/Retreat%20Downloads/Urban%20Bias%20Session%20Outline. pdf.

［263］ Shan, Anwer. 1994. The Reform of intergovernmental Fiscal relations in developing and Emerging Market Economics. Word Bank Policy and Research series No. 23.

［264］ Stephanie Shirley Post. 1999. The structure of the public goods market and intergovernmental cooperation. http: //www. indiana. edu/~ workshop/wow2/publications/jun3999. pdf.

［265］ Streeten, P. and Lipton, M. (ed), The Crisis of Indian Planning. London: Oxford University Press, 1968.

［266］ Sumon Majunmdar, Anandi Mani, Sharun Mukan. 2004. Politics, information and the urban bias. *Journal of Development Economics*, Vol. 75: 137 – 165.

［267］ Suzanne Scotchmer. 2002. Local public goods and clubs, in

Handbook of Public Economics, Volume4, A. J. Auerbach and M. Feldstein (ed.), Elsevier Science B. V. pp. 1998 – 2036.

[268] Timothy Besley and Stephen Coate. 1999. Centralized versus decentralized provision of local public goods: a political economy analysis. NBER working paper No. 7084.

[269] Turvey R, Anderson D 1977. Electricity Economics. Baltimore MD: Johns Hopkins Univ. Press.

[270] Terance D. Miethe, Charles A. Moore. 1986. Racial differences in criminal processing: the consequences of model selection on conclusions about differential treatment. *The Sociological Quarterly*, Vol. 27, Issue 2: 217 – 237.

[271] United Nations. 2005. The Inequality Predicament – Report on the World Social Situation 2005. United Nations Publication, New York.

[272] UNESO. 2002. Financing Education-Investments and Returns Analysis of the World Education Indicators. http://www. uis. unesco. org/TEMPLATE/pdf/wei/WEI_ExecSummary_Eng. pdf.

[273] Xiaobo Zhang, Shenggen Fan, Linxiu Zhang, and Jikun Huang. 2002. Local governance and public goods provision in rural China. EPTD discussion paper No. 93.

[274] World Bank. 1991. World Development Report 1991: The Challenge of Development. New. York: Oxford University Press.

[275] Word bank. 2000. World development report: attacking poverty. Oxford University Press.

[276] World Bank. 2000. Quality of Growth. Oxford University Press.

[277] World Bank. 2002. China: National development and subnational finance, a review of provincial expenditure. Report No. 22951 – CHA.

后　　记

博士论文答辩结束时才发现，自己竟然不知不觉中在山东大学度过了十年的美好时光。

十年时间，如白驹过隙，转瞬即逝，但十年生活的点点滴滴却如同一幕幕精彩的电影，一直铭刻在我的心中。图书馆、小树林、公教楼、经管楼……那些我曾经付出汗水与努力的地方，见证着我的成长，也见证着山东大学的发展。

我非常幸运地经历了山东大学以及经济学院历史上发展最快的时期，但更让我倍感荣幸的是能成为樊丽明教授的弟子。本书能够得以顺利完成，首先要感谢樊老师。无论是学习、工作，还是生活，樊老师都给予了我无微不至的关怀。曾经，满篇的红字意见让我羞愧万分，一针见血的批评也让我倍感汗颜，但现在回想起来，这些恰恰是我一生中难得的经历，也是一笔宝贵的财富。可以说，是樊老师将我领进了公共经济学研究的大门。也曾经，樊老师母亲般的关怀让我深受感动，温暖如春的呵护让我的生活始终沐浴着幸福。所有这些，我都将始终记在心中，永不忘怀。

我要感谢我的老师李齐云教授、李铁岗教授、赵梦涵教授、姜旭朝教授、李文教授、李华副教授等等，他们的精彩授课都让我受益匪浅，他们踏实的学风也让我受益终生。我要感谢经济学院党委陈宏伟书记和朱瑞芬副书记，在我成长的每一步中，在我取得每一点成绩的背后，都有他们无私的支持和帮助。我还要特别感谢财政部科学研究所的白景明研究员和刘尚希研究员，他们对我论文的客观评价与改进建议，让我的思路更加开阔！

感谢 2004 级博士班的同学们，他们对我前沿讲座的批评与建议使我受益良多；与常世旺博士、张伟博士、郭琪博士、安丰东博士、郭健博士和王磊博士的讨论和交流，也给予我诸多启发，让我分享了团队研究所带来的快乐。

最后，我要感谢我的父母，是他们养育我长大，支持我争取更高阶段的学习。无论家中遇到多大困难，他们从不肯向我诉说，总是以积极的态度去生活，让我安心地在学校完成学业。我更要特别感谢我的妻子谷红，她不仅十分支持我考博的计划，而且在我做论文期间，还替我承担了大部分的家务，当我写作遇到困难，情绪低落时，她总是支持我、鼓励我，让我备受感动，在这里，我要真诚地对她说一声"谢谢"！

石绍宾
2008 年 4 月于泉城济南